新闻传播理论与实践之史学观照

ON THE THEORY AND PRACTICE OF JOURNALISM AND COMMUNICATION: A HISTORICAL PERSPECTIVE

倪延年 著

社会科学文献出版社
SOCIAL SCIENCES ACADEMIC PRESS (CHINA)

总 序

在南京师范大学新闻传播教育的历史上，有两个重要的时间节点：1964年，创办新闻学专业；1995年，创建新闻与传播学院。2014年，我们欣喜地和全国各地的百余位专家学者一起，庆贺新闻传播教育50周年；2015年，我们又迎来了建院20周年的华诞。

在这样的时间节点上，我们首先要向悠久的历史传统致敬。50多年前的今天，一群富有新闻理想的青年学子，就是在这一方古老而又充满活力的土地上，开始了他们追逐梦想的历程。他们的拓荒之旅，至少在这样一些方面持续地影响着晚生后辈。第一，对事实真相持续不断的寻找。今天我们念念不忘的新闻专业主义精神，是可以从那代新闻人与城乡大众"同吃同住同劳动"的老旧照片中得到印证的。第二，对民生百态的精准描述表达。翻看老新闻，我们也许无法寻获关于民生新闻的概念，但激扬的文字背后，确实是民生、社会的鲜活呈现。第三，对传统文化的由衷敬重。也许我们所处的百年随园有太多的文化积淀，具体地说，也许是清代才子袁枚创作《随园诗话》时，他的探索遗风犹在，这代新闻人在言谈举止和字里行间体现出来的传统文化底蕴，让我们既骄傲也惭愧，而所有的这些因素，自此以后一直在南京师范大学新闻传播人的血脉中流淌。此刻，我们理应向这段历史以及开拓了这一段历史的人们致敬！

但是，我们并不厚古薄今，因为前行的历史，总会给那些胸怀抱负的人们以施展身手的舞台。致敬传统，为的是更好地激荡现实。20年前的今天，中文系的新闻学专业与电教系合并组建新闻与传播学院，开创了南京师范大学新闻传播教育的新格局。我们的事业发展，也迎来了最辉煌的发展时期。经过 20 年的发展，学院现有新闻系、广播电视系、广告系、新闻摄影系、网络与新媒体系 5 个系 6 个专业。拥有新闻学、传播学、戏剧与影视学三个学术型硕士点及新闻与传播、广播电视两个专业学位硕士点。2006 年获批新闻学博士学位授予权点。在“十五”“十一五”期间，新闻学科连续被评为江苏省普通高校唯一的新闻学省重点学科，“十二五”期间，新闻传播学科被评为江苏省一级学科重点培育学科。新闻学专业先后被遴选为江苏省品牌专业及国家首批特色专业，新闻传播学（类）被批准为江苏省“十二五”重点专业。同时，学院拥有“中央和地方共建学校特色优势学科实验室”及江苏省实验教学示范中心。“江苏省新闻人才培训中心”和“江苏省党委政府新闻发言人培训基地”也挂靠在学院。这些枯燥的概况和数字背后，是我们对新闻传播教育理念进行实践的印记。

首先，在学科建设中，既关照传统，更前瞻未来。在打实本科 6 个专业的基础上，围绕新闻学博士点及新闻学、传播学等 5 个硕士点，横向协力、纵向推进。结合省级重点学科建设和学校“211”工程项目建设，不断强化和充实学科内涵。在媒介融合的大背景下，我们通过完善专业结构，不断用时代要素激活传统学科的活力。在这个过程中，我们既关注新闻史论等传统学科，也关注新闻法治与网络舆情等新兴领域，形成了自身的特色与优势。

其次，在人才培养上，以国际化视野、专业主义精神、社会责任意识和创新思维能力为核心要素。通过关口前移选好生源、团队培育补足养分、论文写作融合项目等方式，致力于培养有文化责任和社会担当的人才。我们的毕业生中，既有像中国社会科学院新闻与传播研究所所长唐绪军教授，新华网络电视台总编辑兼中国政法大学新闻传播学院院长陆小华教授，中国新闻史学会会长、清华大学新闻与传播学院副院长陈昌凤教授、副院长崔保国教授，华南理工大学新闻与传播学院院长苏宏元教授，南京社会科学院院长叶南客研究员等这样一批学养深厚、极富思想创见的理论精英，也有像江苏省政府副秘书长、省政府新闻发言人肖泉先生、江苏省记协主席周世康先生、新华日报社社长周跃敏先生、凤凰出版传媒集团总经理周斌先生等这样一批目光敏锐、极富开拓精神的传媒精英。他们和一大批在平凡岗位上默默劳作辛勤奉献的毕业生一起，成为我们这个学院最好的新闻发言人。

最后，在科学研究中，我们致力于在传统基础理论体系中添砖加瓦，更致力于现实理论研究的差异化发展。在多年的研究中，我们在历史背景下拓展了新闻法制史、民国新闻史研究，在现实维度中拓展了媒介与农村、新闻法治与舆情研究，并逐渐形成了自身的学术高点。正是个性鲜明的研究理念，让我们每年都获得国家社科基金项目立项资助，并先后获得国家重点和重大招标项目立项。相信在不久的将来会有更多的收获和荣誉。

当然，支撑所有这一切的，是我们以 14 位教授为核心的 67 人的教师团队。团结、和谐、协作是这支队伍的长期标签。有学者说这是一支最团结的队伍，确实，我一直以此为荣。同时，进取心以及与此相对应的创新能力是这支队伍的另一个标签。团队成员用睿智的思考和自由的表达，型塑着学院的精神样貌。

在这个时间节点上，我还要向来自社会各方的推动力量致谢。在中国的新闻传播教育体系中，我们的整体实力虽然处于“全国新闻教育的第一方阵”（方汉奇语），但还属于发展中阶段，基于这种处境，我们就愈加感受到各种推进力量对我们事业发展的重大价值。作为基层的一个学院，我们也始终感受着各级政府对我们的关心和支持。在致力于建设“有国际影响的高水平大学”的进程中，学校长期把新闻与传播学院的发展放在重要位置上，这是我们得以可持续发展的基础和前提。在学院事业发展的每个关节点上，兄弟院校专家同仁善意的点拨、有力的支持，或让我们茅塞顿开，或让我们信心倍增。对此，我们心存感念并铭记在心。

在所有的社会关系中，学生和老师、校友和母校的关系是一种最真挚纯洁的关系。因为我们共同的母体时常让我们有心心相印之感：我们有共同的记忆，相同的感怀；我们更有共同的祝福和相同的愿景。感谢历届校友对新闻与传播学院持之以恒、不遗余力的支持！也感谢所有在这所学院执教过的老师以及历届党政领导！一代代人的共同努力与汗水，成就了我们今天的格局，我们将传承并光大我们共同的事业。

在建院20周年之际，我们组织出版这套系列丛书，希望能为院庆留下一点有价值的印记，也以此求教于各位方家。关于未来发展，我们无意宏大叙事般宣示更多高大上的目标，但是，我们有信心，在绚丽多彩的中国新闻传播教育画卷上，通过全体师生的“求真善学”，留下个性鲜明的鲜亮一笔。

我们一直在努力。

顾理平

南京师范大学新闻与传播学院院长、教授、博士生导师

2015年5月

目　录

第一篇　新闻传播理论之史学观照

第二篇　新闻传播实践之史学观照（一）：新闻史研究

第三篇　新闻传播实践之史学观照（二）：报刊法制史研究

第四篇　新闻传播实践之史学观照（三）：新闻法制史研究

第一篇

新闻传播理论之史学观照

知识传播功能论*

“知识经济”是指建立在知识的生产（创新）、分配（传播）和使用（消费）基础上的经济。人类经济发展将比任何时候都更加依赖知识的生产、扩散和应用①。知识的生产和应用问题，已经有不少同志作过论述。而关于知识的扩散，即知识的传播，似乎还未引起人们的充分重视。尤其是对知识传播在知识经济形成过程中所能发挥的难以替代的作用的论述，更是少见。而实际上，在人类社会由工业经济向知识经济发展演进的过程中，知识传播活动及以知识和知识传播活动为中心形成的知识传播事业起了极其重要的作用。

一　知识传播的内涵与外延及知识传播事业的内部结构

知识传播，也就是知识的扩展，或者称为知识的分配、知识的流通等，是特指一部分社会成员在特定的社会环境中，借助特定的知识传播媒

---

* 本文系江苏省哲学社会科学“十五”规划基金资助项目“知识传播与知识经济互动关系之研究”（项目编号：M3－019）的系列研究成果的一部分，发表于《中国图书馆学报》2002年第5期。

① 彭坤明：《知识经济与教育》，南京师范大学出版社，1998，第2～3页。

体，向另一部分社会成员传播特定的知识信息内容，并期待取得预期的传播效果的社会活动过程[①]。

（一）对“知识传播”基本内涵的认识

作为特定社会活动的知识传播的基本内涵，主要包括：知识传播活动的主动者，即知识传播者；知识传播活动的受动者，即所传播的知识信息的接受者，简称为知识传播受传者；知识传播的内容，即被知识传播者在知识传播过程中所借助的荷载有特定知识信息内容的物质和手段；知识传播行为，即知识传播活动在社会生活中的具体表现形式；知识传播环境，即知识传播者和知识传播受传者在其传播、受传活动过程发生时的社会生活背景；知识传播目的，即知识传播者实施知识传播行为所企求实现的或企图影响人们的价值判断，或增加受传者的知识积累，或实现知识成果向生产力转化等目的；知识传播效果，即知识传播者实施知识传播活动后在知识受传者方面发生的变化等。在这些构成知识传播活动的基本要素之间，有一条虽然看不见却实实在在起作用的内在联系纽带，把它们联系成为一个首尾相连、循环往复的社会活动过程，这就是被传播的知识信息内容的运动曲线。知识信息被人类社会成员通过社会实践探索或创造性思维创造出来以后，被那些具有知识传播意识或履行社会知识传播职责的社会成员选择性获取，经过他们的释码和编码（即组织）过程，成为可供传播的知识产品（成品），通过特定的知识传播媒介传播给另一部分社会成员，从而取得某种可能是知识传播者预期的，也可能是知识传播者预料之外的，甚至可能是与知识传播者所预期的结果完全相反的知识传播效果。

（二）对“知识传播”外延的基本认识

知识传播的外延，大致是指知识传播这一社会活动所包含的社会生活范围，即知识传播活动体系的所有组成部分。假如按照“知识传播者——知识传播活动（包括所选用的知识传播媒介、荷载于知识传播媒介的知识信息内容及具体的知识传播活动形式）——知识传播受传者”

① 倪延年：《知识传播学》，南京师范大学出版社，1999，第7页。

的社会运动模式来认识当今社会中人们的所有社会活动，我们不难发现，目前有相当一部分社会成员所从事的社会活动已经属于知识传播活动的范畴。主要的如：学校教师所从事的教学活动；出版发行单位所从事的以知识信息的选择和组织、知识传播媒介体的设计和生产以及知识传播媒介体的销售和推广为主要目的的文献出版发行活动；各社会性文献收藏流通单位（如图书馆、信息研究所、群众文化馆或文化站）所从事的文献收集、管理及服务活动；社会成员之间所进行的以增加子女、或徒弟、或学生、或新同事的有关知识或特定技能为主要目的的知识传播交流活动；以及新闻传播活动过程中蕴涵的知识传播活动和网络环境中的知识传播交流活动等等。

（三）关于“知识传播事业”内在结构的基本认识

进入 21 世纪，知识传播事业已发展成为覆盖了人类社会生活多个方面的社会事业。知识传播事业实际上包含了传统意义上的学校教育事业、文化出版事业、图书报刊发行事业、图书馆事业、信息收集和服务事业、新闻传播事业等多个组成部分。这些社会事业的运作形式尽管不尽相同，但都具有共同的特点，即一部分社会成员从人类社会成员创造出可供传播的知识成果中，选择特定的知识信息作为向另一部分社会成员进行传播的内容；然后把拟传播的知识信息内容荷载到特定的传播媒介，通过适当的形式向特定的社会群体进行传播，以取得预想的传播效果。如学校的教师通过教学活动向学生传播知识信息；图书馆的工作人员根据办馆宗旨、目的、读者需求及办馆条件所进行的文献收集、整理、管理和服务活动，向社会成员传播知识信息；等等。知识——知识传播的受传者——知识传播媒介——知识传播活动——知识传播的受传者——知识传播活动的效果，就是上述社会活动的共同活动规律和特点。上述几方面的社会事业组成了一个完整的社会知识传播事业。

二　知识传播在知识经济发展中的主要功能

人类社会成员创造的知识成果中，都或多或少地蕴涵有那些可以

“作为交流对象的有用知识”的信息因子（即通常人们所称的“情报”①）；而这些蕴涵在人类社会成员创造的知识成果中的有效信息因子，只有通过知识传播这一特定的社会活动过程，才有可能到达需要这些知识成果指导其社会实践、提高其社会生产实践效益和效率的社会成员，也才能使那些知识成果蕴涵的“第一生产力”的社会、经济价值得到发挥和体现，进而推进社会经济生产力的发展和进步。有人指出，只有当知识成果在社会经济发展中的贡献份额超过50%时，社会经济才可以说开始进入知识经济形态。国外有研究成果表明，在比较成熟的知识经济社会形态中，知识信息资源所产生的财富（包括知识的创新、知识成果的转化、知识产品的制作、知识产品的销售推广以及知识产品的应用等产生的社会财富）在社会经济发展的贡献份额将达到80%以上②。而所有这些，又无一不是建立在正常的知识信息传播的基础之上的。由此可见，在知识经济萌芽、形成到发展、成熟的历史进程中，知识传播活动具有直接、积极而重要的作用，具有不可替代的功能。

（一）知识传播具有实现人类知识成果社会经济价值桥梁或纽带的功能

在人类社会成员的社会实践过程中，人类社会成员中的那一部分先知或研究、思考者，在对社会生活中某一方面（领域）的社会现象进行理性的分析思考，或对自然现象进行科学的实验、比较以后，获得了在某一方面（领域）领先于其他社会成员整体水平的认识或结论，这些认识或者结论就是人类社会成员最早创造、发现或发明的知识（智慧）成果。这些知识成果经过后人的不断深化，达到了当今社会环境下的先进水平。从物化形态上看，这些知识成果虽然仅仅是一篇论文，或一个结论，或一个公式，或一条定理，或一种方法或一种模式，但一旦被应用到人们的社会实践中去，就可以产生出巨大的社会或经济效益；或可以避免一场人为的灾害，或可以大范围地提高社会生产力，或可以大幅度地改善社会成员

① 严怡民等编著《情报学基础》，武汉大学出版社，1987，第5页。

② 吴季松：《21世纪社会的新趋势：知识经济》，北京科学技术出版社，1998，第24~28页。

的生活质量，或可以大面积地提高人们的社会生产活动的效率和效益。例如，农业科技研究人员在农村开展的农业科技成果推广工作，就是把由农业科技研究人员创造的知识成果，传播到需要这些成果指导的农民那里，农民把这些成果应用到农业生产中，就立即产生明显的效益。

然而，知识成果在被创造出来以后，还只是具备了潜在的社会或经济价值。它们必须被应用到需要应用这些成果、并且可以发挥这些知识成果所蕴涵的知识价值的社会生产实践中，才能表现或实现这些价值。如某一项技术革新必须推广到需要该项技术革新成果指导的工人的生产实践中去，才能产生出经济效益；一种新技术、新产品问世以后，也必须在得到宣传、推广、普及以后，才能表现出其独有的巨大的价值。实践已经证明，知识成果所表现出来的社会经济价值的大小，都与其被宣传、推广的范围直接相关。被推广的范围越大，采用者越多，知识成果的经济社会价值实现得就越充分。人们创造出来的知识成果，必须通过特定的知识传播的社会活动形式与另一部分社会成员的生产实践（或科学研究实践）相结合，才能表现出所蕴涵的社会或经济价值。倘若不经过知识成果传播这一环节，它们只能停留在知识成果创造者手里。尽管这个成果能创造很大的价值，但不进入推广（即知识传播）过程，它就不可能成为现实的价值，创造者本身的创造也就失去了价值。

（二）知识传播具有提高社会成员知识拥有水平的功能

知识传播者把知识成果传播给知识受传者。一般情况下，受传者接受了知识成果的传播以后，至少可以收到两个方面的效果：一是这些知识成果指导他们解决了当时遇到的知识疑难，使所从事的工作、学习、研究得到了进展；二是在他们利用这些知识成果解决工作、学习和研究工作中的疑难的同时，也就提高了自己的知识拥有和利用水平。实际上，这两个效果的取得往往是社会成员综合利用多种知识传播媒介后的综合效应。

例如：一个原本对电脑理论和技术知之不多的大学生，经过课堂教学和实验室训练，对电子计算机的基本原理有了了解，激发了他对电子计算机理论和技术的极大兴趣。为了增加这方面的知识，使自己能够独立进行电脑应用软件的开发，一方面，他继续通过课堂教学和实验室实验从教师那里接受新的知识成果，另一方面，他还可能采取以下途径来拓宽和加快自己的知识积累：到那些以出版计算机专著闻名的出版社去购买关于计算机程序编制方面的专业图书进行学习，到新华书店去选购另外一些出版社出版的关于计算机软件方面的专著进行学习，到邮局订购或在报刊销售部门购买专业刊物进行研读，到图书馆去借阅自己感兴趣的计算机软件编制方面的图书报刊，来拓宽自己的知识面；假如有必要，他还可能向专业性的信息服务公司咨询，了解计算机软件编制的最新动态和趋向。他当然十分关心与计算机软件编制成果和进展的各种相关的新闻——而“新闻”又是知识传播的另一种媒介，所获得的有关信息正是其传播的知识成果。

社会成员正是通过综合利用多种知识传播媒介所传播的知识成果，迅速和有效地提高了自己的知识拥有和利用水平。知识传播者通过实施知识传播活动，向知识传播受传者传播知识生产者创造出来的知识成果，进而提高社会成员个体和群体的知识素质。

（三）知识传播具有培养和造就更多“知识人”的功能

所谓“知识人”，是特指那些具有鲜明而有效的知识经济社会意识和理念，掌握适应知识经济社会需要的知识和技能，可以在知识经济的社会环境中如鱼得水地从事知识的创造，或从事知识的传播，或从事知识成果向现实生产力的转化，或从事知识产品的生产等以智力劳动为主要特征的社会活动，并拥有相对富裕的财富和享受比较优裕的物质文化生活的社会成员。知识经济的核心和灵魂是“知识人”，没有“知识人”的活动和推动，知识成果无以创造，知识成果无以传播，知识成果无人使用，知识成果所蕴涵的潜在生产力就不可能成为现实的生产力，因而也就不可能出现“知识经济社会”。

知识传播者通过知识传播活动，使原本没有知识的“自然人”成为有知识的“知识人”；使原来拥有少量知识的低层次“知识人”成为拥有大量的、高层次甚至尖端水平知识的高层次的“知识人”；使原来不具备知识成果创造才能的“自然人”成为可以进行知识成果创造活动的“知识人”；使原来不具备知识经济意识和理念的“自然人”，成为具备知识经济和理念的可以适应知识经济社会环境变化需要的“知识人”；使原来不具备转化知识成果技能的“自然人”成为拥有转化知识成果特定技能的“知识人”。知识传播者通过各种不同形式的知识传播活动，把知识先知者创造的知识成果传播给需要这些知识成果的社会成员，使他们在不断地获得知识成果的同时，逐步完成从“自然人”到“知识人”的演变。

“知识人”的出现和迅速增加，反过来又推动了知识成果的创造、成果的传播和使用，使之创造出更加巨大的社会财富，推动社会经济由工业经济向知识经济演进。知识经济社会的核心和灵魂是“知识人”，而“知识人”的出现和增加是必须建立在知识传播的基础之上的。可以这样说，没有知识传播，就没有“知识人”。知识传播活动可以造就和培养更多的知识生产（创造）者、知识传播（分配）者和知识成果的利用（消费）者，统称为“知识人”。这些“知识人”为社会财富的迅速增加提供了基本的动力；知识成果、知识成果的传播和由知识成果转化而来的新的巨大的生产力，为知识经济社会的发展提供了必不可少的前提。

（四）知识传播具有为知识经济社会创造良好社会环境的功能

知识经济社会的形成是政治、经济、文化、思想、意识等多种因素综合作用的结果，绝非单一依靠知识和技术的发展就可以形成成熟的知识经济。

良好的知识经济社会环境，主要应当包括如下几个方面：首先是必须形成“尊重知识”和“尊重人才”的社会政治环境氛围。知识和知识分子在社会发展中的巨大贡献能否被社会所公认，其中一个重要因素，就是知识成果的使用者从自己的亲身实践和切身体会中，感受到知识成果与社会实践结合以后产生巨大价值时，他们就会对创造这些知识成果的知识分子刮目相看，心悦诚服，尊为上宾。一些地区的农业技术人员受到农民的尊敬和欢迎，其根本原因就是农民们切身感受到了知识成果的威力。在这种情况下，尊重知识和尊重人才也就是自然而然地成为风气。其次是在实质上提高知识和知识分子在社会生活中的地位。提高知识和知识分子社会地位的最有效的途径，就是让社会成员充分认识他们所创造的知识成果及本来所具有独特价值，这也要通过知识传播活动才能实现，即通过知识传播活动使知识成果的社会经济价值得到其他社会成员的承认。再则是形成有利于知识经济发展的社会观念氛围。社会环境中最重要的因素是观念的因素。而观念的东西是根深蒂固的，不是一朝一夕可以改变的。一个人的观念影响和制约一个人的思维和行为，一群人的观念影响和制约着一群人的思维和行为；社会上大多数人的观念不但影响和制约着大多数人的思维和行为，而且还影响和制约了另一部分人的思维和行为。愚昧必定导致落后，迷信必定扼杀创新。知识传播者通过知识传播活动，可以使原先因缺少知识而愚昧、因视野闭塞而迷信的社会成员逐步改变原有的愚昧、迷信、落后和封闭的生活状态，逐步形成科学的世界观、方法论，从而形成更加适合科学发展、文化进步的社会环境。

知识传播可以帮助人们开阔眼界，转变观念，当大部分社会成员的观念都达到比较科学文明的水平时，整个社会的环境氛围就会发生有利于知识经济发展的根本性变化，从而成为推动知识经济社会到来的巨大力量。

结　语

知识传播是知识经济产生的前提。当然，知识成果的创造又是知识传播活动的首要前提。知识传播事业是知识、知识传播活动及与之相关联的物质、精神、思想、意识等方面因素发展到一定阶段的产物。知识传播事业发展得越快，知识传播活动开展得越好，知识的价值就实现得越好，社会的经济、文化就越发展，就可以为知识成果的更大量生产、知识传播活动的更快发展、知识传播事业的更快发展创造更加有利的社会条件。它们之间互为动力，既是缺一不可，也不能不协调发展。倘若社会生产出了大量的知识成果，而知识传播活动及知识传播事业的发展严重滞后，那么，这些已经产生的知识成果就不可能得到顺畅的传播，也就无法实现其应有的社会和经济价值。从一些报道中所透露的，我国申请的专利实际转化率只有20%左右的情况分析，这主要就是知识传播渠道太少且不畅通造成的。从有利于我国知识经济发展的大局出发，亟须加大对我国知识传播事业建设的投入力度，这就是我们的结论。

论知识传播事业的五大构成要素*

——知识传播与知识经济互动关系研究之二

一　本课题研究的背景和缘起

江泽民同志早在20世纪结束前就曾经指出："当今世界，科学技术突飞猛进，知识经济已见端倪，国际竞争日趋激烈。"这一论断，不仅是对当前国际科技、经济发展新情况、新特点、新趋势的精辟概括，而且是对未来世界发展趋势的远见卓识。所谓"知识经济"，是指建立在知识的生产、分配和使用（消费）基础上的经济，它表明人类经济发展将比任何时候都更加依赖于知识的生产、扩散和应用。而所谓"知识的扩散"，通俗地说，也就是知识的传播和流通，是一部分社会成员在特定的社会环境中，借助特定的知识传播媒体，向另一部分社会成员传播特定的知识信息内容，并期待取得预期的传播效果的社会活动过程，① 是知识成果转化为现实生产力的必不可少的中介环节。它产生于农业经济阶段，发展于工业经济阶段，鼎盛于知识经济阶段。而且，工业经济只有发展到以知识的生产、传播和应用活动产生的社会财富达到或超过整个社会产生的财富的50%以上，才能说，工业经济开始进入了知识经济的发展阶段。

---

* 本文为江苏省哲学社会科学"十五"规划基金资助项目"知识传播与知识经济互动关系研究"（项目编号：M3－019）系列研究成果之一，发表于《江苏图书馆学报》2002年第1期。

① 倪延年：《知识传播学》，南京师范大学出版社，1999，第9页。

由此可见，知识传播活动及知识传播事业在知识经济发展过程中的重要作用。

然而，由于众所周知的主观和客观原因，我国学术界及经济界对知识传播活动及其规律的研究严重滞后，对知识传播事业的研究还刚刚开始起步，对知识传播与知识经济的互动关系的研究，与国际学术界的研究成果和水平相比还有非常明显的差距。就知识经济的研究而言，1990 年，联合国研究机构提出了“知识经济”的说法，明确了这种新型经济的性质。[①] 1994 年，美国经济学家温格斯和布马拉共同出版的《未来工作：在知识经济中把知识投入生产》一书，[②] 不但在世界学术界率先提出了“知识经济”这一研究命题，而且在书中首次提出了这种新型经济的指标体系和测度。1996 年，联合国经济合作与发展组织（OECD）发表了一份题为《以知识为基础的经济》的报告。在这份报告中，作为联合国重要机构之一的经济合作与发展组织（OECD），首次明确地阐述了作为人类社会成员的智慧结晶的“知识”，在未来社会经济存在及发展中的重要作用——即“知识”是人类社会经济发展的基础。也就是说，在未来的社会生活中，经济发展的基础主要不是建立在以往的“土地和劳动力”、“资金、劳动力和技术设备”等物质的基础上，而主要取决于知识成果的生产（创新和发明）、流通（传播和分配）和消费（应用和再生价值）。1997 年 2 月，时任美国总统的克林顿在一次讲话中使用了“知识经济”这一概念，既标志着“知识经济”这一概念从学术研究领域走进了政府工作领域，也标志着对“知识经济”这一理论问题研究进入了公众生活领域，从学术象牙塔走到了民众中间。这一方面是对美国和西方发达国家自第二次世界大战结束后 50 多年经济发展规律的总结，同时也是今后一个时期世界社会经济发展的方向，达到了相当的水平。

我国学术界虽然也较早地注意到了世界经济发展的这一特点，在 20 世纪 80 年代末期就有人在文章中提出了“信息经济”的命题。在 90 年代初联合国研究机构提出了“知识经济”的说法后，我国有学者于 1992

① 吴季松：《21 世纪社会的新趋势：知识经济》，北京科学技术出版社，1998，第 3 页。

② 李廉水：《知识经济究竟是什么》，江苏人民出版社，1998，第 9 页。

年在联合国教科文组织《国际社会科学》杂志（英、法、西班牙文版）132期上撰文，提出“由自然科学、技术和社会科学支配的经济——智力经济”的概念。1998年5月，中共中央总书记、中国国家主席江泽民同志在北京大学建校百年庆祝大会上的讲话中提出“知识经济已见端倪”的论断，由此而开始了我国学术界对“知识经济”进行全面研究的新时期。但毕竟起步较迟，研究的深度和广度，尤其是与我国实际的结合度都有待于进一步加强。据笔者所见，我国学术界还没有出现对知识传播活动和知识传播事业这一命题进行比较系统研究的成果。

时代发展，时不我待，一步迟缓，追赶甚难。2002年11月11日，中国完成了“入世”的全部法律手续，对外经济贸易部部长石广生同志代表我国政府正式签署了中华人民共和国加入世界贸易组织的协议。我国经济正式进入了与世界经济全面接轨的时代。知识经济的步伐已经走到了我们的门口。我们必须勇敢地迎接知识经济的这一挑战，而且只能胜利，不能失败。为此，本人申报了江苏省哲学社会科学“十五”规划研究课题“知识传播与知识经济互动关系研究”，幸获批准和资助，使得有机会对这一感兴趣而且对我国改革发展实践有一定意义的课题进行较为系统的研究。作为系列研究的成果之一，本文拟对知识传播事业的构成要素和社会内涵这一基本理论问题，作一初步探索，以此求教于学术界的同行专家；同时也为本人下一步深入研究知识传播与知识经济的互动关系提供必要的理论准备。

二　知识传播事业及其在社会经济发展中的地位

根据我国学术界比较一致的认识，西方一些发达国家已经初步或正在逐步完成从工业经济向知识经济的转变，其明显的标志之一就是由知识的生产、传播和消费产生的社会财富达到或超过国民生产总值的50%，并且清楚地“表明人类经济发展将比以往任何时候都更加依赖于知识的生产、扩散和应用”。[①] 而知识传播则是一部分社会成员在特定的社会环境

① 彭坤明：《知识经济与教育》，南京师范大学出版社，1998，第1~2页。

中，借助特定的知识传播媒体，向另一部分社会成员传播特定的知识信息，并期待取得预期的传播效果的社会活动过程。所谓“事业”，是特指“人类社会成员所从事的具有一定目标、规模和系统，而对社会发展有影响的经常活动。”[①] 知识传播事业，一般是指为了完成知识和知识传播活动的“社会使命而运转的社会系统及与此相关的政治、经济、思想、文化、教育等社会生活要素组成的有机整体，”[②] 是一个不断发展和完善，以求更好地适应社会知识传播需要的社会运转体系的经常性活动。

从人类社会数千年的发展历程尤其是20世纪的政治、经济、文化发展历程来认识，知识传播事业，通俗地说也就是知识信息收集整理传播服务事业，无论是在社会活动的领域，还是对社会生活的影响，或者是在社会生活中的地位，都具有举足轻重的作用：

首先，知识传播活动和知识传播事业在知识生产者和知识利用者之间起着桥梁和纽带的作用。知识传播活动使人们创造出来的知识成果，通过传播过程与需要利用这些知识成果的生产、销售和研究部门的社会成员及其实践相结合，发挥知识成果的社会和经济价值，使其蕴涵的生产力转化为现实的生产力，从而产生巨大的经济和社会效益。例如，农业科技研究人员创造的知识成果，传播到需要这些成果指导的农民那里。农民把这些成果应用到农业生产中，就立即产生明显的效益，杂交水稻的推广就是一个十分典型的事例。

其次，知识传播活动和知识传播事业通过把知识成果传播给知识成果的受传者，在他们接受了知识成果的传播以后，实际上提高了知识传播受传者的知识拥有水平和知识利用水平，在此基础上，又可以进一步促进更高层次的知识成果的推广普及和实际应用。一个原本对电脑知之不多的大学生，接受了老师所传播的关于电脑理论知识与应用技能知识的传播以后，成为电脑应用软件开发的内行。一方面，他的学习和研究需要获得更高层次的专业知识传播，另一方面，他又可能把自己拥有的知识和技能传播（授）给其他人。由此可见，知识传播活动一方面可以促进知识成果

① 中国社会科学院语言研究所词典编辑室：《现代汉语词典》（修订本），商务印书馆，1996，第1612页。

② 倪延年：《期刊学概论》，南京师范大学出版社，1992，第60页。

的创造和生产——因为社会成员有对更新更多更高层次知识成果的需要，另一方面，又可以拓展知识成果传播的领域，为更多的知识成果提供用武之地，创造更多的社会财富。更重要的是，知识传播活动可以提高社会成员的个体和群体知识素质，为知识成果创造更大的需求市场。

再则，知识传播活动和知识传播事业可以造就和培养更多的知识生产（创造）者、知识传播（分配）者和知识成果的利用（消费）者，为社会财富的迅速增加提供基本的动力——知识人力，为知识经济社会的到来、发展和完善提供首要和必不可少的前提。我们认为：知识经济的核心是“知识人”。没有“知识人”的存在，知识成果无以创造，知识成果无以传播，知识成果无人使用，那就不可能出现“知识经济社会”。知识传播者通过学校教育的知识传播活动、社会文献的知识传播活动、社会成员之间的知识传播活动以及伴随着新闻传播等社会活动进行的知识传播活动，使原本没有知识的“人”成为拥有大量的、高层次甚至是尖端水平知识的人。“知识人”的出现反过来又推进了知识成果的创造、知识成果的传播和使用，使之创造出更加巨大的社会财富，推动社会经济由工业经济向知识经济的演进。

最后，知识传播活动和知识传播事业可以为知识经济社会的出现创造良好的社会环境，加快知识经济社会的发展和完善。社会环境中最重要的因素是观念的因素。而观念的东西是根深蒂固的，不是一朝一夕可以改变的。一个人的观念影响和制约一个人的思维和行为，一群人的观念影响和制约一群人的思维和行为；社会上大多数人的观念不但影响和制约着大多数人的思维和行为，而且还影响和制约了另一部分人的思维和行为。愚昧必定落后，迷信必定扼杀创新。知识传播者通过知识传播活动，使原先因缺少知识而愚昧，因视野闭塞而迷信的社会成员感（接）受知识（智慧）的科学之光，逐步了解客观世界和主观世界运行的内在规律，逐步抛弃原有的愚昧、迷信、落后和封闭的生活状态，逐步形成科学的世界观、方法论，从而形成更加适合科学发展、文化进步的社会环境。事实已经证明：知识传播可以帮助人们开阔眼界，转变观念，当大部分社会成员的观念都达比较科学文明的水平时，整个社会的环境氛围就发生了根本的变化，这成为知识经济社会到来的推动力。

当前，我国正处于由工业经济向知识经济逐步演进的重要发展时期。而知识经济形成的基本要素之一就是知识传播活动和知识传播事业的高度发达。因此，加强对知识传播活动和知识传播事业的研究，在我国已经加入世界贸易组织的新的社会环境中，具有特殊的意义。

三 知识传播事业的构成要素

我们认为，在目前这一特定的社会经济、文化环境和人们所能达到的认识水平的基础上，人类社会知识传播事业的构成要素主要有以下几个方面：

一、人类社会成员的知识活动。所谓人类社会的知识活动，一般是特指人类社会成员所从事的与知识的生产、传播和应用有关的一切社会活动。这是知识传播事业得以产生存在和发展的基本前提。社会成员的知识活动包括了人类社会成员在社会生活中所从事的以知识或知识传播为工作对象和以知识或知识传播为工作目标的所有社会活动。如：以知识的发明、发现、探索、创造、提炼、归纳、总结和更新等为活动宗旨的科学研究活动；以促进知识内容的传播、扩散、流通、分配及合理布局等为活动目标的知识载体的创作、投稿、编辑、设计、生产、运输等形式的知识活动；以传播知识内容为直接工作目标的学术讲演、电视节目主持、电台播音、教师授课、团体会议以及知识载体的收集、整序、管理、开发和提供服务等方面的社会活动；以实现知识内容的价值为工作目标的技术改革、科技成果推广、科研成果中试、科研成果的产业化、专利保护和转让、技术或服务贸易、知识成果的再开发传播等知识应用活动。

二、社会成员的知识活动成果。这是知识传播活动得以产生、存在和发展的物质前提，是知识传播活动的直接对象，更是知识传播活动对于知识传播受传者的价值所在。社会成员的知识活动成果，包括了三个不同的层次和表现形态：

第一个层次是社会成员从事知识活动（发明、发现、探索、创造、提炼、归纳、总结、更新、升华等活动）的直接成果，通常以概念、判断、推理、假说、公式、公理、定理、定律、结论、原则或预见的思维形式和范畴体系来表现自身的存在。其可见形态是该知识成果的拥有者对主观世界或客观世界、或主观世界和客观世界认识和改造能力的增强。

第二个层次是社会成员为了使知识内容能进入传播领域而进行的知识载体生产活动的直接成果，通常以荷载知识信息内容的书信，学术论文，学术报告文本或提纲，正式出版的图书、报纸、杂志、论文集、科技研究报告、专利说明书、会议文献等形式存在于社会系统中。其可见的形态即是社会成员的生活环境中的上述蕴涵（荷载）特定文献信息内容的不同类型或由不同物质材料作为信息载体形成的文献实体。它们是以传播知识信息为实质内容的知识传播活动赖以存在的物质对象。

第三个层次是社会成员在知识传播活动过程，或者是为了使知识内容得到更好更快的传播，或为了使特定的知识传播活动，能够取得更好的效果或效益，通过特定群体的社会成员所从事的具有鲜明专业特色的社会活动所取得的、直接为了对特定知识成果进行更好传播而形成的专门性社会活动成果。通常以如下形式表现出来：根据特定社会成员对特定文献或文献信息的需求而进行的社会文献的收集、整理、管理、开发、加工的社会活动，其成果的存在形态是按照特定规则组织起来的图书馆馆藏文献体系；二次文献知识信息成果（如索引、目录、题录等）；三次文献信息成果（如：提要、文摘、综述及文献信息数据库等）；还有诸如信息咨询机构的专题信息发布公告；特定专题领域的学术研究进展动态服务以及专题性、学科性、综合性的知识信息线索检索报道刊物等。

在人类社会成员通过知识活动获得的三个不同层次的知识成果之间，第一层次的成果是第二、第三层次知识成果的基础，是知识载体之所以成为“知识”的“载体”的灵魂所在，是人类社会成员思维和实践的成果和结晶。社会成员从事知识活动的直接成果，对于知识传播活动而言，相当于第一性的东西。因为假如没有知识成果，当然就不会有知识传播活动；而没有知识和知识传播，就更不会有知识传播事业。第二层次的知识成果是人类社会成员（知识生产者）的智慧结晶，是最普遍、最直接也是最容易被一般社会成员接受的形式。既是第一层次知识成果社会化的不可缺少的步骤和环节，也是第三层次知识成果的物质基础，更是知识成果在当今社会条件下最普及的传播途径，是属于第一级次的传播形态。至于第三层次知识成果，则是在第二层次知识内容上的专一化、系列化和实用化，是知识产业的社会价值实现方式，是第一层次知识成果社会化和综合化以后的结晶。它包含了众多知识生产者对同一知识领域的研究成果，而一般不以单一的研究者的某一知识成果作为产品内核，是第一、第二层次的知识成果在水平、质量、效能及信息密度等方面的提高、深化和浓缩。

三、社会知识活动运行过程中赖以存在和发展的物化因素。这是指社会知识的生产、传播及应用活动运行中必须具备和依赖的客观物质条件。社会知识活动赖以存在和发展的物化因素大致包含以下几个方面：

首先是从事社会知识活动的社会成员群体，是知识成果的生产、知识传播活动和知识传播事业的第一要素。其中又包含了知识的生产者、知识物质载体的生产者、荷载了知识内容信息的可供传播的物化知识实体的生产者、知识载体（本质是其荷载的知识信息）的传播及获取（得）利用者、知识成果的利用者等等。

其次是社会生活环境中的科学技术成果及其物化形态，是知识传播活动得以存在的基本前提。科学技术成果及其物化形态的社会水平，一方面制约着社会成员知识活动的深度和广度，限制他们所生产的知识成果的水平和价值；另一方面制约着知识传播、应用者从事知识传播和知识应用活动的工作手段和水平，制约了社会成员从事知识信息的收集、整理、开发及传播活动的水平和效能。当今社会已经较为普及的光纤通讯、数字技术、激光排版、网络传输、光盘技术以及国际互联网技术等，都对知识生产、传播和应用活动的水平和效能产生了直接而重要的影响。

再则是社会生产力可能为知识活动所提供的经济、文化、教育和其他物质条件保障，诸如人力、财力、物力等。社会对知识活动可能提供的物质条件保障的水平，直接制约社会知识活动的规模、发展速度、社会影响力及各项特殊功能的正常发挥，是看得见、摸得着、可比较的制约或推动力量。

人类社会的知识生产、传播及应用活动，和人类社会可能给知识生产、传播及应用活动提供的物质条件保障之间具有什么样的关系呢？总起来说，人类社会的知识生产、传播及应用活动是人类社会发展到一定历史阶段的产物，是人类社会区别于动物界的本质性标志。一方面知识的生产、传播和应用活动直接推进了人类社会的文明进步、科技发展、文化普及、社会成员素质的提高和物质产品的丰盛；另一方面，知识的生产、传播和应用活动又必须以一定的物质条件为依托、为基础、为起点，来寻求更高、更快的发展。从辩证唯物主义和历史唯物主义的马克思主义哲学的观点认识，知识、知识传播和知识应用，主要是属于精神方面的活动（知识应用则是精神产品和物质产品的结合），而精神则必须以物质为基础。因而，一方面，知识的生产、传播和应用活动对物质产品的生产、增加和丰富起着“酵母”的作用，是历史性的推动力；另一方面，知识的生产、传播和应用活动又必须要受到社会物质条件的现实的制约。

四、社会成员对知识及知识传播活动价值的理性认识。这是知识传播事业构成的主观推动力量。如果说，社会知识活动赖以存在和发展的物化因素是属于基础的硬件建设，那么，社会成员对知识及知识活动的价值、效能、地位、作用、认识和功能的理性认识和定位，就较多地属于上层的软件建设范畴。社会成员对知识及知识传播活动的理性认识和定位，大致上可以分成如下几个层次：

第一个层次是社会管理者对社会知识活动（知识的生产、传播和应用活动）的理性认识水平和功能定位。想当初，林彪、江青反革命集团等“文革英雄”，为了实现其篡党夺权的阴谋，利用手中的那部分权力，社会上刮起过一股“知识越多越反动”、“知识分子是臭老九”的极“左”思潮，对社会知识和知识传播活动无疑是一种最大的摧残和遏制；而当今，党和政府大力倡导“知识分子是工人阶级的一部分”，“掌握先进科学知识技术的知识分子是代表社会先进生产力的重要力量”“科学技术是生产力，而且是第一生产力”的科学观念，这无一不表现出党和政府对知识、知识分子及知识传播活动的重视。在这种良好的社会环境里，知识分子的社会地位迅速提高，知识成果大批出现，知识传播事业得到迅速发展，就是人们意料之中的事了。

第二个层次是从事知识活动的社会成员对社会知识活动的价值、效能、地位、作用和功能的理性认识水平和功能定位，这是直接关系到社会知识活动发展内在动力的关键因素之一。其中又包括如下几个方面：第一方面是知识生产者对其从事的知识生产活动的理性认识水平和功能定位。最重要的有：知识成果的社会化意识；知识成果必须经过传播才能被他人利用并产生价值的意识；知识成果只有与物质产品生产实践或精神产品生产实践相结合才能产生效益的意识；知识生产活动中的团队意识以及个人知识是社会知识组成部分的意识等等。这些观念和认识都是在当代社会环境下，知识生产者必须具备的理性认识水平和功能定位标准。第二个方面是知识传播者对其从事的知识传播活动的理性认识水平和功能定位。其中最重要的有：知识传播活动是社会精神文明建设系统工程中不可缺少的组成部分的意识；知识传播活动过程中必须坚持经济效益和社会效益并重并以社会效益优先的意识；知识传播活动的运作可以为社会产生实际财富的意识；知识传播者必须具有要求自己首先掌握特定知识和传播技能的意识；知识传播效果和知识传播手段的现代化水平密不可分的与时俱进意识；知识成果的开发与传播的产业化——商品化意识；知识传播活动必须随着社会进步发展而同步发展的整体意识；以及知识传播活动事业体系中的各部分功能互补、目标一致的协作意识等等。这些理性认识的水平将直接制约社会知识传播活动的发展速度、水平、质量、价值及知识传播活动事业在社会生活整体结构中的地位。

第三个层次是知识成果的应用者对其从事的社会知识活动的理性认识水平和功能定位。中国古代有“酒香不怕巷子深”的说法，仔细想来，这里面实际上包含了几个前提：其一是酒客需要酒，其二是知道酒具有可以满足当时他迫切需要的“解忧”、“添趣”、“交友”或“健身”的特殊功能（非“此酒”不能达“彼境界”）；其三是知道适合他“这个”酒客特定需要的“好酒”，只有在“那条”巷子里才能买到（非“此巷”买不到“此好酒”）；其四是迫切需要这条“巷子”里的“香酒”的酒客可以“买得起”这种“香”酒。在这些前提具备的情况下，尽管路远“巷深”，酒客也会找上门来沽这种“香”酒，因而，酒家也就用不着怕“巷子深”了。但倘若没有上述多方面前提，事情恐怕就完全两样了。对于滴酒不沾，或者是不需要借酒来“解忧”、“添趣”、“交友”或“健身”，或者是不知道这一种“香”酒妙处，或者是根本就买不起酒的人，再香的酒恐怕都不会去买的。与此同理，对于社会知识成果的利用者，要是他能主动通过知识传播活动获取知识成果，并通过有意识的活动取得最佳的社会经济效益，就必须了解知识成果的价值和作用，为了获取知识成果而孜孜不倦追求，并且舍得对知识传播事业建设进行有效的投入。具体地说，对于社会知识成果的接受和利用者，最重要的是应该具备“知识就是生产力，就是新产品，就是高效益”的知识价值意识；知识传播活动是艰苦细致的专业化社会劳动，其成果也在为社会增加财富的效能意识；最先获得知识成果，并及时用于指导物质产品生产实践就可能获得良好效益的率先价值意识等等。很显然，社会成员上述几个方面意识的强弱，在很大程度上决定了社会知识活动的舞台、市场、影响力和发展前景。例如，垃圾的分类回收和综合利用是被国际学术界、实业界、环保界公认的治理环境污染、提高资源利用率的佳策，并且在一些西方发达国家如德国已经得到普遍推广，而在我国却屡推不开。从这件事上，社会成员对知识及知识活动的理性认识和功能定位的影响力，可见一斑。

五、社会知识活动的具体组织形态。这是社会知识活动（包括知识的生产、传播和应用等环节的所有活动）构成要素中的可见要素之一。主要是指社会生活中的特定社会成员类群按照知识活动的内在规律，进行社会分工并组织起来以后，所表现出来的具体组织形式及管理运行体制和模式。这些组织机构按照其在社会知识活动中所承担的职能不同划分成不同性质和不同工作内容的社会部门（即组织机构）；

第一类是以承担知识成果生产职能为主的社会活动机构。诸如各类专业或综合的研究院（所），专题研究课题组，专业的或综合的实验室，计算机系统软件开发部门，承担专业任务的考察队以及为了完成特定的文学艺术作品创作任务组织起来的创作组等等。

第二类是以承担知识信息内容物质载体生产职能为主的社会活动机构。这里面又可以分为两类：一类是以生产可用于荷载知识信息的物质材料的社会机构，诸如纸张生产厂家；胶片胶卷生产厂家；计算机软盘生产厂家等等。另一类是以生产可供社会成员传播的荷载了特定知识信息内容物质载体的社会机构，诸如以生产图书文献为主要功能的出版社；以生产新闻或其他专业报纸为主要功能的报社或报业集团；以编辑出版发行各类图书为主要功能的出版社或出版集团；音像制品单位；数据库生产厂商及其附设的印刷机构；各类电子出版物生产机构；社会通讯网络的建设经营管理机构等等。

第三类是以承担知识传播职能为主的社会活动机构。这一类社会机构的共同特点是凭借社会其他部门生产的知识产品，经过本部门工作人员的专业化劳动，或者是使原本无序的社会知识信息成为有序，或者是使原本分散的知识信息更为集中；再通过本部门工作人员的专业化劳动向需要这些知识信息内容的社会成员传播（递），以便于这些社会成员（知识成果利用者）可以更方便地获取所需的知识信息，并用于指导其教学、科研或管理实践，提高工作的效率和效益。诸如图书报刊发行部门，图书馆，学校，新闻通讯社，电影放映机构，网络主页制作更新机构等等。

第四类是社会知识及知识传播活动管理机构。这一类社会机构的共同特点是机构自身不直接从事知识传播活动，而是通过行政或业务管理的手段，来保证社会知识传播活动的正常运行，从而实现社会统治阶级的知识传播目的。社会知识及知识传播活动管理机构有多种形态或表现特点，诸如教育主管机构，新闻事业管理机构，出版事业管理机构，文献流通管理机构以及社会文化事业管理机构等等。

第五类是以接受知识传播并将知识成果应用于社会实践，进而实现知识及知识传播活动社会价值的社会职能机构或部门。这一类的社会机构的共同特点是自身不参加知识传播活动，而是接受社会知识传播机构（工作人员）通过知识传播活动所传播的知识信息，并且应用到自身的教学科研或产品开发等社会实践中，进而收到提高教学质量、加快科研进程、推动技术创新的明显效果。这一类的社会机构主要有图书馆的读者（书）协会；科研单位的学科专题组；工厂企业单位的技术革新攻关组以及学校的读书兴趣或课外活动学习小组等等。

四 知识传播活动与知识传播事业的关系

知识的创造是知识传播活动的首要前提，假如人类社会成员不能够创造知识，那就不可能出现知识传播活动，这是毫无疑义的。正因为人类社会创造出了知识，所以随之就产生了知识传播活动，因为知识传播活动是知识成果实现其价值的必不可少的途径。知识传播活动是知识传播事业产生的基本前提，但是我们要特别说明的是，出现了知识和知识传播活动，还不一定就形成完整的知识传播事业。只有上述五个基本要素发展到一定水平，并形成比较紧密的内在联系以后，才出现真正意义上的知识传播事业。知识传播事业是知识、知识传播活动及与之相关联的物质、精神、思想、意识等方面因素发展到一定阶段以后的产物。社会生活中的知识传播事业发展得越快，知识传播活动就越顺利，效益就越明显；而知识传播活动开展得越好，社会的价值就实现得越快越好。知识的价值实现得越好，社会的经济、文化就越发展，就可以为知识成果的更大量生产、知识传播活动的更快发展、知识传播事业的更快发展创造更加有利的社会条件。三者之间互为动力，缺一不可，这就是我们的结论。

论知识传播环境与知识传播及知识经济之互动关系*

假如把人类的知识传播活动比作一台有声有色的话剧，那么，知识传播环境就是这台话剧赖以表演和存在的舞台。演出话剧毫无疑问要给观众以艺术享受和思想观念的影响，同样，在特定知识传播环境下进行的知识传播活动，也必定会对接受知识传播的受传者产生预期的或预料之外的知识传播效果。而在知识传播活动的实现和取得效果的过程中，知识传播环境发挥着独特的作用。

一　知识传播环境的意义和内涵

（一）知识传播环境的意义

简言之，知识传播环境就是人类社会知识传播活动赖以产生、发展和变化的社会背景，它由社会存在的各要素所组成。[①] 凡是与人类社会活动发生直接或间接关系的社会存在，如社会生活中的经济、科技、文化、军

---

* 本文系江苏省哲学社会科学“十五”规划基金资助项目“知识传播与知识经济互动关系研究”（项目编号：M3－019）系列研究成果之一。发表于中国科学院《图书情报工作》2003年第4期。

① 倪延年：《知识传播学》，南京师范大学出版社，1999，第269～270页。

事、政治、民族、风俗以及以物质产品和精神产品合一形式出现的所有知识传播媒体等等，都是知识传播环境的构成要素。

环境塑造人。在知识传播的过程中，“人”是所有要素中最活跃的，它包含了构成知识传播活动最重要的知识传播者/受传者两大要素。人最明显的特点是能思考和有思想，而所有思考活动和思想成果，都是在特定的社会环境中产生的。正如专家所指出的，人的思想行为不能不是其社会性的反映，打上所处的社会烙印。一方面，人是社会所熔铸，他的人格特质和思维方式都是社会所赋予；另一方面，人的一切活动总得在一定的社会条件下展开，必须要受到社会环境的制约。①

美国传播学家李普曼认为，我们人类生活在两个环境里，一是现实环境，一是虚拟环境。前者是独立于人的意识、体验的客观世界；后者是被人意识或体验的主观世界。与此相联系，能被人自身直接体验的环境，叫做“直接环境”，而需要通过他人才能间接体验的环境，叫做“间接环境”（或称之为“虚拟环境”）。一个没有到过南京的人，完全可以通过文献记载对南京有相当具体、细致、全面的了解，从而在脑海中形成一个既模糊又清晰的“南京”形象。尽管他可以向人侃侃而谈地介绍南京的风土人情，但他所描述的仍然只是一个想象中的“形象”，因为他感知的是一个产生于知识传播活动的存在和他接受了知识信息传播基础上的“虚拟环境”。而当“他”来到南京的中山陵、雨花台、明孝陵、新街口商业区以及中国近代史博物馆等处时，他就处在了一个“现实环境”中。应该说这两种环境的感觉和认识是有巨大差别的。

（二）知识传播环境的具体内涵

人类知识传播环境是一个不断发展变化调整，不断达到平衡又打破平衡，然后又达到新的平衡的由多种要素构成的有机组合体。主要包含如下几个层面：

1. 知识传播的家庭环境

知识传播的家庭环境是指知识传播者与受传者在实施知识传播活动中

① 张学洪：《舆论传播学》，南京大学出版社，1992，第135页。

所处的由家庭成员及其血缘、亲情关系组成的特定环境。

知识传播的家庭环境有 3 个特征：①个体性特征。家庭环境所具有的个体特征，决定了每个家庭环境中的成员在知识传播的内容、方式、方法、效果方面具有个体性特征。因此，在知识传播的内容、方式、方法、期待效果等方面也各不相同。②社会性特征。家庭是社会的细胞，复杂的社会关系必然要通过家庭成员曲折地表现出来并渗透到家庭关系中去。因而家庭环境中的知识传播活动在内容、方式、方法以及传播习惯和传播效果等方面，无不打上社会的烙印。③综合性特征。由于从事不同社会职业的家庭成员对知识传播的内容、速度、知识新颖性的要求以及各自的知识体系结构、知识传播需求、知识传播媒介等都不尽相同（家庭成员之间不仅有婚姻或血缘关系，还可能有经济、政治信仰以及同事、领导与被领导等不同性质的关系），从而使知识传播的家庭环境表现出诸多的综合性。

2. 知识传播的生活环境

知识传播的生活环境是指与社会成员的知识传播/知识受传活动直接相关的日常工作、学习、生活、社会交往、消遣、休息、娱乐等社会活动所依托的具体物质空间（场所）及构成这一特定空间（场所）的诸多物质或非物质要素。

知识传播的生活环境有如下特征：①社会成员对知识传播生活环境有一定的主观选择性。在现代社会，无论是家庭生活环境还是社会生活环境，成年社会成员都有一定的主观选择空间。为什么要选择呢？因为在不同的生活环境里，人们可以进行的知识传播活动和可能接受到的知识信息在内容、形式、效果等方面，都有明显的差异。②知识传播的生活环境具有客观性即无选择性。如选择职业的过程中，社会成员就要受到许多非自身因素的制约。又如在组织家庭方面，社会成员也要受制约于各种社会关系，正如鲁迅所说，“贾府的焦大是决不会爱上林妹妹的”。③知识传播生活环境的主流意识制导性。尽管社会成员对日常工作、学习、生活、社会交往、消遣、休息、娱乐等社会环境具有一定的自由选择权，但生活环境必然要受到社会主流意识的制约和引导，因而社会成员知识传播的内容、倾向性、价值观以及传播的方式方法和手段，都或多或少地受到社会主流意识的制导。

3. 知识传播的社会环境

知识传播的社会环境是指与人类社会成员的知识传播活动过程及效果发生直接或间接联系的各种社会和自然环境因素的总和。

首先，知识传播的社会环境具有综合性特点，即社会环境包含了政治、经济、文化、科学技术、民族和宗教等多方面因素。这些因素与其他因素有机结合和相互作用。其次，知识传播的社会环境具有层次性特点。文化、经济、政治、科学技术、民族以及宗教等社会因素与知识传播活动的关系不是同距离的，而是具有内涵的层次性。社会环境对于知识传播/受传者而言，又可按照与他的空间距离，划分成群落环境、社区环境、城市（区域）环境、国家环境乃至国际环境等，具有空间的层次性。再次，知识传播的社会环境还具有发展性特点。社会环境中的政治形势、经济形势、文化教育、科学技术以及民族和宗教等因素都处于不断发展中。由于各种要素的发展周期、时间、形式、程度各不相同，因此不同时期“知识传播环境形象”也不尽相同。最后，知识传播的社会环境具有纵向和横向的差异性特点。纵向差异性主要是指在同一空间范围，随着时间维线的变化，知识传播的社会环境表现出不同的特征。横向差异性则是指在同一时间条件下，不同空间范围的知识传播社会环境表现出来的差异性。之所以产生差异性，主要取决于知识传播社会环境中的主导性因素。

二 知识传播环境与知识传播之互动关系

知识传播环境是人类知识传播活动的舞台和生长的土壤，也是知识传播者和知识受传者活动的时空范围，是决定知识传播及其效果的重要因素，因而与知识传播活动有着直接而密切的关系。

（一）知识传播环境可以促进知识传播

这是指知识传播环境为知识传播活动的存在、发展、延伸及取得预期的传播效果发挥积极促进或推动作用的现象。这种作用具体表现在如下方面：

1. 社会制度的变革及新社会制度的产生，对社会知识的传播起着巨大的作用

在人类社会的发展历史上，经过革命建立的新制度，必须要对旧制度的各种不合理因素，包括阻碍知识传播的不合理因素进行否定和革新。从人类社会发展历史和知识传播活动发展的进程看，奴隶制社会的建立，在一定程度上否定了原始社会中知识传播职能非专门化现象，对提高知识的传播速度，扩大知识传播的范围具有直接的作用。因此，恩格斯在其巨著《反杜林论》中论述人类历史上文明开创时期的奴隶制时曾指出，在这个意义上我们有权说，没有古代的奴隶制，也就没有近代的社会主义。我们认为：假如没有奴隶制社会制度对原始社会制度、没有封建社会制度对奴隶制社会制度、没有社会主义制度对旧中国半殖民地半封建社会制度中阻碍知识传播不合理因素的否定，也就没有当代中国的知识传播活动。

2. 社会环境中经济和生产力的发展，对社会知识传播活动具有促进作用

社会经济的发展为社会知识传播/受传活动的职业化提供了物质基础条件，使部分社会成员可能不必直接参加获取食物的劳动，专门从事比较职业化的知识传播活动，进而推动知识传播事业的发展。而社会生产力越发展，物质产品就越丰富，不仅可能使从事职业化知识传播的社会成员人数增加，而且可能使其他社会成员用以获取生活必需品的必要劳动时间大为缩短，从而为他们加入知识传播/受传者的行列提供了可能。从事知识传播和接受知识传播的社会成员的增加，对社会知识传播事业的发展是一种根本性的推动力。

3. 科学技术的发展为传播活动提供了新的传播内容和传播技术手段

一方面，社会成员各领域研究成果的社会效益和经济价值，必须建立在被社会成员利用的基础上，因而在很大程度上取决于这些成果被传播和应用的时空范围。一般是知识信息的内容越新颖，被应用后可能产生的效益就越大，人们的传播需求市场也就越大，知识传播事业就越发展。另一方面，科学技术发展为知识传播不断提供新的技术手段，从雕版印刷术、活字印刷术以及机械印刷术，到广播、电影、电视、计算机及互联网技术、缩微技术和复印技术，都证明了具有广泛应用价值的传播技术的发明和推广，必然带来知识信息传播效率的普遍提高，知识传播事业也就必然迎来新的发展。

4. 文化发展、民族形成和宗教传播，对知识传播活动也起着直接的促进作用

文化环境与知识传播活动和社会成员自身的关系十分密切。“性相近，习相远”的社会文化环境，影响、改变着社会成员“人之初，性本善”的自然属性，使“自然人”逐渐成为融于社会文化环境的“社会人”。社会成员的知识传播或接受知识传播的活动，在内容、形式、方式方法或利益倾向性诸方面，都受到社会文化环境的制约。民族的形成是一个对具有本民族特点信息内容的传播/受传并得到确认的过程。通过传播，促进了民族内部相关知识信息的传播、延伸、继承和弘扬，进一步巩固了民族的意识。至于宗教的产生和传播，虽然不同于民族内部的知识传播活动，但也属于在社会某一特定群落的成员中进行特定内容信息的传播，对促进宗教知识信息的传播也具有一定的推动作用。

（二）在特定条件下知识传播环境对知识传播可能产生制约作用

知识传播环境对知识传播活动的制约作用主要是通过社会环境中的政治、经济、科学技术、文化、民族以及宗教等因素对知识传播活动的内容、形式、方法、方式、手段以及利益倾向性的限制和约束来实现的。“限制”是指“客观条件的限制”，“约束”则是指“人为的约束”。这些“限制”或“约束”主要表现在以下几个方面：

1. 社会政治制度对知识传播活动的制约作用

从人类社会的发展史看，奴隶社会末期的“学在官府”，封建社会的科举制度以及愚民政策，都极大地阻碍了社会知识的正常传播。在特定的社会背景下，政治因素明显地遏制知识的传播：哥白尼就是因为宣传与教会不合的“日心说”而被处死的；中国“十年浩劫”期间，林彪江青集团倒行逆施，几乎禁止一切科学知识的正常传播。西方国家对社会主义中国的技术垄断和封锁，也遏制了人类社会成员共同智慧成果的正常传播。

当然，为了维护国家和民族的利益。政府明令限制某些可能影响国家安全和民族利益的知识信息的传播，这既是国家的权力，更是为了保护知识传播事业的正常运行。

2. 经济发展水平对社会知识传播活动的制约作用

经济发展水平落后于社会发展水平，势必难以满足社会成员日益增长的对社会文化知识（包括接受教育）传播的需求，经济发展就遏制了知识传播活动的发展。经济发展水平对知识传播的推动主要是指向从事知识传播/受传活动的社会成员提供物质生活条件保证。没有了这个保证或保证无力，知识传播就难以正常发展。知识传播具有上层建筑的某些属性。而上层建筑是以经济发展为基础的。没有基础，上层建筑也无法牢固。同样，知识传播活动落后于社会经济发展的需要，经济也就不能持续发展。

3. 科学技术发展水平对知识传播活动的制约作用

科学技术研究的水平会直接制约知识传播的信息内容水平。没有高水平的科研成果，就谈不上传播高水平的知识；科学技术的发展水平决定了社会成员对知识传播内容的需求水平。在科学技术发展处于落后状态的国家和地区，代表科技前沿水平的科研成果是不可能有社会普及需求的，此时的科学发展水平实际上就遏制了先进科学知识的传播。落后的科学技术发展水平会限制知识传播新手段的应用。知识传播的速度和质量在某种程度上是受知识传播手段和技术制约的。由于科学技术落后，往往无法向知识传播事业提供与社会需要相适应的知识传播技术手段，所以在客观上遏制了知识传播事业的发展。

4. 文化、民族及宗教因素对知识传播活动的制约作用

在社会发展迅速而文化环境发展相对滞后的情况下，传统、保守、腐朽的文化环境会抵制新兴、进步、新生的知识信息传播。五四运动前期以林纾为代表的“桐城派”、以刘师培为代表的“文选派”及后来的“甲寅派”，以“卫道士”自居向新文化运动发起了以“奋力卫道”为目的的反扑就是一例[①]。由于文化环境具有鲜明的民族特征，在一般情况下，民族的文化会本能地抵御外民族文化的渗透，即根据本民族的文化价值观遏制

① 倪延年、吴强：《中国现代报刊发展史》，南京大学出版社，1993，第46～61页。

一些与之相悖的知识向本民族成员传播。而宗教对科学知识传播的抗拒方式，往往更具有欺骗性。

三 知识传播与知识经济之互动关系

知识传播是构成知识经济的基本要素之一。我们研究知识传播的根本目的是探讨知识传播活动的规律，以知识传播活动的实际效果推动知识经济社会的演进和发展。笔者认为，知识传播与知识经济的互动关系主要表现在以下几个方面：

1. 知识传播活动在知识经济的发展完善过程中具有积极甚至是关键的促进、推动作用

知识传播活动在知识经济的发展完善过程中，具有的积极推动作用，主要表现在：

（1）知识传播活动在知识生产者和知识利用者之间起着桥梁和纽带作用。知识传播使人们创造的知识成果通过传播过程，与需要利用这些知识成果进行社会产品生产、销售和研究的社会成员及其实践相结合，使其蕴涵的生产力转化为现实生产力，从而产生巨大的经济和社会效益。例如，作为知识传播者的农业科技人员把杂交水稻这一科研成果传播给农民，使水稻取得了十分明显的增产效果。

（2）知识传播活动通过把知识成果传播给受传者，可以不断提高他们的知识拥有水平和利用水平，同时也进一步促进了更高层次知识成果的推广普及和实践应用。社会成员除了从学校教育中获得知识外，更多的是在社会实践中接受知识成果传播，在接受知识成果的同时自己也拥有了知识。如上所述，知识传播活动可以促进知识成果的创造和生产，但同时也可以拓展知识成果传播的接受范围，为更多的知识成果找到用武之地。而更重要的是，知识传播可以提高社会成员的个体和群体素质，为知识成果提供更大的市场。

（3）知识传播活动造就培养大量的知识生产、传播和利用者，为社会财富的迅猛增加，为知识经济社会的发展和完善提供了必不可少的人力资源。知识传播者通过各种知识传播活动，使原本没有知识、或只有少量知识、低层次知识的“人”，成为拥有知识、或拥有大量知识、高层次知识的“人”。“知识人”的出现，反过来又推进了知识成果的创造、传播和使用，使之创造出更大的社会财富，推动社会经济由工业经济向知识经济的演进。

（4）知识传播活动为知识经济社会的出现创造了良好的社会环境，加快了知识经济社会的发展。适时的知识传播可以帮助人们开阔眼界，转变观念。当大多数社会成员的观念都达到与知识经济社会相适应的水平时，整个社会的环境氛围就会发生根本性变化。当工业经济社会向科学进步、文明的方向发生本质的突变时，就为知识经济社会的到来增加了“润滑剂”和推动力，从而加快知识经济社会的到来。

2. 知识经济在发展完善过程中对知识传播的巨大需求，推动和促进了知识传播的发展

（1）知识经济社会的发展和演进对知识创新提出了更为迫切的要求，进一步推动了知识成果经由知识传播更快地进入知识利用领域。知识经济的发展大大推动了社会组织和个人的知识创新活动。知识成果通过高新产业可以获得巨大的经济效益，必然吸收更多的社会成员尤其是具有知识创新能力的社会成员投入到知识创新活动中来。知识成果创造出来后，必须通过知识传播才能产生价值，所以知识成果越多，市场需求越大，对知识传播的需求也就越大，知识传播活动就越发展。

（2）知识经济社会的发展和完善，对社会成员的知识拥有、使用水平以及知识创新水平提出了更高的要求，从而促进社会成员重视新知识的学习，乐意接受新知识的传播，注重知识创新，这就为知识传播活动创造了更大的发展空间。众所周知，加快新知识学习、接受新知识传播、注重知识的创新，无一能离开学校、课堂、图书馆以及计算机网络。因此，以教育、出版、文化、文献流通以及网络传播为主要形式的知识传播活动及其事业，就必须得到迅速发展。所以，知识经济社会的发展和完善，必然要推动知识传播及其事业的发展。

（3）知识经济社会的发展和完善，必然推动和促进知识传播媒介技术、知识传播观念、知识传播环境的发展和完善，从而有效地推动和促进知识传播活动和知识传播事业的迅猛发展。在知识经济社会，知识传播活动的功能超过了以往任何一种社会经济形态，因为假如没有与知识经济社会发展相适应的知识传播事业，社会成员生产出来的大量知识成果就难以及时转化为现实的生产力，很难立即产生巨大的社会财富，这就必然会影响到知识经济社会的正常运转，也就违背了知识经济社会的基本规律。要适应知识经济社会的发展，必须比以往更重视知识传播，更重视知识传播媒介及技术的研发，更重视知识传播环境的建设，更重视知识传播事业的建设，更重视知识传播功能的发挥。只有这样，才能推动知识传播及其事业的迅速发展。

论华文世界的传播伦理及其教育的方法*

引　言

“伦理”一词，究其本意是指“事物的条理”。《礼记·乐记》中说“乐者，通伦理者也”。东汉时期著名经学家、教育家郑玄在其“三礼注”中称“伦，犹类也；理，分也。”大致是指语言文章的条理次序，亦指安排有条理。但也就是这部《礼记》，也就是这句“乐者，通伦理者也”，却又被也就是这个郑玄注为“伦，言人伦”。即处理人们相互关系所应遵循的道理和准则。亦指人与人相处的各种道德准则①。所谓“传播伦理”，简单地说就是在大众信息传播社会活动领域中处理人与人之间关系的基本道德准则。而“华文世界的传播伦理”则是特指在应用华文（俗称“汉语”）进行大众信息传播的社会活动领域中处理人与人之间相互关系的基本道德准则。本文拟就华文世界传播伦理教育的有关问题谈一点个人的看法，以求教于海内外同行专家学者，作为促进自己今后专业教学工作取得新进展、教书育人工作达到新水平的推动力。

---

* 本文在中国新闻史学会等主办的“第一届世界华文传媒与华夏文明传播国际学术研讨会”（中国台湾，政治大学，2007 年 7 月）演讲交流。

① 《辞海》编辑委员会：《辞海》（1999 年版缩印本），上海辞书出版社，2000，第 266 页。

一 华文世界传播伦理的基本特点

"特点"是指"人或事物所具有的独特的地方"。从反映事物内容的深度来区分，事物的特点可以划分成为本质特点和一般特点两个不同的层面。同样，对于华文世界传播伦理的特点，我们认为也应该从本质特点和一般特点的两个不同的层面来予以认识。

（一）华文世界传播伦理的本质特点

所谓本质特点是特指那些可以把这一事物和其他事物甚至是非常相近的事物进行明确区分开来的特点。从某一意义上讲，本质特点源于该事物的本质属性，是该事物本质属性的外在反映。我们认为，华文世界传播伦理的本质特点就是专指在应用华文进行新闻及其他大众信息传播的社会生活领域中，以中华民族的传统文化道德标准评判某一言论或行为的道德是非的基本规范，而不是指诸如应用英语、俄语、法语或其他语言文字进行新闻或其他大众信息传播的社会生活领域中，以其他民族的文化道德标准对某一言论或行为进行道德评判的基本规范。讨论的范围仅局限于华文世界而不涉及到其他语言世界，讨论的主题仅仅是指华文世界的传媒伦理而不涉及到其他领域的伦理，这是华文世界传播伦理这个主题最明显也是最本质的特点。根据这一特点或属性，就可以比较方便和清晰地把华文世界传播伦理和非华文世界传播伦理或华文世界其他方面的伦理区分开来。华文世界的共同特点是所有社会成员都使用或认同使用华文进行新闻传播或交流。"华文"是包括华侨及其子女在内的全体中国人及包括拥有其他国籍但具有中华民族血统的华裔外国人在内的社会成员群日常进行信息交流的最基本的媒介。一个民族语言的形成和完善与该民族的文化传统和精神道德密不可分。所以，华文这一目前世界上使用人数最多的语言中客观地打上了鲜明的中华民族文化传统和道德精神的烙印。他乡闻乡音，犹见亲人面。这种文化传统和道德精神的烙印正是包括中国大陆、台湾、香港、澳门在内的所有中国人以及海外华侨乃至广大华裔外国人的重要精神纽带。而文化传统和道德精神正是包括传播伦理在内的所有社会生活领域伦理的核心支柱。所以华文世界传播伦理的核心也即是用以评判某一言论或行为的道德是非规范的核心正是中华民族文化传统和道德精神。这是和世界上任何其他民族的文化传统和道德精神都不会完全相同的，而这也就是华文世界传播伦理的本质特点。总起来说，华文世界的传播伦理是以经过几千年来积淀和继承下来的以孔子孟子为代表的“儒家学派”思想体系中的“仁”、“义”、“礼”、“智”、“信”为渊源性思想核心的伦理规范。这一伦理规范体系和内容与大多数西方国家及民族的世界观、价值观和道德是非观有明显区别，是不可能混淆的。

（二）华文世界传播伦理的一般特点

所谓一般特点是与本质特点相比较而言的特点。这些特点在其他国家或民族的传播伦理中也有表现，只不过可能没有这么强烈，也就是说有些特点是世界各民族的传播伦理中共有的，只是在华文世界传播伦理中表现得更为突出和强烈一些而已。我们认为，华文世界传播伦理的一般特点主要有：较多地注重精神层面的评判而较少地注重物质层面多寡；较多地注重周围社会成员尤其是在本人周围的社会成员特别是与自己相近层次（俗称活动圈）中社会成员对自己的评价；崇尚具有真才实学并通过自己的刻苦努力取得成绩来获得社会的尊重，鄙视通过制造假新闻、传播不良信息或抄袭剽窃他人成果等不正当的手段获得利益和声誉的言论和行为；崇尚以自己的劳动成果创造财富并乐于帮助他人，鄙视那些依靠巧取豪夺获得财富或只图自己享受不顾他人死活的言论和行为；崇尚为了主持公道帮助弱者甚至牺牲自己的利益及生命，鄙视那些见弱不帮、见死不救或见人有难绕道行甚至乘人之危投井下石的言论和行为；崇尚对事业的敬业奉献和卓有成果，鄙视从业马虎得过且过和平庸无能、无所事事的言论和行为，等等。

二　华文世界传播伦理内涵的层次体系

华文世界的传播伦理是一个完整的概念，具有丰富的内涵。科学完整地认识华文世界传播伦理的内在涵义，对研究华文世界传播伦理的教育具有直接的意义。华文世界的传播伦理具有悠久的传统和丰富的内涵，经过中华民族以及广大华文新闻传播从业者一代又一代的思考、总结、实践和弘扬，日益丰富，日臻完善，已经形成了华文新闻传播从业者具有相当共识、共同约束力和共同追求及褒扬取向的道德是非评判规范。归纳起来大致可以划分成三个不同的层次。

第一个层次：新闻传播从业者处理个人与国家、民族或集体利益关系的伦理道德规范。

纵观中华民族几千年的文化传统，其主要基调是崇尚以个人利益服从国家利益和民族利益，也就是把国家和民族利益看得高于个人自身利益，把政党、团体的利益置于个人利益之上。在华文世界的传播伦理中，那些为了国家利益安全和中华民族尊严而牺牲个人利益甚至牺牲个人生命的新闻传播人一直受到其他新闻传播从业者的尊敬和推崇，例如在全民抗击日本军国主义者对中华大地全面入侵的殊死搏斗中，不少新闻传播从业者尽管没有拿起枪杆走上战场第一线，但却握笔走上战斗前线，以极大的热情讴歌与敌人作拼死搏斗的将士，因而受到人们的敬重，从前线回到后方的战地采访团成员受到英雄般的欢迎即是明证。而对那些诸如曾任日伪时期北平伪治安总署机关报《武德报》编辑局长的管翼贤和柳龙光以及曾任北平伪临时政府机关报《新民报》编辑局长吴菊痴和吴铁珊等投靠敌伪、利用报纸刊物等新闻媒体为日本军国主义的侵略罪行辩护或为其侵略战争政策鼓噪的背叛国家和民族的汉奸报人[①]却嗤之以鼻，不齿与之同伍。

第二个层次：新闻业者处理自身群体与社会成员整体之间相互关系的道德规范。

华文世界传播伦理中新闻传播从业者处理群体与社会成员整体相互关系的基调是，强调新闻传播者及其所掌握的新闻媒介以对社会、对社会其他成员、对社会生活的科学进步持有一种负责任的态度，即在社会群体成员利益和新闻传播业者群体利益之间，崇尚以业者群体利益为社会群体利益负责的精神。诸如：

---

① 方汉奇主编《中国新闻事业通史》（第二卷），中国人民大学出版社，1996，第 885 ~ 886 页。

强调新闻传播业者和新闻传播媒体对社会发展和受众利益负责的新闻真实性原则，明确反对新闻传播业者和新闻媒体为了某一个人或某一个企业、或某一个特定利益群体的利益捏造、虚构和散布假新闻的欺骗性做法。

强调新闻传播业者和新闻媒介对新闻以及其他大众信息的传播有利于构建科学、健康、积极、和谐的社会环境氛围，明确反对新闻传播业者和新闻媒体为了某一企业或特定社会成员群体甚至个人的利益利用新闻传播媒体散布封建迷信、歪门邪教、消沉颓废以及制造摩擦的言论等损人利己做法。

强调新闻传播业者和新闻媒介对社会政治新闻的采集和传播符合社会政治生活中绝大多数社会成员的根本利益和有利于社会秩序的稳定，明确反对新闻传播业者和新闻媒体利用新闻与其他大众信息的传播挑动社会不同利益群体的不和睦，甚至煽动社会骚动、危害社会秩序的有序运行的挑拨性做法。

强调新闻传播教育者爱生敬业，视学生为子弟，以真实学问传授学生，以高尚人格影响学生，以科学方法培养学生，以社会责任引导学生，以守信诚实要求学生，以培养对社会和新闻传播事业发展有用的人才，明确反对新闻传播教育者敷衍失责，对学生冷漠无情，无德无才无责任，不能为人师表的言论和行为。

强调新闻传播研究者遵循科学研究规律，尊重他人劳动成果，尊重客观历史事实，以发展学术为责任，明确反对新闻传播研究者违反科学研究规律，无视他人劳动成果，随心所欲或断章取义地处理历史史料和史实，以及以沽名钓誉为目的的学术骗子或学术贩子的言论和行为，等等。

第三个层次：新闻传播业者处理群体内部人与人之间相互关系的道德伦理规范。

华文世界传播伦理中新闻传播从业者处理群体内部社会成员之间相互关系的基调是，强调新闻传播业者及其所掌握的新闻媒介对新闻传播业者群体内部的团结和谐等持有一种负责任的态度，即在新闻传播业者个人的利益和其他社会成员或其他新闻传播业者的利益发生冲突或矛盾时，持一种宽厚、宽容甚至宽大的态度和境界。具体地说，在处理新闻传播业者群体内部人与人之间相互关系时：

提倡在大是大非的原则问题上鲜明地表明自己的观点，“是”就是“是”，“非”就是“非”，在根本性原则性的问题上不回避矛盾，不含糊其词，不圆滑应付，堂堂正正做人，认认真真做事；同时又提倡在一些非原则问题上对他人宽容，不因枝节小事伤和气，不为片言只语伤感情，只要无伤大雅，淡然一笑了之，大事为重，全局为重，友情为重。

提倡对待做过错事或说过错话的同行不采取一棍子打死的思维模式，重在他对所犯错误深刻真诚的认识，重在他对所犯错误有切实改过为新的实际行动，重在他在改过为新的过程中汲取教训不再重犯原来的错误。

提倡新闻传播业者在充满物欲诱惑的环境中当“智者”，头脑清醒，思维理智，刻苦学习，精益求精，与时俱进，奋发上进，不断以新的观念、理论、知识和技能，充实和完善自己的知识技能结构，以求使新闻传播业者自身能够适应社会发展的新要求，在社会乃至单位事业的发展中发展自己，完善自己。

提倡新闻传播业者以“铁肩担道义”的大无畏气概，以社会道德和公平为准绳，不畏强权，敢于主持公平与正义，维护社会的公平合理，做社会公正公平环境的忠实“守望者”，同时对弱者具有真诚强烈的同情心和怜悯心，利用新闻媒体以及写新闻的笔为民代言，为维护广大受众以及社会成员的根本利益甘做“恶人”。

提倡新闻传播者正确评价和对待自己，视团体团队的利益高于个人利益。尊敬前辈，尊重他人，谦虚谨慎，以礼待人。即使在学术争鸣中也注重摆事实讲道理，行文中不作耸人听闻之词，不作无中生有之词，不作人身攻击之词，不作恶意谩骂之词等等。

根据上述内容，我们可以得到华文世界传播伦理内涵的层次体系结构图：

第一个层次：

处理新闻传播从业者个人与国家、民族、集体利益关系的伦理道德规范。

置国家民族的利益于政党团体利益之上；

置政党团体团队利益于个人利益之上；

第二个层次：

新闻业者处理自身群体与社会成员整体间相互关系的道德规范。

强调新闻传播业者和媒体对社会发展和受众利益负责的新闻真实性原则；

强调新闻传播业者和媒体对新闻的传播有利于构建良好的社会环境氛围；

强调新闻传播业者和媒体对新闻的采集和传播有利于社会秩序的稳定；

强调新闻传播教育者爱生敬业，培养对社会和新闻事业有用的优秀人才；

强调新闻传播研究者尊重他人劳动和客观历史事实，以发展学术为己任；

第三个层次：

处理新闻传播业者群体内部人与人之间相互关系的道德伦理规范。

提倡在大是大非的原则问题上鲜明地表达自己的观点，不回避矛盾；

提倡在一些非原则问题上对他人的宽容，大事为重，友情为重；

提倡对待做过错事说过错话并已改正的同行不一棍子打死的思维模式；

提倡新闻传播业者在充满物欲诱惑的环境中当“智者”，不断学习；

提倡新闻传播业者具有“铁肩担道义”的大无畏气概，敢于主持公平正义；

提倡新闻传播业者客观评价自己和别人，具有团队协作精神。

三　华文世界传播伦理教育的内容体系

所谓“体系”，是特指“若干有关事物或某些意识互相联系而构成的一个整体”。我们在上一节探讨了华文世界传播伦理内涵的层次结构，使我们对华文世界的传播伦理所包含的主要内容有了一个大致的了解。但是我们又应该看到，华文世界传播伦理教育的体系又是不同于华文世界传播伦理的内涵层次结构体系的。我们认为，根据目前的实际情况，华文世界传播伦理教育的内容体系大致应当由如下几个层面的内容组成：

第一层面：哲学的层面

哲学是关于社会成员世界观的学问。比较通行的有唯物主义哲学和唯心主义哲学两大学术派别，而唯物主义者哲学中又分为机械唯物主义哲学和辩证唯物主义哲学。我们主张的是历史唯物主义和辩证唯物主义相结合的哲学观。

所谓历史唯物主义就是要把历史的人物、事件、政策、法律以及运动等放到特定的历史环境中去认识和考察，既不把古代的人物、事件、政策、法律以及运动生硬地搬到现在的环境中并以现在的价值观、是非观和优劣观来予以评判，也不用过去时代的价值观、是非观和优劣观来评判当代的人物、事件、政策、法律以及运动。同样道理相推，我们不去说第二次世界大战结束以来60多年间中国大陆和香港、澳门以及台湾都经历了不同的社会政治制度发展的历史阶段，即使台湾、香港和澳门这三个地区在历史上都曾经被外国入侵者殖民统治过的历史阶段，但因为日本人对台湾的统治和英国人对香港的统治以及葡萄牙人对澳门的统治又不是完全一样的，因此尽管这三个地区和中国大陆一样同处于华文世界的范围，而且基于中华民族文化道德传统的传播伦理的核心也基本相同，但传播伦理的一些具体内容却客观上是有所差异的。所以作为华文世界新闻传播伦埋的研究者既不要企图把在台湾通行的做法搬到香港和澳门去，也不要企图把在香港和澳门通行的一些做法搬到台湾去，更不要企图把在大陆通行的做法搬到香港、澳门和台湾去，当然也不要企图把香港、澳门和台湾通行的一些做法搬到大陆去，这个道理是显而易见的。

所谓辩证唯物主义，就是要看到事物的不同方面，防止看问题的片面性。在肯定某一事物正面意义的同时，也要看到可能被正面东西隐藏着的负面因素；在一个事物正处于上升发展状态时，要着力关注可能存在的逆转因素，以便“未雨绸缪”。同样，判断一个事物的正确、科学或民主、进步与否，不能离开这一事物存在的现实环境。有些做法在资本主义比较发达、物质文明和精神文明以及社会成员的整体素质都达到较高水平的西方国家是现实的和有效的，但在一些经济文化和科学技术都处于发展状态中的国家和民族生活的环境中，就可能还不完全具备条件。在我们中华民族的传统道德伦理规范中，既有我们的祖先长期思考探索和总结出来的诸如“和而不同”、“己所不欲，勿施于人”以及“老吾老以及人之老，幼吾幼以及人之幼”等符合科学和谐处理人与人之间相互关系因而值得继承弘扬的民主性精华，同时，也有一些与当今社会环境已经格格不入的诸如“君为臣纲、父为子纲、夫为妻纲”以及“君要臣死，臣不得不死”等封建性的糟粕。很显然，把封建性的东西拿到现代社会环境里来兜售是逆时代潮流而行的。

总之，必须把科学世界观的教育作为华文世界传播伦理教育的基础内容，通过对受教育者科学世界观的教育和培养，使未来的新闻传播业者具有符合科学发展规律的世界观和方法论，能够掌握辩证地历史地看待传统的道德伦理规范的思想方法。

第二层面：观念的层面

观念是指“客观事物在人脑里留下的概括的形象（有时指表象）”。在华文世界传播伦理道德规范中占有重要地位的是国家和民族的观念、实事求是的观念以及和而不同的观念。

国家和民族的观念是指中华民族的全体成员及其后人对祖国发展沿革历史进程观点的认同，对祖国领土必须统一的观点的认同，对祖国领土不可分割观点的认同，对中华民族是一个包括汉族在内的56个民族组成的团结和睦的大家庭的观点的认同；对中华民族只有团结对外才能抵御强敌压迫的观点的认同等等。

实事求是的观念是指一切必须从实际存在出发，尊重客观实际，遵循客观规律。提倡一切从实际存在及实际可能来考虑问题，而不是无视客观实际，听凭主观意愿和一厢情愿。对新闻传播从业者而言，实事求是最直接的体现就是保证新闻信息的真实，真正使新闻媒体发布的新闻消息贴近实际，贴近生活，贴近受众，是社会生活的真实反映。

和而不同的观念是指在社会生活中拥有强势的一方对弱势一方的宽容，允许有不同观点的存在。尤其是在学术研究探讨领域，更应该提倡“和而不同”的观念，对一家之说即使是大家之说，也允许表示赞成，或者表示质疑，更可以表示商榷或反对，只要是从建设的愿望出发，只要不是人身攻击，不是恶意谩骂，都允许表达不同观点。学术争鸣中有不同意见完全是正常现象，理应有这种气度和胸怀。

第三层面：修养的层面

关于新闻传播业者个人修养方面的道德伦理规范，在华文世界传播伦理中占有重要地位的有责任敬业的意识、奋发上进的意识、感恩报答的意识，尊重宽容的意识以及同情怜悯的意识等。

责任敬业意识是指新闻传播业者对待职业具有强烈的社会责任感，以“天降大任于斯人”自勉，把手中的笔杆（现在是笔记本电脑等现代化设备）当作履行社会责任的工具，兢兢业业地工作，全身心地为民生呼吁，当好社会公平公正的“守望者”。

奋发上进意识是指新闻传播从业者不仅在新闻传播实践中奋发拼搏，而且保持一种奋发进取的朝气勃勃的积极的乐观的精神状态，时刻关注社会生活的新变化，时刻关注科学技术的新变化，时刻关注民情民意的新变化，时刻关注与国家民族根本利益密切相关的国际事态的新变化，随时准备迎接新的挑战并且能够战而胜之。

感恩报答意识是指新闻传播业者清楚地懂得自己的成长和业绩除了自己的拼搏努力之外，还与自己的家庭和亲人、服务的企业和同事、学界的前辈和同人以及社会各界的关心和帮助密不可分，如果仅仅由自己单兵独马的拼搏而没有上述各个方面尤其是自己的父母双亲和兄弟姐妹的关心支持和无私襄助，要取得理想的业绩是完全不可能的。懂得这一点，新闻传播业者就会时刻拥有真诚的感恩意识，对父母双亲、兄弟姐妹、同事朋友、学界同行以及社会各界都不但要有感恩之心，怀感恩之情，更要有实实在在的报恩之举，回报社会，为社会发展进步贡献绵薄之力。

尊重宽容意识是指新闻传播业者应当以敬重之心对待身边所有的人，古人就说过“老吾老以及人之老，幼吾幼以及人之幼”，就是说不光要以宽广的胸怀对待与自己有血缘关系的社会成员，对他们抱有敬重心、亲近心和宽容心，更要对那些与自己素昧平生的其他社会成员有敬重心、亲近心和宽容心，尊重他们的个人意愿，尊重他们的基本权利，尊重他们的劳动和劳动成果，宽容他们对自己的失礼或不敬（只要不是恶意的攻击性或侮辱性的言行），并且不因他们缺少知识或财富甚至还不太卫生和文明而鄙视他们。

同情怜悯意识是指新闻传播业者面对社会弱势群体的困难和疾苦具有从人道主义出发的同情心和怜悯心，尽自己的力量为他们解困除难。真诚地助人于危难之中，全力地助人而不为功利。势短世长，勿以势处事；人多仁少，要以仁待人。尤其是对那些在事业上、经营上和学术上不可能对自己施予的帮助以回报的社会弱势群体以真诚的无私的帮助。

第四个层面：实践的层面

关于新闻传播业者从业实践中的道德伦理规范，在华文世界传播伦理中与之直接相关的有：未来新闻传播业者（即正处于新闻传播专业知识和理论学习阶段的学生）学习过程中应具有的道德伦理规范、现实的新闻传播业者从业过程中应具有的道德伦理规范以及新闻传播研究业者在学术研究过程中应具有的道德伦理规范。

未来新闻传播业者（即新闻传播专业学生）学习过程中应具有的道德伦理规范一般包括勤于思考的独立人格，诚信朴实的学习作风，勇于探索的创新胆略，大胆实践的求实精神，勤奋踏实的学习态度，积极健康的心理状态和尊敬师长的礼貌习惯以及和谐相处的同窗关系等等。

现实的新闻传播业者从业过程中的道德伦理规范一般包括对待工作认真负责的敬业精神，对待同事真诚合作的团结精神，对待受众视如家人的亲民精神，对待新闻内容客观真实的顶真精神，对待业务技能精益求精的进取精神以及对待企业（团体）爱之胜家的团队精神等等。

新闻传播研究业者在学术研究过程中应具有的道德伦理规范一般包括尊重他人劳动和劳动成果的诚实品质，“不畏上不畏书只唯实”的治学品质；勇于在研究中开拓创新的创造品质，善于和同行进行学术合作的协作品质；勇于否定自己以往错误的革命品质以及在研究中积极贡献而不争功利的奉献品质等等。还可能有些内容没有阐述到，有待以后有机会再补充完善了。

根据上面表述，我们可以得到华文世界传播伦理教育内容体系的示意图：

第一个层面：

哲学的层面——辩证唯物主义

〉相结合的哲学观

历史唯物主义

第二个层面：

观念的层面——国家民族的观念

实事求是的观念

和而不同的观念

第三个层面：

修养的层面——责任敬业的意识

奋发上进的意识

感恩报答的意识

尊重宽容的意识

同情怜悯的意识

第四个层面:

实践的层面——未来新闻传播业者

勤于思考的独立人格

诚信朴实的学习作风

勇于探索的创新胆略

大胆实践的求实精神

勤奋踏实的学习态度

积极健康的心理状态

尊敬师长的礼貌习惯

和谐相处的同窗关系

——现实新闻传播业者

对待工作认真负责的敬业精神

对待同事真诚合作的团结精神

对待受众视如家人的亲民精神

对待新闻客观真实的顶真精神

对待业务精益求精的进取精神

对待企业爱之胜家的团队精神

——新闻传播研究业者

尊重他人劳动和劳动成果的诚实品质

“不畏上不畏书只唯实”的治学品质

敢于在研究中开拓创新的创造品质

善于和同行进行学术合作的协作品质

勇于否定自己以往错误的革命品质

积极贡献而不争功利的奉献品质

四 华文世界传播伦理的教育方法

华文世界传播伦理教育的方法可以根据教育环境以及施教者和受教对

象的不同或差异有多种多样。为便于叙述，我们把华文世界传播伦理教育的方法按照教育环境的不同区分为社会教育方法和学校教育方法两个类型进行探讨。

（一）华文世界传播伦理的社会教育方法

华文世界传播伦理的社会教育是一个通过多种方式或方法向新闻传播业者以及与新闻传播有直接关系的社会成员进行传播伦理教育宣传并使之接受或认同符合社会大多数受众根本利益的传播道德规范的过程。在这一过程中我们可以采用的教育方法主要有：表扬先进法、鞭挞丑陋法、普遍宣传法、环境熏陶法以及专题研讨法等等。

表扬先进法是指对那些在华文世界传播伦理道德规范方面自身实践得较好得到新闻传播业界同行公认，并具有可学性可比性特点的先进人物或事例，通过媒体宣传、业界介绍、颁发褒扬状以及给予加薪晋级等方面的奖励等方法给予褒扬和赞赏，进而引导人们学习和仿效的一种教育方法。其特点是用身边的人和事来教育身边的人，启发引导人们去做同样的实践华文世界传播伦理道德规范的事，从而收到普及推广符合大多数社会成员利益的传播道德规范的效果。

鞭挞丑陋法是指对那些在华文世界传播伦理道德规范方面做得明显较差或很差，产生较坏甚至很坏社会影响的新闻传播业者或特定事情，在符合法律精神的范围并采取适当的方式予以揭露，对其不良表现予以批评，对之所以会产生如此言行的原因进行分析，对与新闻传播业者特定社会形象具有明显反差的丑陋言行进行道德的批判和精神的鞭挞，以收到批评错误、鞭挞丑陋、惩戒本人、教育他人效果的方法。其特点和表扬先进法有异曲同工之妙，都是用身边的人和事教育身边的人，只是提醒人们不要犯与被批评者同样的错误，以减少同样错误的出现。

普遍宣传法是指在特定时间阶段（如政府制定颁布的新闻传播法律法规正式实施或实施纪念日）前后，通过报纸、杂志、广播、电视、网络以及街头演讲等方法或途径，向社会各界宣传华文世界传播伦理道德规范的丰富内容或特定的要求，让社会各界都了解华文世界传播伦理道德规范的相关内容和要求，以达到宣传教育普及华文世界传播伦理道德规范的目的。

其特点是目的明确，内容专一，途径多样，社会影响较大。

环境熏陶法是指通过一定的物质设施增加社会环境或新闻传播业者学习、工作、服务、研究以及生活环境中华文世界传播伦理道德规范的经常性信息含量，使人们在周边的环境中于无形无意中经常接受华文世界传播伦理道德规范的熏陶和警示教育，收到“潜移默化”的教育效果。其特点是寓提倡的道德规范教育于环境因素的熏陶中，不强加于人，不进行专门的教育活动而收到倡导、提醒和警示的实际效果。

专题研讨法是指把华文世界传播伦理道德规范的特定内容和新闻传播业务工作的特定内容结合进行研讨进而收到统一思想、提高认识、明辨是非的教育效果的一种方法。如结合新闻学理论建设可以“研讨新闻传播行为及其过程中的道德问题，特别是新闻传播的道德规律和道德规范系统”。[①] 除此以外还可以结合新闻媒体发布广告的工作，研讨广告传播活动及其过程中的道德伦理规范问题；结合新闻采访工作中的实际或理论问题，研讨新闻采访过程中的道德伦理规范问题；等等。总之，结合新闻传播活动过程有关内容的研讨可以更有针对性地对传播伦理中的有关问题进行深入的结合实际的研讨，收到事半功倍的效果。

（二）华文世界传播伦理的学校教育方法

华文世界传播伦理的学校教育是特指通过学校（包括课堂、图书馆、实验室以及社会实践或实习）的教育途径，向现在的新闻传播专业学生即未来的新闻传播业者或已经在新闻传播领域从业的社会成员进行华文世界传播伦理道德规范教育的一种方法。在这一过程中我们可以采用的方法主要有：从历史人物典范入手、联系现实生活的方法；理论分析利弊、结果证明是非的方法以及实地参观考察、接受氛围熏陶的教育方法等等。

从历史人物典范入手、联系现实生活的方法是指教学人员从历史文献记载中寻找具有典范意义的人物或事例，宣传华文世界传播伦理道德规范。例如《左传·襄公二十五年》中记载了崔杼因齐太史兄弟所记“崔杼弑其君”五个字，先是强迫太史改写，太史不从，被杀；又召来太史

① 陈汝东：《传播伦理学》，北京大学出版社，2006，第102页。

大弟，仍然是迫其改写，太史大弟不从，又被杀；再召来太史二弟，还是迫其改写，太史二弟仍然不从，还是被杀。齐太史的第三个弟弟听到三个哥哥因记载事件真相而连续被杀的消息后，不等崔杼来召，义无反顾地拿起笔就朝史馆走去，继续准备为维护新闻的真实而献出自己的生命。就在齐太史三兄弟的这种凛然正气面前，崔杼心虚了，害怕了，“乃舍之”，即放弃了继续迫太史兄弟改写史实，如不从即杀掉齐太史三弟的念头。这一事例尤其是齐太史兄弟所表现出来的凛然正气，一直是新闻教育者向新闻传播专业学生和其他社会成员宣传新闻从业者不畏权贵、坚守职业操守、为做到新闻记载真实而不惜生命的典范和楷模，受到无数人的尊敬和敬仰。

理论分析个案利弊、结果证明是非的方法是指教学人员根据前人的研究成果和自己的思考，对自觉执行华文世界传播伦理道德规范的必要性和可行性进行理论的阐述，并且从社会生活或媒体的报道内容中选择具有典型意义的事例予以证明的一种教育方法。这类事例可以说屡见不鲜，如有记者为了追求新闻效应，在报道内容中采用了自己使用偷拍手段获得的音像资料，并且在报道的文字中故意渲染了与新闻无紧密关系的内容。该新闻见报后，当事人向法院提出关于该报道侵犯其隐私权的控告，最后被法院判决公开道歉和赔偿名誉损失等等。对这类事例，教学人员不但要介绍事例，更要通过对事例中反映出来内在原因和结果进行分析，以使学生通过这个事例的分析收到“引以为戒”的教育效果。

实地参观考察、接受氛围熏陶的教育方法是指新闻传播专业的教学人员结合专业教学计划，安排或组织学生走出教室和校园，走进那些有较深厚文化积淀和新闻传播伦理教育意义的旧址或遗址，让学生从引导参观者的讲解中和对现实氛围的感受和感悟中接受华文世界传播伦理道德规范的教育和熏陶。我们认为，组织新闻传播专业的学生参观在中国新闻事业史上具有重要影响的香港《大公报》馆或当初在重庆坚持抗战宣传的中共《新华日报》旧址，对于坚定这些未来的新闻传播业者的专业思想和职业操守肯定具有积极的教育意义。

根据上述内容，我们可以归纳出华文世界传播伦理教育的方法体系结构图（见下页）。

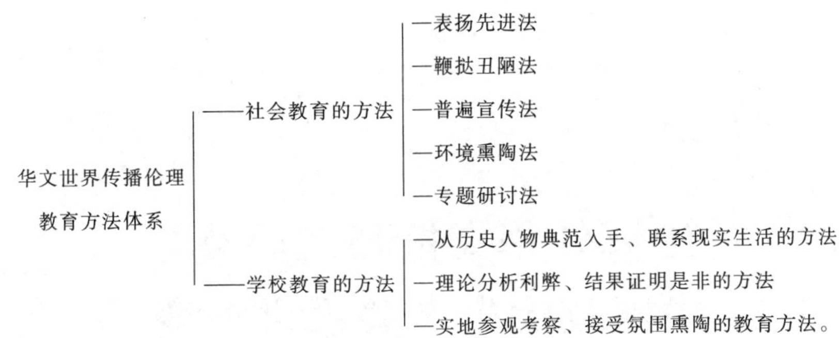

结　语

华文世界传播伦理教育实际上不是一个新问题，而是一个从华文世界传播事业诞生以后就一直有人思考和实践的课题，也是一个必须随着社会时代的进步不断发展的领域。如何搞好华文世界传播伦理的教育，已经有不少的研究者和实践者总结出不少教学经验和教育原则，值得我们学习和借鉴。我们认为，无论采用哪一种教育教学方法，总的一个原则应该是方法为效果服务。我们认为，在华文世界传播伦理教育的过程中，首先应该努力遵循的原则就是传教者必先躬行的原则。就是说教师教学生“做人”，必须自己先“成人”。教师教学生学习新闻传播伦理道德规范，自己首先应当能够较好地践行新闻传播伦理道德规范，为人师表。只有教师先做给学生看，然后再讲给学生听，学生才会信服，教学活动才有可能取得好的教学效果。假如作为教师只知在课堂上夸夸其谈，唱高调说大话，课堂外的自己做得却不怎么样甚至很差，那又如何会有良好的教学效果呢？请这样的教师深思！

论海外华文报刊发展及与中国政治生态关系之演变*

中华民族在长期的生存、繁衍和发展中，几乎与世界所有国家和民族都进行过政治、经济、文化的交往，海外华文报刊在这一过程中发挥了重要的作用。与此同时，海外华文报刊也与中国政治生态发生了错综复杂的联系，斗转星移，书写了一部海外华文报刊和中国政治生态关系的演变史。

一　海外华文报刊及其发展的历史脉络

“海外华文报刊”是一个特定的概念。“华文”在绝大多数场合是汉语及其方言的意思。“海外”一般是指当时的中国政府不能有效行使国家主权或实施行政管理权（其他国家政府拥有主权或行政管理权）的地区，历史上包括从1895年到1945年被日本人割占的台湾地区、从1842年到1997年被英国人“租借”的香港地区以及从1887年到1999年12月在葡萄牙人殖民统治下的澳门地区。台湾在1945年10月25日由于日本人的

---

* 本文为国家哲学社会科学规划基金2007年度重点项目“中国新闻法制通史研究”（项目编号：07AXW001）的系列研究成果之一，在中国新闻史学会等联合举办的“第六届世界华文传媒与华夏文明传播国际学术研讨会”（新加坡南洋理工大学，2009年7月）上进行学术报告。

无条件投降回归了中国，香港和澳门分别于1997年7月1日和1999年12月20日回归中国。因此现在的“海外”空间范围就不应该再包括台湾、香港和澳门地区了。要说明的是，在第二次世界大战结束前，旅居海外的中国人普遍持有中国护照，其所在的华侨团体与当时中国政府侨务管理机构之间的关系也相当于管理与被管理、监督与被监督、指导与被指导的关系，所以海外华人华侨创办的报刊自然也就被视为中国报刊或中国报刊在海外的衍生物，而被列入中国新闻史的研究范畴。① 新中国成立以后，不再鼓励华侨拥有双重国籍。因而由所在国的华裔公民即华人创办的华文报刊，就不再具有中国新闻事业组成部分的属性。因此，本文所指的“海外华文报刊”是指特定时期在中国政府有效行使国家主权或实施行政管理权地区以外的国家或地区的华人或华侨用华文（汉语）出版发行并且主要以华人或华侨为读者的新闻性报刊。

1815年（8月5日）在马六甲创刊的《察世俗每月统记传》是世界上第一份近代化的华文期刊。1854年（4月22日）在旧金山创刊的《金山日新录》是世界上第一份近代化的华文报纸。1856年（12月）在萨克拉门托创刊的《沙架免度新录》是世界上第一份近代化的华文日报。它们的出版，不仅在当时当地的华人华侨中起了重大的影响，对中国近代化报刊的诞生，也起到了一定的催化作用，在新闻史上占有一定的地位。② 在诞生以后的近两百年间，海外华文报刊随着国内的政治风云变化和世界政治文化潮流的变革不断发展，几经风雨艳阳，在进入了21世纪的现在，海外华文报刊呈现一种生气勃勃的发展态势，既成为所在国家地区新闻传播事业的重要组成部分，也成为中华民族优秀文化在世界各国传播和交流的重要载体和途径，成为中华民族文化与世界各民族文化交流的桥梁和纽带。

纵观海外华文报刊诞生至今近200年的发展传播历程，大体上可以划分为四个阶段。第一个阶段是“华文报刊的萌发阶段”，时间大致从19世纪初期到19世纪70年代末。即从第一种华文期刊《察世俗每月统记

---

① 程曼丽：《海外华文传媒研究》，新华出版社，2001，第3页。

② 程曼丽：《海外华文传媒研究》，新华出版社，2001，第1页。

传》创刊到在英国殖民统治下的香港《维新日报》正式创刊为止。第二阶段是“海外华文报刊的发展阶段”，大致从19世纪末开始到第二次世界大战结束。第三阶段是“海外华文报刊的换位阶段”，大致从第二次世界大战结束到中国的改革开放以前。第四阶段可以称为“海外华文报刊的完善阶段”，大致从“新移民”创办的华文报刊诞生的20世纪80年代开始到21世纪初期，并且还在延续下去。

二 海外华文报刊与中国政治生态关系之演变

因为受到各种因素的影响和制约，海外华文报刊在每一个发展阶段，都与中国的政治生态发生各具特点的相互关系。

（一）海外华文报刊的萌发阶段与中国政治生态的“影响”关系

在海外华文报刊的萌发阶段，率先创办的是《察世俗每月统记传》（1815年8月5日在马六甲创刊，创办人为英国伦敦布道会派遣来华的传教士马礼逊）；接着是《特选撮要每月纪传》（1823年在巴达维亚〈今雅加达〉创刊，编辑为英国传教士麦都思）；《天下新闻》（1827年在马六甲出版，英国传教士、英华书院院长纪德主编）；《金山日新录》（1854年在美国旧金山创刊，美国基督教会传教士威廉·霍华德主编，这是在西方国家出版的第一份华文报刊）；《东涯新录》（1855年1月4日在美国旧金山创刊，华文和英文合刊，创办人是美国传教士威廉·斯卑尔）:《沙架免度新录》（1856年12月在萨克拉门托创刊，创办人是华人知识分子司徒源〈即黄泰〉，美国人韦伯斯特担任出版人）。正如程曼丽女士所说的那样，《沙架免度新录》的创办标志着“海外华文报刊由此掀开了新的一页——中国人自己创办华文报刊的一页”。[①] 后来又出现了香港的《中外新报》（1858年创刊）和《华字日报》（1864年创刊）、美国旧金山的《华人记录》，等等。

这一阶段海外华文报刊的创办者主要是从西方国家来到中国传教，但由于清政府禁止外国人在国内办报（传教）而无法立足，转而到中国周

① 程曼丽：《海外华文传媒研究》，新华出版社，2001，第22页。

边地区创办中文报刊的西方传教士。这些西方传教士所创办的海外华文报刊从传播西方宗教教义、介绍西方的近代科学技术开始，逐步成为宣传西方民主自由观念的政论性杂志；企图用西方的开放观念来打开中国封闭的眼界，用西方的先进科学和技术来清除中国人的高傲和排外观念[①]，用西方的“议会制”改变中国的“君主专制”，用西方的“上帝”来说服中国的“皇帝”。尽管此时西方已经出现了单页的新闻报纸，但因在中国还不多见，为了达到被中国读者接受的目的，所以这些由外国传教士创办的第一批海外华文报刊的外观装帧形式，大多模仿中国的线装书形式，这种情况无论是《察世俗每月统记传》，还是《东西洋考每月统记传》，或者是稍后创办的《遐迩贯珍》都是这样。这些海外华文报刊在封面和语言等方面尽量体现中国化，如1815年8月15日创办的第一种海外华文报刊《察世俗每月统记传》的封面分为竖三栏，顶上仿中国的书写习惯从右到左印着“嘉庆丙子年全卷”，右边栏自偏上地方起，从上到下印着“子曰多问择其善者而从之”，中间栏是刊名“察世俗每月统记传”，左边栏是从下半栏起印着相当于责任者的“博爱者撰”。从外观上看和由中国传统知识分子撰写刻印的线装书没有两样。其他的华文报刊则署为“爱汉者撰”、“尚德者撰”等字样，以实现其在具有悠久文化和道德传统的中国知识分子中流传并散布其思想观念的目的。

中国在鸦片战争以后出现的“洋务运动”和“留学潮”，虽然不能说完全是由于西方传教士们报刊宣传功劳，但客观上也与西方传教士们的报刊宣传及引起的思想意识变化密切相关。由西方传教士在中国周边地区创办的以宣传宗教为掩护，实际上以宣传西方国家观念和意识形态为目的的第一批海外华文报刊，对中国当时的政治生态变化起了催化和推波助澜作用，可以说是部分地实现了他们及教会组织及支持这些教会组织的各国政府企图改变中国人意识观念和打开中国国门的目的。

（二）海外华文报刊的发展阶段与中国政治生态的“折射”关系

根据海外华文报刊与中国政治生态关系演变的历史进程，我们把海外

① 方汉奇主编《中国新闻事业通史》（第一卷），中国人民大学出版社，1992，第265页。

华文报刊发展阶段的这70年左右时间，再划分为三个小的时段。

第一是从“戊戌变法”到“辛亥革命”前后。鸦片战争结束以后，中国的政治生态发生了重大变化。一方面是中国社会进入了半殖民地半封建社会的历史时期，另一方面是因东瀛小国日本通过明治维新迅速强大，使朝野各色人等对清朝政府的国家体制和治国能力产生了怀疑，人心思变成为一种思想潮流。1880年在香港创办的《维新日报》，在报纸名称上竟然公开表达对现行政治生态进行“维新”的态度和愿望，预示着中国政治生态即将发生剧变。果然在十多年以后的1898年，发生了“百日维新运动”。“百日维新运动”失败以后，康、梁因避祸旅居海外且转为“保皇”，客观上失去了但又不甘失去引领中国政治生态潮流的资格，而以孙中山为代表的资产阶级民主派则因坚定地反对封建专制已经成为但还没完全成为中国政治生态领域思想的领袖。这种双方争夺中国政治生态主导权的状况，在海外华文报刊中得到了生动地体现。因此这一时段海外华文报刊的言论就与国内的变法维新及维新与保皇两个政治派别之间的政治路线争论直接相关。康、梁以及其子弟的海外华文报刊活动，目的都是为了在海外华人华侨中宣传其通过对清朝统治体制机制的局部改良，使清政府统治下的中国获得“新生”的政治路线。而孙中山等资产阶级革命派创办的海外华文报刊，则是为了在海外华人华侨中宣传其资产阶级的革命纲领和目标，争取海外华人华侨对资产阶级革命活动的支持。这一阶段在海外发生的以《中国日报》、《民报》等为代表的资产阶级革命派报刊和以《清议报》、《新民丛报》为代表的资产阶级保皇派报刊为论战对手，围绕关于中国革命的方式、性质和前途等问题的论战，较为典型地折射了国内的政治生态状况。

第二是从“辛亥革命”后到“九一八事变”前。辛亥革命以后，中国很快进入了由北洋军阀势力主导的北京政府时期。其后虽然经历了反对袁世凯的“二次革命”、孙中山领导的“护法战争”、反帝爱国的“五四运动”、国共合作的“北伐战争”、“大革命”失败、十年“国共内战”等等，但都没有改变中国政治生态中“倡导科学民主，反对军阀政府专制政治统治”的基调。如马尼拉的《平民日报》于1919年创刊不久，适逢中国爆发五四运动，报纸立即发表文章响应祖国的学生爱国运动，反对北洋军阀同日本帝国主义签订丧权辱国的“二十一条”，同时大力宣传新思想、新文化，介绍各国劳工运动的情况，在当时的华侨社会有一定影响。[①] 大革命失败以后，一些共产党员和进步人士流亡海外创办报刊，进行反对蒋介石、国民党的宣传工作，一些受南京国民政府领导的当地华侨团体、侨民组织以及国民党的当地组织也出版华文报刊进行宣传对抗，使这一阶段的海外华文报刊表现出明显的政治对立。如创办于1921年3月的印尼《天声日报》在当时国内政治生活中的国共冲突中就坚决支持国民党。而菲律宾出版的华文版《新报》则相对保持中立，原因之一就是《天声日报》是印尼中国国民党的机关报。[②]（笔者注：原说如此。确切地说应是“中国国民党在印尼创办的机关报”。）总之，这一阶段海外华文报刊的言论呼应了国共两党对立的政治生态，折射了这一阶段国内政治纷争的生态图景。

第三是从“九一八事变”后到二战结束前。“九一八事变”以后，国内兴起了轰轰烈烈的抗日救亡运动，这一议题也成为海外华文报刊的主要议题之一。不少海外华文报刊著文批评南京国民政府的“不抵抗政策”，报道国内的抗日救亡运动消息。如创办于1925年的菲律宾《新闽日报》，在当地中华总商会理事、老报人吴重生（社长）主持和编辑高承烈的协助下，在“九一八”以后积极报道抗日运动，反对不抵抗主义。1937年卢沟桥事变以后，积极推动华侨捐款抗日，抵制日货，并与一西班牙公司合作，用华语在广播电台播放抗日活动的消息。[③] “七七事变”以后，中国进入了国共合作的全民族抗日新时期。“国共合作、共同抗日”成为所有党派、阶级、团体的共同口号。抗战期间，几乎所有的侨团和侨报都卷入抗日救亡的洪流中来，捐资筹款、抵制日货，回国参军参战等成为当时的主要议题。[④] 华侨新闻工作者骆世生、林姗姗等人于1936年在马来西亚集资创办的《现代日报》，积极拥护共产党提出的抗日民族统一战线的

① 程曼丽：《海外华文传媒研究》，新华出版社，2001，第84页。
② 程曼丽：《海外华文传媒研究》，新华出版社，2001，第82页。
③ 程曼丽：《海外华文传媒研究》，新华出版社，2001，第85页。
④ 程曼丽：《海外华文传媒研究》，新华出版社，2001，第151页。

主张，大量报道国内抗日军民的消息，并从中透露出新四军英勇抗敌的消息。[①] 从“七七事变”之后到日本人宣布无条件投降前，国内发生“皖南事变”等与团结抗日主流不合拍的政治事件，一度成为国内新闻报刊上热点，尽管在海外华文报刊上也产生一些连锁反响，但海外华文报刊的言论主流还是全民族团结抗战，折射了这一基本政治生态图景。

（三）海外华文报刊的换位阶段与中国政治生态的“转折”关系

第二次世界大战以后，国际范围内出现了一股民族民主独立的潮流，一些原来的殖民地国家或地区纷纷独立。新中国不再鼓励双重国籍。不少华侨因选择所在国国籍成为该国的华裔公民而不再是华侨，华侨人数减少。在这种情况下，海外华文报刊的内容发生了明显转变。有学者指出，“二战以后……华侨社会转变为华人社会，实现了本地化。与此相应，华文报刊发生了两方面的变化，一是政治色彩日渐淡化。在本地化的过程中，为了维护自身的政治经济利益，华人已不能像从前一样过多地投入中国的政治纷争而漠视所在国的发展，他们必须立足本国，融入当地国民经济的主流中去。适应这种要求，华文报刊也转为在商言商，政治色彩逐渐淡化。二是关注的焦点由中国转向本国”。[②] 这一阶段新加坡的《星洲日报》社论用语的特征性词汇中，“国字头”（如祖国、国庆、国货等）的词汇从 1953 年以后就不再出现；“侨字头”（如华侨、侨胞、侨团等）词汇的减少，“华字头”（如华人、华教、华校等）词汇的增多并从 1954 年起完全取代“侨字头”词汇。[③] 在华文报刊转变为华人报刊以后，由于中国问题已经不再是“国内问题”，所以也就不再是华人报刊关注的重点。新加坡《南洋商报》1946 年关于中国问题的社论占其总数的 69.7%；1950 年下降到 22.5%；1953 年再降至 2.4%。相反有关新、马的社论数量比例却迅速增长，从 1946 年的只占 19%；到 1959 年则多达 84%。[④]

由于台湾岛内的“报禁”政策，自 20 世纪 50 年代实行戒严以后就

---

① 程曼丽：《海外华文传媒研究》，新华出版社，2001，第 80 页。

② 程曼丽：《海外华文传媒研究》，新华出版社，2001，第 151 页。

③ 王士谷：《海外华文新闻史研究》，新华出版社，1998，第 40 页。

④ 吴庆棠：《新加坡华文报业与中国》，上海社会科学院出版社，1997，第 243 页。

基本冻结了新创办报纸的登记。20 世纪 70 年代前后的台湾经济借助外力和内因开始腾飞，资金充足，岛内媒体经济实力大增而岛内缺少发展政策和空间。于是诸如《联合日报》、《中国日报》等大报纷纷到美国、加拿大等国家或地区创办海外版，使这一阶段的海外华文报刊呈现另一种景象。世界进入 20 世纪 70 年代以后，国际国内的政治生态发生重大变化：联合国于 1971 年通过了关于恢复中华人民共和国在联合国合法席位的 3758 号决议，中华人民共和国的国际空间迅速扩大。一些驻外机构结合各自的工作创办或支持创办一些海外华文报刊，以扩大中国在国际上的影响。由于历史上国共两党的政治纷争影响，在中华人民共和国成立后较长的一段时间里，国共两党的斗争也影响到海外，使得一些海外华文报刊仍然带有浓重的政治色彩，形成了国共两党在特定环境下此长彼消的国际政治生态。这样，在进入 20 世纪 70 年代以后的海外华文报刊仍然或多或少地分别表现出或者“亲大陆”或者“亲台湾”的政治倾向，部分地反映了国民党与共产党之间政治生态的变化图景。

（四）海外华文报刊的完善阶段与对中国政治生态的“补充”关系

中国于 1976 年正式结束了“文化大革命”。1977 年底恢复高考。1978 年底召开了十一届三中全会，走上以经济建设为中心和改革开放的道路。1979 年元旦，中国全国人大发表“告台湾同胞书”，提出在台湾海峡两岸和平统一之前实现“三通”。通过解放思想和改革开放，中国的综合实力得到迅速增强。在 1998 年亚洲金融风暴中坚持人民币不贬值，向世界展现了一个负责任大国的形象。尤其是 2008 年经历四川汶川大地震后仍圆满举办第 29 届奥运会和残奥会，国际影响力得到空前的提升。

在这一阶段中，一批从小生长、学习或工作在中国大陆或台湾、香港和澳门地区后因学习、就业或亲情等原因移居海外被称为“新移民”的群体进入了华文报刊领域。他们或是自己创办华文报刊，或是进入原有的华文报刊并逐渐掌握报刊言论的话语权。如报纸型月刊《新大陆》，就是由中国访问学者聂建国、冯朝阳等集资创办。其宗旨为“起到无形桥梁的作用，注重在美华人以及留学生的报道，沟通同命相依的华人的心灵，增强团结向上的合力，同时尽可能提供翔实而有深度的故乡情报，促进海外华人社会的蓬勃发展。”[①] 在服务对象上，则从原来的主要服从服务于中国的政治政党言论，转变为服务于生活在海外的华侨华人。如1980年6月16日创办的华文报刊《华语快报》口号是“扎根自由土地、参与民主政治、维护华人人权”。又如陈韬和李亚频夫妇于1981年11月20日创办的美国洛杉矶《国际日报》，“新闻报道务求迅速确实，言论意见务求客观公正，为海外所有的中国人服务”。[②] 1994年3月31日创刊于美国大洛杉矶地区的蒙特雷公园市的《中国导报》，目的是向洛杉矶及全美华裔工商界人士提供急需的信息，尤其是来自中国大陆家乡的信息、各种商机信息以及在美生活的经验介绍。[③] 1994年11月，上海《新民晚报》开始在洛杉矶发行，通过卫星传版在美国同步发行。1996年11月9日《新民晚报》美国版在洛杉矶创刊，成为中国内地第一份在海外采编的报纸。该报读者对象是在美华侨华人，包括中国大陆、台港澳地区的新老移民。[④] 1999年5月29日在加拿大创刊的《加华新闻》，就注重突出加拿大本地特点，帮助新移民适应环境，充实生活，让新老移民充分发表言论，办成来自世界各地的华人认识加拿大的窗口。[⑤]

总的来说，这一阶段的海外华文报刊无论是在政治倾向还是在内容重点方面，都表现出更为明显的独立性，而它们对中国经济文化和科学技术进步的介绍，一方面体现了海外华文报刊与中华文化割不断的渊源，另一方面也是中国大陆海外宣传非常有益的补充部分。

三　海外华文报刊发展历程及与中国政治生态关系演变的阶段性特点

综观海外华文报刊在近两百年间四个发展阶段所走过的历程及其与中国政治生态之关系演变，我们认为可以用如下比较简洁的语言进行归纳：

① 程曼丽：《海外华文传媒研究》，新华出版社，2001，第254页。
② 程曼丽：《海外华文传媒研究》，新华出版社，2001，第204~210页。
③ 程曼丽：《海外华文传媒研究》，新华出版社，2001，第254~255页。
④ 程曼丽：《海外华文传媒研究》，新华出版社，2001，第259页。
⑤ 程曼丽：《海外华文传媒研究》，新华出版社，2001，第265页。

海外华文报刊在萌发阶段的创办者几乎全是西方国家教会组织派遣来中国的传教士。伦敦布道会对马礼逊来华活动的原则性指示是"首要任务是学会中国语文，然后编撰一本内容丰富释文正确的中文字典，并将《圣经》译成中文"。这表明，马礼逊的主要任务不在他个人传教，而是服务于英国势力进入中国这个远大目标。[①] 所以这些西方传教士所创办的华文报刊为了达到为其派遣者政治利益服务的目的，往往采用"王顾左右而言他"的方法，嘴上说的是宗教教义，文字上写的是西方的科学技术和自然知识，宣称的是西方的上帝，眼睛盯着的却是中国读者的脑袋，心里想的是改变中国人的思想观念和影响中国皇帝的决策，为的是本国的经济和政治利益。

海外华文报刊在发展阶段的创办者已经主要是在海外居住但大多拥有中国居民身份的华侨华人了。由于中国的资产阶级民主民族革命受西方资产阶级革命理论的启发而孕育于海外，但革命的主战场又是在国内，所以这一阶段的海外华文报刊与中国国内的政治政党斗争产生了直接而又密切的联系。尽管这一时期的海外华文报刊已不再是单纯的政治报刊，然而由于辛亥革命时期报刊宣传的影响，海外华侨对国内政局的变化仍极为关注。而在国共两党的政治纷争中，海外华文报刊也因主办人的政治倾向有异而言论倾向不同。那些华文报刊的创办者们是身在海外办报，眼睛盯着国共两党政治动态，评论的虽然是具体的国内政治事件，而目的却是争取海外华人华侨对自己所代言的政治力量的支持。

海外华文报刊在换位阶段的创办者主要是成为所在国华裔公民的华人。这一阶段海外华文报刊的基本特点是在主要由华人自己在海外办报，也报道国内的新闻及风土人情，但主要是报道当地的社会新闻或商业贸易消息，目的是为当地的华人或华侨服务。简而言之就是华人在海外办华文报刊，关注国内的政治经济文化发展和商业贸易信息变化，把这些与华人华侨有直接社会和经济利益的信息报道给当地的华人华侨，目的是为当地的华人华侨提供新闻报道和有关信息服务。也正因为如此，经历了由华侨报刊到华文报刊转变的海外华文报刊已经完全融入所在国的新闻事业，成

① 程曼丽：《海外华文传媒研究》，新华出版社，2001，第24页。

为所在国新闻事业的有机组成部分，而不再具有中国新闻事业组成部分的属性。

海外华文报刊在完善阶段的创办者中增加了20世纪70年代以后由中国大陆、台湾、香港等地移居海外的“新移民”群体。这一阶段的海外华文报刊尽管仍然不可避免地受到主办或发行人政治倾向的影响，但在创办、出版、发行报刊的基本立足点上已经实现了从为国内政治生态服务向为居住生活在当地当时的海外华人华侨提供新闻或其他方面生活信息服务的转变，实现了海外华文报刊为海外华人华侨服务的回归，而20世纪90年代末期出现了用简化汉字出版的海外华文报刊，则是来自中国大陆的留学生及学成就业人员越来越多，同时也是中国恢复对香港行使主权，澳门回归祖国指日可待，在国际上的影响力与日俱增的政治环境的一个缩影。

以上只是本人在其他学者尤其是北京大学新闻与传播学院程曼丽教授《海外华文传媒研究》基础上，对海外华文报刊的发展脉络及其与中国政治生态相互关系的演变所做的一些初步思考。不妥之处，请业内外专家学者赐教。

论中国新闻媒体对外传播观念演变的阶段特征*

——以《民报》、《救国时报》和《人民日报》（海外版）为例

引　言

新闻媒体的创办动机、新闻活动目的以及所报道的新闻内容和刊载的各种言论（社论、时评以及短论，乃至补白）等，都体现了媒体创办者、经营者、编辑者的传播观念。但在不同的历史阶段，新闻媒体的传播观念是随着社会生活的变化以及受社会生活变化影响的媒体人传播观念的演进而表现出不同的时代特点。所谓“传播观念”则是指从事新闻传播行为的社会成员在实施新闻传播行为的过程中所依据或遵循的思想意识方面的基本准则，或通过其实施的新闻传播活动及其效果给其他社会成员所留下的“概括的形象（或表象）”。新闻媒体的“传播观念”主要通过以下几种形式表现：首先是新闻人“创办新闻媒体时机”；其次是“为了什么”创办新闻媒体或创办一个“什么样”的新闻媒体，即创刊动机；再则是新闻媒体经营者选什么人和用什么人来进行新闻的采访和传播；最后是新闻媒体向读者报道的新闻内容等，都在一定程度上体现了新闻人的“传

---

* 本文为国家社会科学基金 2007 年度重点项目“中国新闻法制通史研究”（项目编号：07AXW001）系列研究成果之一。发表于中国新闻史学会学报《新闻春秋》2012 年第 1 期。

播观念”。1894 年 11 月，孙中山在檀香山发起成立了中国第一个资产阶级革命团体兴中会，并将当地华侨报纸《隆记檀山新报》的经理、编撰人员全部吸收进兴中会，并以报馆为机关秘密聚议，进行筹商。报纸也从言商转为言政，进行了一些爱国救亡的宣传[①]。这是中国人在国外创办新闻媒体进行对外传播的肇始，从此拉开了中国新闻媒体对外传播的序幕。中国新闻媒体对外传播观念的演变历程大体可以划分为既有联系又有区别的三个阶段。

一 中国媒体对外传播观念的“新闻即宣传”阶段——以《民报》为例

“新闻即宣传”是特指中国人在国外创办的新闻媒体，虽然用了“新闻媒体”的形式，但主要目的并不是向社会受众报道新闻和评述新闻，而是以“新闻”为说话的由头，主要通过政论性的大块文章，自说自话地向这些出版物的读者（受众）灌输这些“新闻媒体”主办者所要宣传的政治观点，以直接达到宣传的目的。这一阶段大致是从 1894 年孙中山把原先的华侨报纸《隆记檀山新报》改办成为兴中会机关报开始，到辛亥革命胜利前为止。这一阶段，中国新闻媒体对外传播的基本观念是通过其新闻传播活动，向国外受众宣传革命的正义性和合法性，以争取其他国家受众的理解和支持，进而影响这些国家的对华政策；同时把这些国家舆论中有利于革命运动的部分向国内受众报道，鼓动国内受众反对当时据有统治地位的政治力量及其主导下的政府，以实现政权更迭。其中最为典型的是《民报》。《民报》的对外传播观念可以从以下几个方面来解读：

（一）创刊时机

1842 年爆发的中英鸦片战争及清政府被迫与英国签订的《中英江宁条约》（即“南京条约”），实质性地改变了当时中国社会的性质。

① 方汉奇主编《中国新闻事业通史》（第一卷），中国人民大学出版社，1992，第 685 页。

国家主权受到极大损害，国家经济命脉被洋人掌控，亡国灭种的危险迫在眉睫。为了改变祖国的境遇和命运，中国人民的反抗斗争几乎没有间断过，但无论是历次反对外国侵略的战争也好，太平天国的农民革命也好，鼓吹爱国救亡和变法图强的戊戌维新运动也好，起自社会下层并有着广泛群众规模的义和团运动也好，一次又一次地都失败了，无数志士仁人为此而抱终天之恨[①]。在这种民族危机进一步迅速深刻化的社会背景下，随着中国社会内部资产阶级力量的初步成长，中国历史进入了资产阶级民主革命的历史阶段。这一阶段的革命重担历史地落到了新兴的中国资产阶级革命派肩上，其政治领袖就是“中国民主革命的先行者”孙中山。1905 年 7 月 30 日，孙中山与华兴会的黄兴、宋教仁在日本东京召开了由兴中会、华兴会、光复会等革命团体成员共 70 多人参加的组党筹备会议，决定建立“中国同盟会”。8 月 20 日召开了成立大会，宣告“中国同盟会”这一资产阶级革命政党正式诞生。就是在中国同盟会成立大会上，决定将由中国留日学生在东京出版的《二十世纪之支那》杂志改组为同盟会的机关报。在历经了曲折的筹备工作以后，中国同盟会的机关报《民报》于 1905 年 11 月 26 日在东京创刊。也就是说，孙中山等资产阶级革命派是在资产阶级维新派们（后来演变成为保皇派）对清朝腐朽没落封建专制统治“修修补补”式的“维新”“改良”实际上失败的情况下，为了领导以“推翻清朝专制统治”和实现“三民主义”政治纲领的资产阶级革命运动而创办同盟会的机关报《民报》。

（二）创刊动机

创办《民报》就是为了宣传孙中山为中国同盟会制定的政治纲领，并为了最终实现它的政治纲领。由孙中山等创建的中国资产阶级革命政党中国同盟会的政治纲领内涵丰富，简而言之就是中国同盟会誓词中公开提出的“驱除鞑虏，恢复中华，创立民国，平均地权”以及孙中山在《民报发刊词》中第一次提出的包括“民族主义”、“民权主义”和“民

① 胡绳主编《中国共产党的七十年》，中共党史出版社，1991，第 3 页

生主义”的“三民主义”政治纲领。为了实现这一政治纲领，以孙中山为代表的资产阶级革命派一方面要发动群众起来反对清朝政府的统治和压迫，另一方面又要和以康有为、梁启超等人代表的资产阶级保皇派们鼓吹的“保皇即革命”、“爱国即要爱朝廷”、“革命招致瓜分”以及“民主要有过渡”等欺世盗名的论调斗争，以帮助人民辨别是非，坚持革命。孙中山等资产阶级革命派就是为了向海外读者揭露清政府的腐朽没落统治和保皇派的荒谬，更是为了宣传“十六字政纲”和“三民主义”，鼓动包括满族进步人士和广大普通满族人民群众在内的国内各族人民群众奋起反抗清朝政府和满族贵族的黑暗统治，争取国家主权的完整和人民民主权利的实现，才创办并发行中国同盟会的机关报《民报》。

（三）作者队伍

作为中国同盟会创办的第一个机关报，《民报》杂志早期集中了当时资产阶级革命派最具声望、最激进精锐、也是最具年轻活力的办报队伍。据研究，为早期《民报》杂志撰稿的作者达68人之多。在这一作者队伍中，不但有中国同盟会的最高政治领袖孙中山本人（以孙中山本人名义发表的重要文章就有《民报发刊词》、《在东京华侨及留学生欢迎会上的讲话》和《在民报纪元节庆祝大会上的演说词》等三篇，另外有一些重要文章是由他确定题目，口述大意，组织专人执笔，以“民意”或其他笔名发表的）。还有章炳麟——因上海“苏报案”而被时人誉为“有学问的革命家”；陈天华——著名的资产阶级革命宣传小册子《警世钟》和革命小说《狮子吼》的作者；朱执信——较早向国内介绍马克思恩格斯及《共产党宣言》且以“勇猛”著称的民主战士；廖仲恺——孙中山的亲密战友、杰出的革命家和领导人等；有曾任广州《岭海报》总编辑的胡汉民，有善于写鼓动文章而风靡一时的汪精卫，有近代著名的政治活动家和报刊宣传家宋教仁，有曾任上海《警钟日报》编辑的刘师培；有章太炎的入室弟子、著名革命政论家黄侃；有因撰写《革命之心理》而惹祸的汤增壁。此外，积极为《民报》撰文、译稿、作画、写诗的，还有汪东、陈去病、苏曼殊、马君武、冯自由、陶成章、周作人、田桐、柳亚子、雷昭性等。[1] 这支作者队伍有三个明显的特点：一是具有坚决的反清革命态度和精神；二是大部分年轻人，除了章太炎和陈天华当时超过三十岁，其余的都只有二十来岁，年纪最轻的汪东、冯自由两人，只有十五六岁；三是这支作者队伍大多是受过较好的教育，除了章炳麟等少数几位，大多是当时在日本东京几所大专学校留学的中国学生。在坚定的革命态度指导下，他们凭借拥有的科学知识和年轻人朝气蓬勃的精神状态特别有战斗性，对清朝的封建专制统治的杀伤力也就更大。

（四）内容倾向

《民报》尤其是从 1905 年 11 月 26 日创刊到 1907 年 3 月发行的《民报》（俗称“前期《民报》”）一创刊就在《发刊词》中提出了“民族”、“民权”和“民生”为主要内容的“三民主义”，在《本社简章》中公开宣布了中国同盟会的政治主张即“颠覆现今之恶劣政府；建设共和政体；维持世界真正之和平；土地国有；主张中日两国之国民的联合；要求世界列国赞成中国之革新事业”。早期《民报》围绕上述政治纲领和主义，集中进行了“以排满为中心的民族主义”，“以创立民国为中心的民权主义”和“以土地国有、平均地权为重心的民生主义”的政治宣传。为了打破资产阶级改良派的维新、保皇和反对民族革命的宣传，以《民报》为首的革命派报刊还与以《新民丛报》为代表的改良派报刊进行了一场关于中国前途问题的论战。这场论战的焦点是“要不要用革命的手段彻底推翻清王朝”。《民报》的作者们以大无畏的革命精神“猛烈抨击清王朝的专制暴政，无情揭穿改良派的保皇谬论，大力宣传孙中山的三民主义、十六字革命纲领和《民报》的六大主义”，使《民报》“一方为同盟会之喉舌，以宣传主义；一方则力辟当时保皇党劝告开明专制、要求立宪之谬论，使革命主义如日中天”。[2] 可见孙中山等创办《民报》的主要目的就

① 方汉奇主编《中国新闻事业通史》（第一卷），中国人民大学出版社，1990，第 818 ~ 820 页。

② 孙中山：《中国之革命》。转引自倪延年：《中国古代报刊发展史》，东南大学出版社，2001，第 325 页。

是宣传“以民族革命推翻清朝统治”的政治观点，而不是为了向海外读者报道中国的新闻消息。实际上，《民报》的资产阶级革命思想和反清宣传也的确收到了预期的宣传效果。

二 中国新闻媒体对外传播观念的“新闻为宣传”阶段——以《救国时报》为例

“新闻为宣传”是指中国新闻媒体在海外从事新闻活动的目的是为了宣传某种政治观点和政治路线，但却主要是通过报道最近发生的有关新闻或针对有关新闻事件进行评论或评述的方式进行的。报纸报道新闻不是为了报道新闻而报道新闻，而是通过选择性地报道特定倾向的新闻消息来宣传报纸主办者所代表的政治力量的政治观点和路线。这一阶段大致从辛亥革命胜利建立中华民国，到中国共产党领导的中华人民共和国中央人民政府正式成立。与前一阶段相比较，报纸内容中的新闻消息占主要的比例，报纸的政治倾向性也只是通过报纸编辑或经营人对新闻消息的取舍或隐或现地表现出来，而不是主要通过新闻人直白的“论说”形式予以表现。在这方面比较典型的中国新闻媒体是1935年5月15日由中国共产党驻共产国际代表团以“中国留法学生”名义创办于法国巴黎的《救国报》，(同年12月9日改名为《救国时报》)。同样，按照对外传播观念对媒体的新闻传播活动影响的表现形式，《救国时报》的对外传播观念大体表现在如下几个方面。

（一）创刊的动机

《救国时报》是中国共产党为宣传政治主张，在当时苏联首都莫斯科创办编辑、在法国巴黎印刷发行的海外机关报。在自“九一八事变”后的四年里，日本侵略者利用国民党全力围剿红军而对日本的侵略无暇顾及之机，加紧对中国内地侵略。面对日本侵略者步步紧逼的侵略行为，中国国内各政治力量在对待日本侵略中国的态度和对策方面大相径庭：以毛泽东为代表的中国共产党人主张广泛发动群众，实现全民族的联合，坚决抗击日本帝国主义的侵略；以蒋介石为代表的中国国民党人虽然也主张抗日，但却不主张发动群众实行全民抗战，同时在日本的诱惑下时而表现出动摇的姿态，因而成为日本诱降的目标；而以汪精卫为代表的中国国民党中的亲日派则大肆鼓吹“抗战必亡”的悲观论调，并且时刻准备在获得较高开价的情况下卖身求财、卖国投敌。正是在上述社会政治背景下，中国共产党驻共产国际代表团为了向海外读者报道中国国内日益高涨的抗日救国形势及其发展变化，转达中华民族“团结御倭”的强力呼声，宣传中国共产党关于“全民抗日”和“抗日民族统一战线”的政治路线，而创办《救国时报》的。

（二）创刊的时机

《救国（时）报》创刊的1935年5月，在中国抗日斗争历史上是一个很重要也很特殊的年月。中国共产党领导的中国工农红军三大主力由于被迫实行战略大转移，还在荒山野林和国民党军队围追堵截的长征途中；日本侵入中国东北地区，扶持成立的由末代清朝皇帝溥仪为首领的傀儡汉奸政府伪“满洲国”已近四年，由于日军刺刀的保驾，统治已基本稳定；因为“九一八事变”而受命撤离东三省家乡的东北军广大官兵思乡之情和抗日呼声不断高涨，而蒋介石则是既企图消灭红军，又想在剿灭红军的过程中乘机削弱地方军实力，故采用威逼利诱相结合的方法逼迫东北军到陕北围剿红军；日本侵略者由于巩固了在东北的殖民统治而加快了向中国内地侵略的步伐，正在策划“冀中防共自治政府”以及“冀察政务委员会”，实行所谓“华北特殊化”等旨在肢解中国领土的活动。平津上空乌云密布，整个华北已危在旦夕。[①] 中国共产党驻共产国际代表团为了向海外读者宣传报道中国国内迅速高涨的抗日呼声、凝聚海外华侨的抗日精神，推动中国全民族抗日高潮的更快来临而创刊了《救国（时）报》。

（三）主编人员政治倾向

关于《救国（时）报》作者队伍的政治倾向，由于缺乏必要的基本材料，现在无法进行深入的分析。我们只能从该报主编人员的政治倾向观

① 胡绳主编《中国共产党的七十年》，中共党史出版社，1991，第116页。

其作者队伍倾向之一斑。据记载，“廖焕星和李立三、陈潭秋先后任主编”[①]。在这三任主编中，李立三是中国无产阶级革命家、中国工人运动主要领导人之一。1919年赴法国勤工助学，1921年加入共产党，新中国成立后任中央人民政府委员、劳动部部长兼党组书记等职；陈潭秋则是著名的革命烈士。他们都是优秀的共产党员。而第一任主编廖焕星（1895～1964年），早在1917年就与恽代英一起创办和主持武昌“利群书社”，指导长江中上游地区新文化运动，传播马克思主义。1922年春，在长沙由毛泽东、何叔衡介绍加入中国共产党，不久赴欧洲勤工俭学，协助周恩来组织中共旅德支部。第一次国共合作时，在德国组织旅德国民党支部（左派），1926年被任命为国民党中央常务委员会驻反帝大同盟全权代表，并当选为同盟执行委员、国际秘书处秘书。1928年中共六次代表大会后，调任莫斯科中山大学中国问题研究院研究员、苏共中央马恩学院东方研究室研究员、中共中央驻共产国际代表团秘书兼管情报及华侨党组织通讯事宜，1935年主编《救国时报》。由这样的人员先后主编的《救国时报》，其对外传播观念的政治倾向性应当是十分清楚和鲜明的。

（四）报纸内容政治倾向

《救国时报》所载内容的政治倾向充分反映了共产党人的对外传播观念。该报在天津《大公报》上刊登的出版广告称其特色是“有复兴民族之言论，有国际时事之新闻，有浅显通畅之文字，有兴趣怡然之图画”。该报既设有“民族出路问题论坛”、“救国阵地”等刊载时评文章和杂感随笔的专栏，也设有以报道海外华侨抗日救亡活动消息为主要内容的“侨胞生活”和报道江西中央革命根据地和红军长征情况、揭露国民党南京政府坚持内战和阻挠红军北上抗日以及国内各地救亡团体活动和救亡刊物出版动态为主要内容的“祖国消息”等栏目。尤其是当国民党南京政府与日本侵略者签署了丧权辱国的“何梅协定”，尚在长征途中的中华苏维埃共和国政府和中共中央联合发表呼吁停止内战、一致抗日的“八一

① 方汉奇主编《中国新闻事业通史》（第二卷），中国人民大学出版社，1996，第568页。

宣言”后，《救国时报》首次向国内外读者全文发表了这一“宣言”[①]。《救国时报》刊载的所有内容都是为了宣传中国共产党人关于建立抗日民族统一战线、实现全民族抗日的政治主张，充分体现了“新闻为宣传”的对外传播观念。

三　中国新闻媒体对外传播观念的“新闻非宣传”阶段——以《人民日报·海外版》为例

“新闻非宣传”是指中国新闻媒体在海外从事新闻活动的目的主要就是尽可能真实、全面、客观地向受众提供（报道）新闻事实信息，新闻人的政治倾向性是通过新闻媒体向受众提供（报道）的全面客观真实的新闻信息本身，由新闻媒体的受众自己辨别和感觉出来的，而不是以明显的、强势的宣传形式向受众硬性灌输的新闻传播观念。在这种观念的指导下，新闻媒体尽管也报道政治、政党、政策性消息，但这些内容的本身是被新闻人作为新闻内容来处理，而不是作为政治方针、政党观点和政策内容来宣传的。比较能够体现这一转变逐渐成熟过程的新闻媒体是《人民日报·海外版》。

（一）关于创办时机

时任《人民日报》社社长的秦川在《人民日报·海外版》创刊号上《致海外读者》[②] 中说：“由于各种原因，我们长期没能开辟一条适当的渠道，更好更快地向海外的亲人和朋友们传播他们所关心的中国大陆的消息。”“近几年来，我国政治、经济、文化和社会生活的巨大变化，引起海外华侨、华人对祖国和故土的日益深切的关怀和眷念。这更加促使我们下决心改进对海外的新闻报道工作，于是决定出版以海外读者为主要对象的《人民日报·海外版》，以适应新形势对我们提出的迫切要求。”

---

① 方汉奇、李矗主编《中国新闻学之最》，新华出版社，2005，第244页。

② 秦川：《致海外读者》，载《人民日报·海外版》1985年7月1日创刊号。

（二）关于创办动机

秦川在《人民日报·海外版》创刊号上《致海外读者》中说《人民日报·海外版》将成为中国向海外传播信息的重要纽带，成为海外华侨、华人寄托对祖国和故土的期望和情思，以及一切海外朋友增进对中国了解的重要纽带。”

（三）关于报纸内容

秦川在《人民日报·海外版》创刊号上《致海外读者》中说“海外版将刊载国内外重要新闻和《人民日报》以及国内其他报刊的重要言论，报道中国新时期的对内对外政策及其实施情况，传播中国各方面的改革措施和它带来的日新月异的变化，及时而准确地向海外读者提供他们所关心的最新中国信息。它不仅反映中国建设的各项成就，也反映工作中的各种问题和人民群众的批评和意见。同时，它要忠实传达海外读者的呼声，并积极为海外读者提供咨询和服务”。

（四）关于报人政治倾向

《人民日报·海外版》是中共中央机关报《人民日报》面向海外发行的专版。既是中共中央的机关报，那么无论是作为领导层的主编、社长还是操作层的编辑、记者和发行人员，也应该大多是共产党员或是愿意为共产党机关报服务的专业人员，其政治倾向是不言而喻的。

为什么我们把《人民日报·海外版》作为“新闻非宣传”对外传播观念的典型媒体呢？这是因为它的创办正式标志着中国大陆新闻媒体对外传播由“新闻为宣传”的对外传播观念向“新闻非宣传”对外传播观念转变阶段的开始。在秦川的这篇《致海外读者》中把创办《人民日报·海外版》的动机定位为“改进对海外的新闻报道工作”，要做的事就是“刊载”、“重要新闻”和“重要言论”、“报道中国新时期的对内对外政策及其实施情况”、“传播中国各方面的改革措施和它带来的日新月异的变化”、“及时而准确地向海外读者提供他们所关心的最新中国信息”、“反映”“中国建设的各项成就”和“工作中的各种问题和人民群众的批评和意见”以及“忠实传达海外读者的呼声”等，其所用的“刊载”、“报道”、“传播”、“提供”、“反映”和“传达”等词语，是新闻活动的真实、客观和全面等基本属性的题中应有之义，而与之相对的是通篇没有出现中共党委机关报经常使用的诸如“作党和人民的喉舌”和“宣传党和政府的方针政策”等专门词汇。所以我们说，《人民日报·海外版》的创刊标志着中国大陆媒体的对外传播开始了由以往的“新闻为宣传”向“新闻非宣传”传播观念的转变。

2011年元旦，《人民日报·海外版》宣布改版，刊载了《海外版，您忠实的朋友——写在人民日报海外版改版之际》[①] 的“改版宣言”。这篇“改版宣言”既把“新闻非宣传”的观念推进了一大步，同时也在真实面对世界和受众方面进了一大步。主要表现在：

首先它没有回避自己的“中共中央机关报性质”，同时又定位为“中国对外宣传的重要阵地和窗口”，要特别注意的是所称“中国对外宣传”不再仅仅是“中国共产党对外宣传”，这是真实坦诚地面向世界和受众，也是其关于中共中央重大政策发布的权威性和真实性的宣示。身为政党的机关报但又不是以政党的利益而是以国家的利益、国家的形象为追求目标，这就超出了政党机关报的社会功能，实现更高意义上的回归新闻本义。

其次是它明确申明这次改版的直接动因是满足读者的愿望而不是为了政党的利益。因为读者在来信中提出了“加大对华侨华人和留学生的报道，增强贴近性；加强对国内热点问题的分析报道，增强报道的深度；加强言论，对国内国际重大事件和热点问题发出‘中国声音’”；“加大中华文化介绍的力度，增强弘扬中华文化的主动性”等建议，改版后的《人民日报·海外版》决定“瘦身为对开720毫米，增加彩色版面，并统一各版风格”；决定“增加焦点关注版、文学乡土版和港台周末版，将原有的图书版、旅游版、文化遗产版和中华文物版改造为读书沙龙版、旅游天地版、中华瑰宝版”；决定“提高发行时效、扩大读者群；增加评论的比

① 《人民日报·海外版》编辑部：《海外版，您忠实的朋友——写在人民日报海外版改版之际》，载《人民日报·海外版》，2011年1月1日第1版。

重，以更加鲜明的观点，对国内外热点问题作出及时反应，做新闻的参与者而非旁观者；加强报网互动，利用数字化手段丰富我们的信息资源和信息渠道”。

第三是向世界和受众公开宣示“求真”的目标追求。因为只有“真实才能赢得信任，真诚才能赢得尊重。”为此报纸“将进一步扮演好中国发展进步的忠实记录者和中华文化的虔诚传播者的角色，在保持权威性、准确性的同时，增强报道的全面性、及时性，做到更真实、更详实”；“加强新闻版，增加文化版面”。新闻界经常说“今天的新闻就是明天的历史”，而历史的价值就在于“忠实”于“事实”，也就是新闻的真实。而新闻的“真实”不仅指具体的局部的和个别的“真实”，而应该追求“全面”的真实，好的说好，差的说差，错的说错；今天好就说好，明天错了就指出错，好的错的都有就既说好的也说错的，总之有一说一，有二说二，实事求是。把事实真相告诉受众，让受众自己去辨别判断是非真假。

结　语

通过对上述新闻媒体四个方面因素的比较，可以看出在不同历史时期代表性政党新闻媒体所表现的不同点，正是中国新闻媒体对外传播观念发展演变的具体表现。要特别说明的是，我们认为，中国新闻媒体在对外传播活动中尽管已经经历了“新闻即宣传”、“新闻为宣传”的发展阶段，现在已进入“新闻非宣传”的传播观念阶段，但这还仅仅是一个良好的开端，还处在一个转型和逐渐成熟状态，要真正回归“新闻非宣传”的对外传播观念，还有很长的路要走。

论当代中国在国际传播中的底气和尺度诸问题*

——以《参考消息》近期内容为视角的思考

中国共产党领导的社会主义中国经过60多年建设特别是改革开放后35年的持续迅速发展，在世界传播业界的视野中到底处于什么地位？我们应该以什么样的心态面向当今纷繁复杂的国际传播格局？对那些善意、无意、恶意或敌意的不和谐声音我们该取什么方针对待等，都是我们当代新闻传播业界和学界必须考虑的问题。本文以《参考消息》（2012年）报道内容为例就中国的文化底气、中国媒体底线以及应对原则等谈点自己的看法。

一 《参考消息》"十大新闻"中蕴含的当代中国底气

国际传媒的目光已经关注发生在中国的每一件大事，因为这些发生在中国的大事，实际上已经并仍然将对世界产生明显的影响。这一点在《参考消息》2012年度评选出来"十大新闻"中可见其一斑。

（一）《参考消息》"十大新闻"评选及结果

2012年底，《参考消息》报社进行了2012年"十大新闻"评选活动。

---

* 本文系在中国新闻史学会等主办的"华夏气度与国际传播：第八届世界华文传媒与华夏文明国际学术研讨会"（黑龙江大学2013年7月20日至24日）上的主报告之一。

这次“十大新闻评选”采用编辑部评选、外聘专家评选与网络投票相结合的方式，成立报社评审团与外聘专家评审团，其中专家评审团由国际问题专家、著名媒体人士等 30 人组成，网络投票由参考消息官方网站（www. cankaoxiaoxi. com）及独家新闻客户端合作伙伴搜狐新闻客户端同步进行，共有 56642 名读者参与投票。《参考消息》报社根据两个评审团的投票结果，结合参考消息网站及搜狐新闻客户端投票数据，最终评出 2012 年“十大涉华新闻”和“十大国际新闻”。[①]

1. 《参考消息》评出的“十大涉华新闻”

《参考消息》报评出的 2012 年度“十大涉华新闻”是[②]：①马英九连任稳固两岸　和平红利成胜选关键。②薄熙来涉违纪被双开　王立军被判刑十五年。③中菲船只黄岩岛对峙　菲屡屡侵犯中国主权。④神九上天与天宫对接“蛟龙”入海创深潜纪录。⑤增速下滑三年首破八　成功实现经济软着陆。⑥设三沙全盘建设西沙　多手段加强南海维权。⑦日本实施钓岛“国有化”　中国强硬反制捍主权。⑧航母“辽宁舰”入列服役舰载机成功起降飞行。⑨莫言获诺贝尔奖，世界掀起中国文学热。⑩中共十八大成功召开　领导层实现新老交替（见表 1）。

上述“十大新闻”主题涉及当代中国政治（包括反腐倡廉、惩治腐败以及中共十八大成功召开）、经济（国民经济增速下滑）、文化（莫言获诺贝尔奖）、军事（航空母舰入列服役及舰载机起降）、科技（神九与天宫对接，蛟龙创深潜纪录）、外交（黄岩岛、南海、钓鱼岛）及两岸关系等方面。

表 1　《参考消息》2012 年十大涉华新闻

序号	新闻内容	主题	关键词
1	马英九连任稳固两岸　和平红利成胜选关键	政治	马英九　两岸　和平
2	薄熙来涉违纪被双开　王立军被判刑十五年	政治	薄熙来违纪　双开　判刑
3	中菲船只黄岩岛对峙　菲屡屡侵犯中国主权	外交	黄岩岛　中国主权　菲律宾
4	神九上天与天宫对接　“蛟龙”入海创深潜纪录	科技	太空对接　深潜纪录
5	增速下滑三年首破八　成功实现经济软着陆	经济	增速下滑　经济　软着陆

① 《参考消息》报社：《敬告读者》，载《参考消息》2013 年 1 月 1 日第 1 版。

② 《〈参考消息〉2012 年十大涉华新闻》，载《参考消息》2013 年 1 月 1 日第 7、第 10 版。

续表

序号	新闻内容	主题	关键词
6	设三沙全盘建设西沙　多手段加强南海维权	外交	三沙设市　南海维权　越南
7	日本实施钓岛“国有化”　中国强硬反制捍主权	外交	钓鱼岛　中国反制　日本
8	航母“辽宁舰”入列服役　舰载机成功起降飞行	国防	航母服役　舰载机起降
9	莫言获诺贝尔奖　世界掀起中国文学热	文学	莫言　诺贝尔　文学热
10	中共十八大成功召开　领导层实现新老交替	政治	十八大　新老交替

2. 《参考消息》“十大国际新闻”

《参考消息》报评选出来的2012年度“十大国际新闻”是：①美国加快“重返亚太”　围堵中国态势明显；②叙利亚内战陷泥潭　西方要巴沙尔下台；③普京赢得总统大选　梅普实现“王车易位”；④“金正恩体制”初形成　两次射星震动世界；⑤欧盟“药方”初显成效　债务危机威胁难消；⑥实验发现“上帝粒子”　完善理论意义重大；⑦影片引发反美浪潮　美国驻利大使遇害；⑧主播爆出性侵丑闻　BBC深陷信任危机；⑨奥巴马竞选获连任　黑人总统再创历史；⑩日本政坛“七年七相”　安倍重返加剧右倾（见表2）。

这“十大新闻”在区域方面除中国外涉及到美国、叙利亚、俄罗斯、朝鲜、利比亚、英国和欧盟等国家（地区）；在主题方面则涉及中美关系、叙利亚与西方国家关系、俄罗斯国内政治关系、朝鲜与世界关系、欧盟债务危机、科学研究新发现、美国与伊斯兰教关系、英国主流媒体形象危机、美国大选以及日本政局等方面。

表2　《参考消息》2012年十大国际新闻

序号	新闻内容	主题	关键词
1	美国加快“重返亚太”　围堵中国态势明显	美、中	美国　亚太地区　围堵中国
2	叙利亚内战陷泥潭　西方要巴沙尔下台	叙利亚	叙利亚内战　西方　巴沙尔
3	普京赢得总统大选　梅普实现“王车易位”	俄罗斯	俄罗斯　普京　梅普“易位”
4	“金正恩体制”初形成　两次射星震动世界	朝　鲜	朝鲜　金正恩体制　射星
5	欧盟“药方”初显成效　债务危机威胁难消	欧　洲	欧盟　债务危机　初见成效
6	实验发现“上帝粒子”　完善理论意义重大	美　国	科研新发现　理论意义
7	影片引发反美浪潮　美国驻利大使遇害	美　国	电影　反美浪潮　美大使遇害
8	主播爆出性侵丑闻　BBC深陷信任危机	英　国	英国　性侵丑闻　BBC危机
9	奥巴马竞选获连任　黑人总统再创历史	美　国	奥巴马　连任　黑人总统
10	日本政坛“七年七相”　安倍重返加剧右倾	日　本	日本政局　安倍重返　右倾

（二）《参考消息》“十大新闻”的世界和中国态势解读

《参考消息》报由新华通讯社主办，主要报道海外最新消息，对世界政治、经济、外交、军事等领域的最新变化和走向，及海外对我内政外交的反映进行追踪报道。因此，该报社评选的 2012 年度“十大涉华新闻”和“十大国际新闻”展现了一幅由中国内政外交和世界政治、经济、外交和军事等领域重大事件构成的 2012 年国际格局态势，可以从某些角度反映国际新闻传播界对中国事务和世界事务的观点和看法。

1.“十大国际新闻”折射的世界态势

《参考消息》报社 2012 年度“十大国际新闻”向读者展现了一幅“有喜更有忧”的世界图像。其中既有美国费米国家实验室和欧洲核子研究中心科学家发现对完善粒子物理学理论有重要意义而被称为“上帝粒子”的“希格斯玻色子”、欧盟救助债务危机药方“初显成效”、普京赢得大选俄罗斯实现“王车易位”、“金正恩体制”初形成、奥巴马竞选获连任及安倍晋三重返首相等“好消息”，也有太平洋西岸的美国重返亚太“围堵中国”；叙利亚内战“陷泥潭”且西方要巴沙尔“下台”；朝鲜两次射星“震动世界”；欧盟债务危机“威胁难消”；影片引发“反美浪潮”并导致美国“驻利大使遇害”；主播爆出“性侵丑闻”使英国 BBC 深陷“信任危机”和因安倍重返相位致日本“加剧右倾”等“不好消息”。其中如“围堵”、“泥潭”、“下台”、“震动”、“威胁难消”、“反美浪潮”、“遇害”、“丑闻”、“信任危机”和“加剧右倾”等词语，虽然事实的确如此，但却使读者深切感到世界的不平静和不安宁。

2.“十大涉华新闻”展现的当代中国态势

《参考消息》报社的“十大涉华新闻”都是每个中国人和华人华侨亲身经历的，也是全世界有目共睹的事实。“十大涉华新闻”第一条是“马英九连任稳固两岸 和平红利成胜选关键”。专家认为这表明马英九推进的缓和与大陆关系的方针得到了台湾大多数民众的拥护，对于民族团结和国家统一无疑具有积极的意义。其他九条新闻则从不同侧面展现了当代中国的态势——既有“薄熙来涉违纪被双开 王立军被判刑十五年”对党和国家形象造成负面影响的“坏事”，也有中国主权“屡屡”遭菲（律宾）

侵犯”和“日本实施钓鱼岛国有化”等侵犯中国主权而使人不很舒心的“气事”，还有国民经济增速连续“下滑三年首破八”的“担心事”。但同时更有如“神九上天与天宫对接 蛟龙入海创深潜纪录”“航母辽宁舰，入列服役 舰载机成功起降飞行”“莫言获诺贝尔文学奖 世界掀起中国文学热”等让所有中国人和华人华侨感到扬眉吐气的“好事”。

即使在那些“不很舒心”的事情上，我们也可感受到当今中国的实力和态势。尽管“菲屡屡侵犯中国主权”，但中国派出海监船在黄岩岛与菲律宾军舰对峙，成功实施对中国渔民和渔船的保护，并且使海监船的维权巡航成为常态；尽管国民经济增速下滑三年“首破八”，但中国经济成功实现了“软着陆”；尽管越南、菲律宾在南海屡屡侵犯中国主权，但中国政府“建三沙全盘建设西沙”，使国人感到政府的应对“着眼长远，铁板钉钉”；尽管日本对钓鱼岛实施所谓“国有化”，但中国政府的强硬反制措施使得中国无论在道义还是法律上都占据了主动。2012 年 10 月 30 日，中国海监 50、15、26、27 船编队在钓鱼岛领海内进行例行维权巡航，对进入中国领海的日方船只进行监视取证，同时严正声明我国主权立场，并对日船实施了驱离措施。① 有理有节，成竹在胸——这应当是中国传媒在国际传播中具有的文化底气。

二 《参考消息》头版新闻标题蕴含的当代中国底气

为更加全面具体地了解中国发生的重大事件在世界新闻媒体报道中的地位和影响力，我们又对《参考消息》近期报道内容进行了抽样调查和分析。

（一）关于《参考消息》报道头版标题的抽样调查

从 2012 年 11 月 1 日到 2013 年 1 日 31 日，《参考消息》报社一共出版了 92 天《参考消息》报。我们按照 3 和 3 的倍数确定日期（即每个月

① 《中国钓鱼岛维权转守为攻》，载《新闻信息报》2012 年 11 月 12 日 B01 版。

确定3日、6日、9日、12日、15日、18日、21日、24日、27日、30日），然后对上述日期出版的《参考消息》报纸头版新闻标题进行抽样。3个月一共抽取了30天即2012年11月的3日、6日、9日、12日、15日、18日、21日、24日、27日、30日，2012年12月的3日、6日、9日、12日、15日、18日、21日、24日、27日、30日和2013年1月的3日、6日、9日、12日、15日、18日、21日、24日、27日和30日出版的《参考消息》，然后对它们的头版头条和右侧竖栏新闻标题进行统计分析。

1.《参考消息》头版头条标题抽样结果

《参考消息》头版头条标题是通栏标题，一般采用黑色黑体，白底黑字、通栏印刷的形式——如遇重大节日（如元旦、春节）或喜庆大事如中共十八大召开等则采用红色黑体，目的是揭示该版（并转到第2版右下四分之一版）刊载的新闻主题。

通过对这30天《参考消息》头版标题的逐天核对和摘录，我们发现新闻标题的内容和涉及主题的情况如下：

表3 《参考消息》头版标题抽样结果（2012.11.1～2013.1.31）

日期	标题内容	主题对象
2012.11.3	希拉里派团摸底中日争端	美国、中国、日本
2012.11.6	美国大选中谁执牛耳仍存悬念	美国
2012.11.9	胡锦涛报告为中国发展定调	中国
2012.11.12	美国面对“中国崛起”倒计时	美国、中国
2012.11.15	十八大开启承上启下新征程	中国
2012.11.18	以色列大兵压境威慑哈马斯	以色列、巴勒斯坦
2012.11.21	温家宝奥巴马金边会谈引关注	中国、美国
2012.11.24	中国经济回暖重燃世界希望	中国
2012.11.27	中国航母发展超乎西方预想	中国
2012.11.30	巴勒斯坦“入联”引发西方分裂	巴勒斯坦、联合国
2012.12.3	朝鲜将发卫星搅动半岛局势	朝鲜
2012.12.6	中共新领导集体展执政新风	中国
2012.12.9	中企海外最大并购尘埃落定	中国
2012.12.12	美预测2030年中国成“全球第一”	中国
2012.12.15	日叫嚣反制中国飞机巡航钓岛	日本、中国
2012.12.18	中国警惕安倍带领日本“向右转”	中国、日本
2012.12.21	中日韩朝“大换班”牵动东亚格局	中国、日本、韩国、朝鲜

续表

日期	标题内容	主题对象
2012. 12. 24	日自卫队战机拦截我海监机	日本、中国
2012. 12. 27	安倍梅开二度再任日本首相	日本
2012. 12. 30	安倍拉拢亚太国家施压中国	日本、中国
2013. 1. 3	习近平新年再释深化改革信号	中国
2013. 1. 6	“反美斗士”查韦斯病情不乐观	委内端拉、美国
2013. 1. 9	日方召见中国大使倒打一耙	中国、日本
2013. 1. 12	安倍叫嚣钓岛主权不容谈判	日本、中国
2013. 1. 15	中国与日美军机对峙趋升级	中国、日本、美国
2013. 1. 18	中日力避钓鱼岛兵戎相见	中国、日本
2013. 1. 21	安倍要给习近平捎亲笔信	中国、日本
2013. 1. 24	安倍放言日军机有权自由飞	中国、日本
2013. 1. 27	中日关系朝“融雪”迈出第一步	中国、日本
2013. 1. 30	十面“霾”伏为中国发展敲警钟	中国

2. 《参考消息》头版右侧竖栏标题的调查结果

《参考消息》头版每天都有一个右侧竖栏标题，基本上是竖排到底——采用黑色黑体，黑底白字，如遇重大节日（如元旦）或喜庆大事如中共十八大召开等则采用红色黑体。字号虽小于头条标题但仍很醒目，意在揭示第2版或其他版面上重要新闻主题。这30天《参考消息》头版右竖栏标题的基本情况如下：

表4 《参考消息》头版右侧竖栏标题抽样结果（2012. 11. 1 ~ 2013. 1. 31）

日期	标题内容	主题对象
2012. 11. 3	奥巴马罗姆尼选前最后冲刺	美国
2012. 11. 6	美日敏感时刻启动大规模军演	美国、日本
2012. 11. 9	中共十八大将续写中国奇迹	中国
2012. 11. 12	“海洋强国”战略提升中国海上实力	中国
2012. 11. 15	中国“社会主义经济”因何成功	中国
2012. 11. 8	纳米技术改变世界七方式	科学技术
2012. 11. 21	中共重要人事变动接踵而至	中国
2012. 11. 24	李克强发出深化改革强烈信号	中国
2012. 11. 27	绿色中国：一个供世界借鉴的模式	中国
2012. 11. 30	中共“梦之队”将引领中国崛起	中国

续表

日期	标题内容	主题对象
2012.12.3	美参院插手钓鱼岛问题遭痛批	美国、中国、日本
2012.12.6	中俄打破美隐形战机垄断地位	中国、俄罗斯、美国
2012.12.9	中国掀起“网络反腐风暴”	中国
2012.12.12	伊朗称破解美无人机全部机密	伊朗、美国
2012.12.15	媒体披露朝发射卫星细节	朝鲜
2012.12.18	美方称朝卫星处于失控状态	朝鲜、美国
2012.12.21	“世界末日”成全球热门话题	
2012.12.24	2013 年五大武器值得关注	
2012.12.27	京广高铁打通中国经济新动脉	中国
2012.12.30	习近平重提“历史周期律”引关注	中国
2013.1.3	日着手制定对付中国夺岛战略	日本、中国
2013.1.6	美开始在土叙边境部署“爱国者”	美国、土耳其、叙利亚
2013.1.9	西方恐华症具有种族主义色彩	西方、中国
2013.1.12	美学者给奥巴马对华政策支招	美国、中国
2013.1.15	安倍东南亚之行遏华意图明显	日本、中国
2013.1.18	日媒称中国打造“三极”反介入战力	中国、日本
2013.1.21	中国圆“城市梦”须改革户籍制度	中国
2013.1.24	菲在联合国告中国是赌博行为	菲律宾、中国
2013.1.27	李克强发誓确保“舌尖上的安全”	中国
2013.1.30	中共誓言及时处置不合格党员	中国

（二）《参考消息》新闻标题的中国态势分析

尽管只是从 92 天《参考消息》报中抽取了 30 天报纸的头版头条和右侧竖栏标题，但我们已经可从中感受到社会主义中国良好的发展态势，中国已经成为国际媒体关注和报道的重要对象。

1. 对《参考消息》头版头条新闻标题的简要分析

《参考消息》头版头条标题所揭示的新闻都是国际政治军事或经济领域受到世界各国关注的议题，对某一国家的关注程度在一定意义上反映了该国在国际事务中的地位和影响力。这 30 天《参考消息》头版头条新闻标题的主题一共涉及 52 个（次）国家或地区。其分布态势为：24 天的新闻标题主题涉及中国，占所涉及国家（地区）总数的46.15%；14天的新闻标题主题涉及日本，占26.9%；6天的新闻标题主题涉及美国，占11.5%；2天新闻标题主题涉及朝鲜，占3.8%；其他诸如俄罗斯、伊朗、土耳其、叙利亚和菲律宾等国都有1天的新闻标题主题涉及，各占1.9%。

在受到全世界媒体关注的《参考消息》30天头版头条新闻标题中，与中国有关主题的新闻标题就有24天，接近所涉及国家（地区）总数的50%（为46.15%）：即使把特殊事件（钓鱼岛）因素忽略，[①] 涉及中国的新闻标题比例仍占全部新闻标题的33.33%，由此可见产生于中国的新闻在世界主要媒体传播内容中的关注程度。

2. 对《参考消息》头版右侧竖栏新闻标题的简要分析

上述30天《参考消息》头版右侧竖栏标题所揭示的新闻是国际政治军事或经济领域受到世界各国比较关注的议题。

这30天《参考消息》头版右侧竖栏新闻标题主题一共涉及42个（次）国家或地区。其分布态势为：21天新闻标题主题涉及中国，占所涉及国家（地区）总数的50%；8天新闻标题主题涉及美国，占19%；5天新闻标题主题涉及日本，占11.9%；2天新闻标题主题涉及朝鲜，占4.7%；其他诸如俄罗斯、伊朗、土耳其、叙利亚和菲律宾等国都有1天的新闻标题主题涉及，各占2.3%。

在30天《参考消息》的右侧竖栏新闻标题中，有21天的新闻标题与中国相关，占所抽取报纸天数的70%；而从新闻主题涉及国家（地区）的数量统计认识，与中国有关的新闻在30天的右侧竖栏新闻标题中占了50%，当代中国在世界媒体传播内容中所占位置的重要性也可见一斑。

3. 对《参考消息》头版新闻标题分析的简单结论

从《参考消息》头版头条和右侧竖栏新闻标题涉及国家的频次认识，当今中国所发生的事情在世界政治、经济、军事领域所受关注的

① 这30天的《参考消息》头条新闻标题主题之所以比较集中地涉及中国和日本，是因为日本对中国固有领土钓鱼岛实行所谓“国有化”致使两国外交关系紧张，使这一问题成为全世界关注的焦点之一。

程度接近50%，也就说全世界每天有二分之一的目光关注着中国的发展和变化。这虽然与《参考消息》的主办者中国新华通讯社的因素相关，但至少可从一个侧面看出世界对中国发生的一切的反映——这应当是我们中国新闻媒体和新闻工作者在国际传播事务中应有的文化底气。

三　关于国际传播中的中国底气和尺度问题

在对《参考消息》2012年度“十大涉华新闻”和“十大国际新闻”及《参考消息》2012年11月1日到2013年1月31日头版新闻标题进行抽样和分析后，我们简单阐述一下对当代中国在国际传播中的底气和尺度的基本观点。

（一）关于当代中国在国际传播中的底气问题

中国人民在中国共产党领导下经过近百年拼搏奋斗取得建立人民新中国伟大胜利后，在中国特色社会主义道路上经过60多年的探索和创新，尤其改革开放后35年的迅速发展，综合国力有了显著增强，国际地位有了迅速提高，人民生活水平有了明显改善，中国的一举一动已经成为世界关注的对象，社会主义中国已成为“有自立于世界民族之林能力”的重要国家，当代中国传媒人在国际传播中理应有充分的文化底气。主要表现在以下几个方面。

1. 在国际传媒界不够关注我们时——应有充分的自信力

尽管国际媒体及国际新闻传播界现在还没有足够地关注中国的进步，关注中国的发展，关注中国在世界事务中发挥的积极作用，关注中国在知识产权保护、人权尊重和保护等方面的发展和进步，但我们完全不必担心国际媒体和新闻传播界会永远看不上中国——只要中国人把自己的事情办好了，中国必定是世界新闻媒体的关注点，因为中国的辐射力实在太大了，世界不可能不受到中国元素的影响；因为中国的体量（960万平方公里领土和13亿多人口）和潜力（改革发展以后激发出来的蓬勃创造力和发生的巨大变化）实在是太大了。

2. 在国际传媒界忽视中华民族文化传统时——应有充分的自信力

由于众所周知的原因，中国新闻传播学术界在新闻传播学理论体系的创立、专门的新闻传播技术的研究和更新方面还处于从“引进”到“本土化”的过程中。而由西方学者创立的新闻传播学理论虽然也是新闻传播活动规律的总结和升华，但毕竟是对西方特定的社会环境中新闻传播活动规律的研究，与中华民旅的传统道德、文化、理念等处在两个完全不同的文化体系中。我们要赶上世界的步伐，当然要先学习别人先进的东西，但不能“邯郸学步”，更不能“数典忘祖”。我们切切不能丢掉自己民族的文化传统，而应该有我们自己建立在科学分析认识基础上的中华民族文化传统的充分自信。当代中国新闻传播界大可不必担心国际新闻界会一直忽视中国学人的智慧，忽视中华民族文化，忽视中国传统文化在21世纪世界生活中独特的生命力——西方文明和文化绝对不可能完全取代非西方的其他民族文明和文化，而经过5000多年积累和发展的中华传统文化特质是世界任何民族和国家的文化都不能替代的。

3. 在少数人有意“妖魔化”中国时——应有充分的自信力

从1842年开始的100多年间，中华民族一直处在内忧外患的灾难之中，外国的侵略和掠夺以及连绵不断的战争使得国民经济处于崩溃的边缘，百姓民不聊生，洋人横行霸道，国家几无声望可言。中国人被西方列强称为“东亚病夫”，中国领土成为帝国主义国家争夺利益的“角斗场”，西方帝国主义通过援助或其他方式不但在中国享有特权，而且成为中国政治、军事和经济活动的幕后操纵者。新中国成立后，中国人民在中国共产党领导下坚持走中国特色社会主义道路，坚持独立自主外交方针，坚持自力更生发展科学技术，在各方面都取得了引入瞩目的成就。但由于国家制度和意识形态方面的冲突，以美国为首的西方国家长期对社会主义中国持敌对或不友好立场，采取经济封锁、周边围堵、思想渗透乃至发动（朝鲜）战争等手段企图扼杀社会主义中国。但是结果是“竹篮打水一场空”，社会主义中国仍然屹立在世界的东方。在这种情况下，以美国为首的西方国家改用“抹黑”和“妖魔化”中国的策略，诋毁中国的政治制度，诋毁中国的社会进步，诋毁中国取得的成就，社会主义中国在西方媒体上“丑事”不断——或者是迫害政治异见人士，或者是窃取某国的技术秘密，或者是中国公民缺少自由，或者是环境严重污染，或者是中国高技术产品仿制了哪国，等等。总之，社会主义中国在这些媒体上是一片“黑暗”，“一团糟”。但对此我们完全不必担心，因为随着中国开放不断扩大和媒体建构形象越来越全面和接近真实——我们既向世界报道“神九”、“蛟龙”、航母及舰载机等成就，也向世界报道“雾霾”的实情；既向世界展示中国维护国家主权的坚定意志，也向世界昭告中国和平发展的基本国策；既向世界展示经济、科技、文化教育的发展成就，也向世界客观报道中国还是一个发展中且发展不平衡的社会主义国家；既向世界展示我们在建设清廉政治方面的努力，也向世界报道诸如薄熙来违纪等腐败案件——我们完全应该有这样的自信：当西方新闻受众通过新闻传播中得知全面、真实中国的时候，就是“妖魔化”中国策略的破产。

4. 在国际传播界无意误解误读中国时——应有充分的自信力

在一些西方媒体上对中国不友好的言论中，除那些别有用心者外，也有一些是对中华传统文化及中国人思维方式误解或误读造成的。在长期处在资本主义环境下的西方人看来，“天下不会有免费的午餐”，中国帮助或援助别人都是企图得到回报；在“适者生存”“弱肉强食”生存观熏陶下成长的西方人看来，那些国家综合实力、经济和军事实力都不和中国在一个数量级上的越南、菲律宾、马来西亚等小国怎么敢侵占中国的海洋权益呢？中国和越南、菲律宾之间产生海洋权益纠纷，肯定是中国侵犯了越南、菲律宾，而不会是越南、菲律宾侵犯了中国；当今世界上是强者胜、强者赢、强者获利，双方为利益只能争个你死我活，而不可能出现共存双赢结局；等等。因此在西方媒体上就容易出现从他们的思维方式导致的无端指责中国的言论——在越南、菲律宾叫嚷中国侵犯它们南海权益时是这样，在日本破坏“搁置争议”的双方约定单方面破坏钓鱼岛现状时也是这样，在中国对非洲贫穷国家减轻债务和无偿援助时更是这样，似乎中国没有做一件好事，都是“无利不起早”。面对这些无意的至少不是恶意的指责，我们认为不必担心，更不要失去自信——因为各个不同民族文化的内涵和特质是独一无二的——事实已经证明并且将继续证明，中华传统文化中的“中庸”“和合”“共存”“协商”理念经过了数千年的文化锤炼，如今越发显示出旺盛的生命力。中华民族传统文化的思维方式用不着向西方国家或民族的思维方式看齐；各民族文化都有共存和发展的理由，当西方国家受众了解和理解中华文化的思维方式特征和精神实质后就会理解中国人的思维方式和结果的合理性与科学性。

（二）关于国际传播中的中国尺度问题

中华民族一直以“宽大为怀”的理念教诲和熏陶自己的后人。但有些人似乎并不领情，总要找点事情来“抹黑”乃至“妖魔化”中国形象。我们认为，今天的中国一方面仍要贯彻邓小平同志提出的“韬光养晦”策略，另一方面也应当亮出我们的底线并昭告世界。在有人超越了我们底线的时候予以“适度反击”，以维护国家的核心利益和民族尊严。我们认为主要可以从以下几个方面判断。

1. 是否属于诋毁中华民族传统道德和文化传统的言论

中国是一个发展中的社会主义国家，在伴随着国力提升、经济发展、文化进步和科技突破等辉煌成绩的同时，也仍然存在地区发展不平衡、一些“老少边”地区处在贫穷状态。即使在现代化都市里，也有收入分配不公、贫富悬殊扩大、农民工群体工作条件及其子女教育状况等现状令人忧虑——这些既是事实，也是发展过程中难以避免的问题，而且是我们党和政府已经认识到并已在尽努力解决的问题。中华民族可以宽容由于对中华民族的传统道德、文化传统不熟悉、不了解而可能出现的误解或误读，对这一类没有恶意的误解或误读，中国媒体可通过交流和解释来增加外国朋友对中华民族传统道德和文化传统的了解。但对那些有意通过报道中国“落后”“愚昧”“野蛮”等“黑暗面”来抹黑中华民族传统道德和文化传统的言论和行为，则必须予以揭穿和谴责。

2. 是否属于攻击中国社会基本政治制度的言论

中国是“工人阶级领导的、以工农联盟为基础的人民民主专政的社会主义国家。社会主义制度是中华人民共和国的根本制度”[①]。中国尊重

① 《中华人民共和国宪法》，1982 年 12 月 4 日第五届全国人民代表大会第五次会议通过；1982 年 12 月 4 日全国人民代表大会公告公布施行。载《中华人民共和国常用法律法规全书》，中国民主法制出版社，2002，第 1 ~ 3 页。

世界各国人民对自己国家政治制度和发展道路的选择，同样也希望世界各国尊重中国人民的自主选择。但世界上总有一些人“好为人师”，总觉得别人应当跟着他走。在这种意识形态指导下，一些西方媒体也会对中国的社会政治制度极尽攻击之能事，或是“迫害政治异见人士”，或是“侵犯人权”，或是“威胁世界安全”，等等，但万变不离其宗的是鼓吹否定中国社会政治制度，煽动中国“改辙换道”。对这类言论，中国新闻传播界绝不能听之任之，更不能成为“应声虫”。

3. 是否属于故意炒作“抹黑”中国形象的言论

登录近年来的一些对社会主义中国持不友好态度的西方新闻媒体网站，或翻阅它们出版的报刊，经常会看到一些关于中国的危言耸听的“新闻”——或者说中国间谍在美国窃取尖端军事技术秘密；或者说国际大公司的知识产权在中国遭到侵犯；或者说中国军舰用火控雷达锁定某国的巡逻艇；或者说中国在非洲的援助造成了当地环境的破坏——在这些西方媒体的报道中，中国的形象是“负面”的、“丑陋”的，甚至是“阴暗”的。但只要稍做调查或思考，就会发现上述新闻要么是“无中生有”，要么是“随意扩大”，要么是“主观猜测”，要么是“恶意中伤”。追根寻源，上述媒体的报道也好，分析也好，推测也好，都是企图通过新闻炒作和误导舆论，达到抹黑中国形象的目的。对这类言行，中国新闻传播界理应站在自卫的立场上，予以揭露，予以澄清，予以反驳，予以谴责。

4. 是否属于损害中国核心利益的言论

领土完整和祖国统一是每一个中国人和华人华侨的共同愿望，也是当代中国核心利益最重要的内涵。关于领土和领海之争，相关国家间有不同立场是正常现象，国际法的普遍原则是鼓励通过谈判协商解决国与国之间的领土矛盾；而关于一个国家内部的民族事务大多采取不干涉内政的原则。然而，一些与中国不存在领土之争国家的媒体，却对中国与邻国的领土之争指三道四，一会儿支持这个国家“维护航行自由”，一会儿支持另一个国家“维护正当海洋权益”，再不就是声称什么条约适用于“某某岛屿”；给那些国家撑腰打气，鼓动它们蚕食中国的传统海洋权益，为他“重返亚太”火中取栗。在对待中国的民族问题上，这些新闻媒体对自己国内的民族歧视和民族矛盾视而不见，却对中国的民族政策横加指责，对“藏独”“疆独”“台独”势力呵护有加，鼓励和支持它们的民族分裂活动。对这类言行，我们当然不能作壁上观。

当代中国是数千年华夏文明最重要的直接继承者，我们今天的一切既毫无疑问地烙上了华夏文明的深深烙印，也是数千年华夏文明在新时代的延续。我们理应从先人创立的华夏文明中汲取无尽的精神养料，发扬光大，为加快中华民族的伟大复兴再添动力。

第二篇

新闻传播实践之史学观照（一）：新闻史研究

论我国台湾地区新闻事业的起源时间*

引　言

台湾自古以来就是中国的领土，只是因光绪二十一年清政府在甲午战争中失败，才在日本政府强迫清政府签订的《马关条约》中被割让给日本。1945 年，世界反法西斯战争暨中国抗日战争胜利结束。根据中苏美英等国共同签署的《波茨坦协定》，日本宣布无条件投降后，台湾及其附属岛屿也即无条件归还中国。宝岛台湾又回到了祖国的怀抱。笔者近年来较多地涉及我国台湾地区新闻事业史方面的资料，对台湾新闻事业史的起源问题有一些粗浅的思考，现将一些想法表达出来，以求教于新闻史学界的同行专家。

一　目前学术界关于台湾地区新闻事业起源时间的主要观点

我国台湾地区的新闻事业在什么时间起源，以什么作为我国台湾地区新闻事业起源的时间标志，新闻史学界尚没有一个明确的表述。据笔者所

---

* 本文发表于中国社会科学院新闻与传播研究所主办的《新闻与传播研究》2006 年第 2 期。

见，在专门的著作中论述到我国台湾地区新闻事业起源这一主题的著作，主要有郑贞铭先生的《20世纪中国新闻学与传播学：台湾新闻传播事业卷》（复旦大学出版社2005年4月版），陈扬明、陈飞宝、吴永长先生合著的《台湾新闻事业史》（中国财政经济出版社2002年9月版），王天滨先生所著的《台湾报业史》（台湾亚太图书出版社2003年4月版）和方汉奇、李矗主编的《中国新闻学之最》（新华出版社2005年1月版）等几种。

中国台湾地区新闻传播学者、台湾中国文化大学新闻研究所郑贞铭教授在其领衔编著的《20世纪中国新闻学与传播学：台湾新闻传播事业卷》中说道，“1895年日本据台，为台湾带进新闻事业后，为了刊登日本本土发生的新闻，各报在创刊之初，均在东京设立分局……。”① 根据上述叙述，我们的理解是郑先生认为台湾的新闻事业起源于日本据台的1895年。尽管他也认为“台湾的新闻传播活动最早可追溯到清领时期”，“1885年，台北巡抚衙门仿效清廷于北京发行的官报《京报》模式，自行发行《邸钞》”，“可算是台湾最早的中文报纸”，“同一年台湾出现的《台湾府城教会报》，可说是台湾现代报纸的雏形”②，但直接点明台湾地区新闻事业起源的结论却是“日本据台后，为台湾带进新闻事业”。

厦门大学新闻传播系的陈扬明先生等人在《台湾新闻事业史》一书中认为，“到1884年，台湾省还没有报馆，读者主要通过往返于台湾海峡两岸的船只获得祖国大陆的报纸，其中最有影响的是广州出版的《述报》。”尽管该书已经清楚地叙述“台湾发行的第一张本土报纸是《台湾府教会报》（笔者注：又译为《台湾府城教会报》，在不同的文献中有不同的称谓，实际是同一种报纸），由英国长老教会牧师托马斯·巴塞莱创刊于1885年”，也在该书的“引言”部分清楚地介绍1885年中法战争结束，抗法有功的福建巡抚转任台湾巡抚的刘铭传在其主政时期，设“提房者”，仿效北京京报的形式，发行不定期的《邸报》（“邸钞”）。并且说明“有学者认为这是台湾首份中文报纸”。但

① ②郑贞铭编著《20世纪中国新闻学与传播学：台湾新闻传播事业卷》，复旦大学出版社，2005，第7页；第1页。

该书在“前言”中分析“台湾新闻事业不同时期的特点”时，又非常清楚地把台湾的新闻事业发展史划分为“日本殖民统治台湾时期”(1895～1945)[①]、“台湾光复初期”（1945～1947）、“台湾报业重陷黑暗时期”（1947～1949）、“国民党戒严时期”（1949～1987）和“报禁解除后时期”（1988～2000）等历史时期。我们认为陈扬明先生等人也是持“日本人据台以后台湾才开始有新闻事业”的观点的，因为该书论述的台湾新闻事业史的第一个时期就是“日本殖民统治台湾时期”。

台湾新闻史学者王天滨先生在《台湾报业史》中认为“中日甲午战争结束，战败的满清政府将台湾割让给日本，台湾成为日本的殖民地，近代化报纸才在日本人的兴办下出现，正式宣告台湾报业时代的来临”。而且他进一步明确表示“具体说来，在清廷割让台湾给日本以前，台湾一直未出现近代化的报纸”。[②] 由于他着眼的是“近代化的报纸”，涉及的概念是“台湾的报业时代”，所以实际上没有谈及“台湾新闻事业的起源”问题。尽管我们在后面的论述中会清楚地阐述到，早在日本人占据我国台湾的1895年之前，台湾地区就出现了《台湾府城教会报》这样具有明显的近代化特征的印刷型报纸，但因他未论述“台湾新闻事业的起源”这一命题，故暂且不把该书列为商榷的对象。

方汉奇和李矗先生主编的《中国新闻学之最》中认为“1885年，台湾本土出版了第一张近代化报纸《台湾府教会报》，从而揭开了台湾新闻事业发展史的第一页”。[③] 在上述所引的诸家观点中，尽管各人的表述不尽相同，但都明确而直接地涉及了“台湾新闻事业起源于何时”的命题。立足于现有的有关史料，根据学术界的相对共识，我们认为方汉奇和李矗先生的观点是比较符合历史事实和台湾新闻事业史发展实际的，而对郑贞铭和陈扬明等先生关于“台湾新闻事业起源于日本殖民统治台湾之后”的观点，明确地表示不能苟同。

---

① 陈扬明等：《台湾新闻事业史：前言》，中国财政经济出版社，2002，第3页。

② 王天滨：《台湾报业史》，台湾亚太图书出版社，2003，第1页。

③ 方汉奇、李矗主编《中国新闻学之最》，新华出版社，2005，第56～57页。

二 确认我国台湾地区新闻事业起源的基本理由

我们认为，新闻事业是为了完成新闻传播活动的社会使命而有序运转的社会系统及与此相关的政治、经济、思想、文化等社会生活要素组成的有机整体，其核心要素是社会成员的新闻活动和新闻活动产生的新闻成果和新闻传播效果。判断某一时期某一地区的社会生活中有没有出现新闻事业，最主要的标准就是分析判断这一时期这一地区的社会生活中，是否具备了社会成员的新闻活动、社会新闻成果以及新闻传播社会效果这三个体现新闻事业的核心要素，如果社会生活中具备了这三个核心要素，那么就可以说已经出现了新闻事业，至少是出现了新闻事业的萌芽。根据这一观点，我们认为“我国台湾地区的新闻事业产生于日本占据台湾以后”的观点是完全站不住脚的，也是不符合历史事实的。其理由大致如下：

第一，早在日本人占据我国台湾地区的1895年以前，台湾地区就出现了社会成员的新闻采写活动。1872年4月30日，中国著名的近代报纸《申报》在上海创刊，“时值中日初次议约期间，曾经发生多次与台湾有关的重大事件，包括一八七二年（同治十一年）至一八七四年（同治十三年）之日军侵台始末、一八七四年（同治十三年）至一八八三年（光绪九年）之开山抚番、拓疆分治与各种对台建设；以及因日军侵台而衍生之琉球归属问题均予以详尽报道，提供大陆与台湾读者有关讯息”。这些讯息从何而来，毫无疑问是有记者从台湾实地采访而得。据史料记载，1874年7月3日前，《申报》即派专人赴台湾采访日军侵台情形。就在该年7月3日，《申报》刊出所派专人撰述的稿件。那时尚无特派记者的名称，而称之谓“友人”。这是《申报》最早的特派访员。[①]《申报》特派访员在台湾地区的采访活动，当然是以收集新闻、采写新闻为活动目的的社会活动。所以至少在1874年7月3日之前，台湾地区就已经出现了新闻的采写活动。又如于1884年4月18日广州《述报》创刊数月后，适逢

① 徐载平、徐瑞芳：《清末四十年申报史料》，新华出版社，1988，第343页。

中法战争波及台湾，为了及时向国人报道战争动态，该报在台湾专门设有通信员采写新闻，因而在该报上屡屡出现来自台湾的新闻稿，如“本馆昨接获淡水访事人递来信息云”，“九月朔日，打狗递来信息云”，“初四日，又接获台北来信”，“台湾府来信云”，等等，由此可知，当时“台湾的高雄、淡水、台南、台北都有该报的通信员”。[①] 可见至少在《述报》创办以后，台湾地区就出现具有非常鲜明的近代化特点的报刊新闻采访活动了。

第二，早在日本人占据我国的台湾地区的1895年以前，台湾地区就出现了社会成员的新闻报纸编辑刻印活动了。1885年，台湾地区出现了“第一份中文报纸”，这就是台湾巡抚刘铭传仿照清廷于北京发行的官报《京报》模式，自行主持编印传播的《邸钞》。“这份官方公报为手抄或木刻，有专人负责，主编曰‘稿工’，抄写人曰‘抄工’”，分管官员为“提房者”，负责向社会传递该报的人员称为“站书”。而就在同一年的7月12日，由英国基督教长老会派往台湾的传教士托马斯·巴塞莱创办的《台湾府城教会报》在台湾创刊，该报为活版印刷，用福建方言写作，用拉丁文注音，外形与书籍类似，高25厘米，宽18厘米。很显然，无论是刘铭传组织编辑印刻的《邸钞》，还是英国传教士托马斯·巴塞莱创办的《台湾府城教会报》，都已经有专门的社会成员从事专门的报纸新闻采写、报纸新闻版面设计（哪怕是最原始的和粗糙的设计）、报纸印版刻制或报纸印版文字拣排、报纸印刷等新闻报纸的编辑刻印活动了。

第三，早在日本人占据我国台湾地区的1895年以前，台湾地区就出现了具有完全近代化形态的报刊。日本人占据我国台湾地区之前在台湾地区出现的完全具有近代化形态特征的报刊，包括了多个来源。据王天滨先生介绍，“当时许多沿海地区例如香港、上海、广州、北京等，已有报刊发行……此时台湾与大陆之间的船只来往频繁，经常走动于两岸之间的（人）已有接触报纸杂志的机会，不过并未留下具体事例，唯一有现存报纸可资证明者，为创刊于一八七二年（同治十一年）三月二十三日的上海《申报》；一八八一年（光绪七年）在宁波发行之《甬报》月刊；以

① 王天滨：《台湾报业史》，台湾亚太图书出版社，2003，第3页。

及一八八四年（光绪十年）在广州发行之《述报》日报，均属书本型之报纸”。[①] 这些在祖国大陆创办发行的近代报刊是当时在我国台湾地区出现的近代化报纸的第一个来源。第二个来源就是在当时已经被英国人占领的中国领土香港出版发行的近代化报纸，也通过多种途径传播到台湾地区，王天滨先生在上面就明确地把“香港”列入当时已经有报刊发行并且已经传播到台湾地区的“许多沿海地区”之一。台湾地区早年报人林佛国也曾明确指出：“日人占据台湾之前，台北的富翁李香生因经营贸易商，买有香港新闻纸，由此得知马关条约，台湾割让之（噩）耗，台人因此惊愤异常，乃团结全岛人民，宣布独立。”[②] 可见在日本人占据台湾之前，香港地区出版的近代化报纸的确已经传播到我国台湾地区了。第三个来源是台湾地区创办的具有完全近代化报纸特征的报纸。即使我们认为台湾巡抚衙门在刘铭传主政时期编印的《邸钞》还不是近代化意义上的报纸，那么，英国传教士托马斯·巴塞莱于1885年7月12日在台湾创办的《台湾府城教会报》就已经被学术界公认为属于近代化报纸了。

第四，早在日本人占据我国台湾地区的1895年以前，台湾地区就出现了社会成员的专门的新闻报纸发行活动。报纸在某一地区创刊后被一些社会成员无意识地携带到其他地区，这只能说被传播到的地区客观上存在着该报纸的受众，只能属于报纸在进入社会后的自然无序流传。而报纸发行者在某一地区设置专门的报纸发行机构，则标志着该地区新闻传播事业的发展进入了一个新的状态，因为这是有意识的报刊发行活动。据王天滨先生介绍，1881年（光绪七年）至1882年（光绪八年），美国籍牧师甘伯尔在浙江宁波创办了《甬报》，在该报第一版刊载的《本馆告白》中记载发行城市“外埠如上海、镇江、南京、九江、汉口、宜昌、重庆、牛庄、烟台、北京、天津、杭州、台湾淡水、厦门、福州、广州、北海等处均有寄售”。[③] 这表明台湾地区在1881年就出现了专门的报刊发行活动了。据载，当时福州卫里公会出版的《闽省会报》也行销到台湾。而从浙江出版的《甬报》的“告白”中可以确知，“《甬报》在台湾淡水已设

---

① 王天滨：《台湾报业史》，台湾亚太图书出版社，2003，第2页。

② 王天滨：《台湾报业史》，台湾亚太图书出版社，2003，第4页。

③ 王天滨：《台湾报业史》，台湾亚太图书出版社，2003，第3页。

分销处”。说明当时台湾已经出现了专门从事报纸发行这一具有鲜明专业分工色彩的社会职业的社会成员。

第五，早在日本人占据我国台湾地区的1895年以前，台湾地区的新闻传播活动就产生了重要的社会影响即新闻传播效果。关于新闻传播活动在台湾地区产生的社会影响也即新闻传播效果，上述报纸在台湾地区的迅速流传本身就是一个说明。而台湾早期报人林佛国所说的“日人占据台湾之前，台北的富翁李香生因经营贸易商，买有香港新闻纸，由此得知马关条约，台湾割让之（噩）耗，台人因此惊愤异常，乃团结全岛人民，宣布独立”的史实，更是清楚地表明，从祖国大陆和香港地区传播到台湾地区的报刊上所刊载的消息，尤其是诸如事关台湾地区归属前途的社会政治新闻，在台湾地区迅速产生了强烈的反响，从新闻传播学理论角度分析，也就是产生了十分明显的新闻传播效果。

最后，早在日本人占据我国台湾地区以前，我国台湾地区就出现完全形态的新闻事业机构。1885年台湾巡抚刘铭传为了出版《邸钞》，在台湾巡抚衙门内设置了专事报纸编辑刻印和发行的工作机构“提房”，任命主持该项工作的官员称为“提房者”，报纸主编称为“稿工”，抄写人即编辑部工作人员称为“抄工”，负责向读者投送报纸的人员称为“站书”，应该说已经是一个工作职责分工明确、岗位设置基本齐全的新闻报纸工作机构了。同年创刊的《台湾府城教会报》，编辑工作由英国传教士托马斯·巴塞莱亲自主持，印刷任务由他创办的“聚珍堂”承担，在内容上，“虽是为了传教而问世，却不乏记录当时台湾社会百态与重大事件发生过程的文章，以及类似文艺创作之作品”。[①] 我们认为，内容如此丰富的报纸，单靠牧师一人是难以完成新闻采写和文稿编辑工作的，理应有其他人员参与其中。《台湾府城教会报》实际上也是有一个专门承担从编辑、出版到发行各个环节任务的机构在运转。至于《甬报》在台湾淡水设置的分销处，就更是专门负责报纸发行这一专门性社会活动的新闻事业机构了。

---

① 王天滨：《台湾报业史》，台湾亚太图书出版社，2003，第7页。

三 产生歧义的原因分析和我们的结论

正如我们在前面所说，一些学者也发现了 1885 年刘铭传就在台湾创办《邸钞》和英国传教士托马斯·巴塞莱创办《台湾府城教会报》的史料，也承认刘铭传创办《邸钞》和托马斯·巴塞莱创办《台湾府城教会报》的史实，那么为什么他们会得出“日本据台，为台湾带进新闻事业后”（郑贞铭），或认为台湾新闻事业史的第一个时期是“日本殖民统治台湾时期”（陈扬明等），或认为“日人据台隔年（1896 年）6 月 17 日，曾任日本大阪府警部长之山下秀实，来台创立《台湾新报》，成为台湾第一张近代化报纸”（王天滨）的结论呢？我们认为主要有以下原因。

第一，郑贞铭先生等人之所以认为“1895 年日本据台，为台湾带进新闻事业后，”是因为他们认为尽管“《邸钞》可算是台湾最早的中文报纸”，“但是，论刊期、形态、内容、印刷方式、传送对象、发行目的等方面，《邸钞》与近代报刊有极大的差距。因为《邸钞》采不定期发行，用人工抄写而印刷，内容则登载法令规章、官员迁调与官方提供的各种新闻，分送对象为全台大小衙门，一般市井小民不易取得。这与强调新闻即时报道，并以机器大量印刷，迅速分发销售各地，不限制读者身份的近代报纸性质迥异”。认为“同一年台湾出现的《台湾府城教会报》，以印刷方式发行，比手抄的《邸钞》更接近报纸形态，但它并非中文报纸，而是采用闽南语罗马拼音编写文章，可说是台湾现代报纸的雏形”。我们不否认郑贞铭先生等人观点有其合理性的一面，但对郑先生等人既认为《邸钞》“可算是”台湾最早的中文报纸，也认为同年在台湾府城台南创办的《台湾府城教会报》“可说是”台湾现代报纸的雏形，但又得出“1895 年日本据台，为台湾带进新闻事业后”的结论感到难以理解。我们愿与郑先生等同人继续交流沟通，相信能达成一致。

第二，王天滨先生尽管在其大作《台湾报业史》中没有阐述“台湾新闻事业”起于何时的命题，但他明确地认为“日人据台隔年（1896 年）6 月 17 日，曾任日本大阪府警部长之山下秀实，来台创立《台湾新报》，成为台湾第一张近代化报纸”。究其原因，主要是因为王天滨先生尽管也认为“虽然《邸钞》是台湾最早的中文报纸，但论其刊期、形态、内容、印刷方式、传送对象、发行目的等方面，皆与现代人所说的报纸有极大差距”。因为《邸钞》采不定期发行，用人工而非印刷方式抄登法令规章，官员迁调与官方提供的大小新闻，分送对象为全台大小衙门，一般市井小民不易取得。皆和强调新闻即时报道、解释与评论，并以机器大量印刷、迅速分发销售各地，不限制读者身份的近代化报纸性质迥异。”① 很明显，王天滨先生是按照“现代人所说的报纸”的标准来衡量1885年创办的中文报纸《邸钞》，因此他得出了“只能勉强称它（即《邸钞》）粗具报刊雏形而已”的结论。至于1895年创办的《台湾府城教会报》，王天滨先生认为“《台湾府城教会报》虽名为‘报’，其实是一个月出版一期的月刊。因而把《台湾府城教会报》定位为‘台湾出现的第一份定期印刷刊物’，而不是台湾的第一份‘近代化报纸’。在排除了《邸钞》和《台湾府城教会报》以后，认定《台湾新报》是“台湾第一张近代化报纸”似乎就顺理成章了。

第三，至于陈扬明先生等人为什么在《台湾新闻事业史》中把“日本殖民统治时期”作为台湾新闻事业史发展的第一个阶段，从该书中看不出很明显的原因。该书在“引言”中明确说明“台湾发行的第一张本土报纸是《台湾府教会报》，有英国长老教会牧师托马斯·巴塞莱创刊于1885年”。介绍刘铭传创办的《邸报》时说“有学者认为这是台湾首份中文报纸”；在“引言”结束时说“以上是台湾早期的报业，因史料所限，不便独立成章”，很明显是把《邸报》和《台湾府教会报》作为台湾报业的内容来介绍的。但是又认为《台湾府教会报》“把罗马字母注明在福建语上面，是首次在台湾活版印刷的月报”。从文字理解，“月报”仍应是“报”的范围。但作者似乎把“月报”说成“刊”即杂志的范围，而且仅据此就把台湾新闻事业的第一个时期确定为“日本殖民统治时期”，这似乎是难以理解的。

如上所说，早在日本人占据台湾前的19世纪80年代中期开始，我国台湾地区就已经出现了完全近代意义上的从事专门新闻活动的社会成员、

① 王天滨：《台湾报业史》，台湾亚太图书出版社，2003，第4页。

新闻活动成果（刊载在报刊上的新闻消息文稿）和专门从事新闻采写和报刊发行活动的社会机构，基本具备了社会新闻事业的核心要素。因此我国台湾地区的新闻事业至迟在19世纪80年代中期即清廷台北巡抚刘铭传创办《邸钞》和英国基督教长老会传教士托马斯·巴塞莱在台湾创办《台湾府教会报》的1885年就正式产生了。正如王天滨先生在论述《台湾府教会报》时所说的，“它比《邸钞》更接近报纸形态，可说是台湾近代化报刊的雏形……它的出现，不仅为台湾报业发展开创崭新一页，在台湾文化史上也是一件大事”。他实际上已经清楚地说明《台湾府教会报》的出现“为台湾报业发展开创崭新一页”，也就是说，从此台湾开始有了自己的“报业”，台湾的新闻事业也就正式起源了。英雄所见略同，方汉奇和李矗先生在其主编的《中国新闻学之最》一书中表述得更加明确。该书有“中国台湾第一张近代化报纸”这一条目。该条目认为“中国台湾第一张近代化报纸，是1885年7月12日创刊的《台湾府教会报》。台湾新闻事业的肇始比大陆近代新闻事业晚约60年。大陆第一张近代化报纸早在1833年就诞生了，即普鲁士传教士郭士立在广州创办的《东西洋考每月统记传》。而台湾近代报业的发展是从19世纪80年代开始的。1885年，台湾本土出版了第一张近代化报纸《台湾府教会报》，从而揭开了台湾新闻事业发展史的第一页”。

我们认为，表面看是偶然而实际是其必然的台湾新闻史上划时代的两个事件即刘铭传创办《邸钞》和英国传教士托马斯·巴塞莱创办《台湾府教会报》出现的1885年，应当确定为我国台湾新闻事业发展史的源头，因为正如方汉奇和李矗先生在书中指出的，“《台湾府教会报》（我们认为还应当包括刘铭传创办的《邸钞》）的出版，揭开了台湾新闻事业发展史的第一页”。自此，台湾新闻事业的历史就正式开始书写了。

中国新闻媒介体系60年的发展变革及内在动因*

新中国建立六十周年，为我们审视和总结这六十年中国的各方面发展变革提供了一个契机，这无疑是一件既非常重要又很有意义的事情。本文试图从新中国成立后六十年间中国新闻媒介体系的发展变革历程的角度，审视新中国在这方面发展变革的轨迹和规律，以期对今人或后人有所启发。

一　建国前新闻媒介体系发展历程的简略回顾

当中国新闻媒介发展的历史车轮驰进新中国这一崭新历史阶段时，中国新闻媒介体系大体已经历了三次历史性的跨越式发展。

第一次历史性发展是从以人类成员自身拥有的语言（包括口头语言和肢体语言）为传播媒介的人类社会新闻传播的萌芽阶段，发展到在使用语言为传播媒介的同时，增加了以文字为记录新闻（形成新闻书写品）为传播媒介的人类社会新闻传播活动初始阶段。在文字媒介出现之前，人类社会成员之间的新闻及其他信息传播，只能在语言的声音互相听得到、肢体的动作互相看得清的前提下才能进行和完成。而在文字媒介出现以

---

* 本文为国家哲学社会科学规划基金2007年度重点项目“中国新闻法制通史研究”（项目编号：07AXW001）的系列研究成果之一。原载《传播与中国·复旦论坛（2009）1949～2009：共和国的媒介、媒介中的共和国论文集》，2009年12月。

后，使新闻记录和传播的时间空间有了本质的拓展。当作为新闻及其他信息传者的一方可以用文字记录当时当地或亲自看到、听到或经历的新闻事件信息，然后通过记录有文字内容的书写品传播，使当时不在新闻现场或没有亲自听到、看到新闻消息的社会成员通过阅读前人或旁人关于特定新闻事件的记录，获知在异时异地发生的新闻，从而完成新闻传播活动，产生新闻传播活动的效果。

第二次历史性发展是从以社会成员的语言（口头语言和肢体语言荷载的口头新闻）和文字（以新闻报纸、杂志为主要新闻传播媒介）组成的新闻媒介体系，发展成为包含了语言、文字和新闻纪录片的新闻媒介体系阶段。这一阶段的基本特点是在由语言（口头语言和肢体语言）媒介和文字媒介构成的新闻媒介体系中，增加了以电影技术为支撑的新闻电影纪录片媒介。20 世纪初的 1905 年，开设在北京琉璃厂土地祠的丰泰照相馆拍摄了我国第一部戏剧表演纪录片《定军山》[①]，标志着中国新闻媒介的大家庭中增加了新闻电影纪录片这一新媒介，由此形成了由口头媒介（主要用于人际新闻传播和交流）、印刷媒介（主要以新闻报纸杂志的形式承担社会新闻的传播交流）和音像媒介（主要以电影技术为支撑，以被摄制的人物、事件等真实的形象和活动的场景进行重大新闻再现和传播的新闻纪录片）组成的中国新闻媒介体系。这一阶段的基本特点是社会成员在继续利用语言媒介和文字媒介进行新闻传播的同时，又增加了通过观看新闻纪录片的途径传播和接受新闻的新途径。借助文字媒介进行新闻传播突破了语言媒介所受到的空间和时间范围限制，但社会成员必须以亲自阅读（或聆听别人阅读）新闻出版品为前提，才能获知通过新闻出版品传播的新闻信息内容；同时通过阅读新闻出版品或聆听别人阅读新闻出版品所能获知的都只是文字所描述的场景，新闻受众不能直接感受新闻事件的现场气氛和实在的形象。新出现的新闻纪录片直接弥补了这一缺憾。它借助电影技术和设备，由新闻摄制人员在新闻事件的现场摄制现实的场景（人物、动作、语言和背景），并配上解说，使这一新闻的受众既可以通过视觉功能观看当时的新闻场景，又可以通过听觉功能听到解说性语

① 方方：《中国记录片发展史》，中国戏剧出版社，2003，第 7 页。

言，从而加深对新闻内容的了解和理解。在直观性和综合性方面，新闻纪录片实现了新的突破。这一阶段的另一特点是，无论是通过本人阅读或聆听他人阅读新闻出版品的途径获知新闻，还是通过观看新闻纪录片获知新闻，新闻传播活动的接受者都必须近距离地介入这一活动，尤其是新闻纪录片，观众必须亲自前往放映场所观看，才能直接获知有关新闻。

第三次历史性发展是在由语言（口头语言和肢体语言）媒介、文字媒介（新闻报纸、杂志为主要形式的新闻出版品）和声像媒介（以新闻记录片为形式的新闻产品）体系基础上，增加了以无线电以及声频技术为支撑的无线电广播媒介。1923年1月23日晚，美国人奥斯邦与英文《大陆报》馆合作开办的“大陆报—中国无线电公司广播电台”的首次播音，标志着中国新闻媒介家庭中又增加了一个新成员，由此形成了包括新闻报刊媒介、新闻电影媒介和无线电广播媒介三位一体的中国新闻媒介结构体系[①]。在此后的数十年间，由政府主办（包括由当时占统治地位的国民党政府主办和由共产党领导的红色根据地民主政府主办的报刊和广播）和商业机构主办（商业性报刊和广播）新闻媒介构成的中国新闻媒介体系在当时的社会环境中曲折发展，不断丰富和完善。这一新闻媒介结构体系的基本特点，一是在原来由语言媒介、文字媒介和电影媒介三大部分组成的新闻媒介体系中，增加了以无线电和声频技术为基础产生的无线电广播这一全新的新闻传播媒介；二是新闻传播者借助无线电波荷载声音进行传播的技术，可以将荷载特定新闻消息的无线电波发射到天空，受众通过无线电接收设备（收音机）可以听到由广播电台播送的新闻；三是无线电广播的新闻受众通过收音设备，只要在无线电波可以发射到和收音设备可以接受到的空间范围中获知新闻讯息，大大拓展了新闻内容传播的范围。

二　中国新闻媒介结构体系在60年间的发展变革历程回顾

正如中国的政治、经济、文化、教育、科技、国防等各方面在人民中

① 赵玉明主编《中国广播电视史》，北京广播学院出版社，2004，第8页。

国成立后的60年间经历的发展历程一样，中国新闻媒介体系也经历了一个多变的过程。纵观中国新闻媒介体系在这60年间的发展变革历程，我们认为大致可以分为如下四个阶段。

（一）报纸、广播和新闻纪录片三位一体的阶段

这一阶段早在20世纪20年代中国出现无线电广播以后就开始了。在中华人民共和国成立以后的60年间，这一阶段大致是从中华人民共和国成立到1958年新中国的第一代电视出现之前。在这一阶段中，报纸是党和政府发布政策、部署工作、了解下情、沟通联系的最重要工具。1950年春，全国有公营和私营报纸253种，总发行数245万份。到1952年底，全国形成了以《人民日报》为首并以共产党机关报为核心的、多种报纸并存的报业结构。1953年，全国有专区以上的报纸258种，合计每期发行总量为800万份。[①] 尽管报纸的种数增加不大，但发行总量却增长了555万份，增长率达到226.53%。这些报纸在全国工厂、机关、学校、农村普遍发行，通过读报小组等形式把有关新闻消息及党和政府的方针政策传播给全国的工农商学兵，是当时中国新闻媒介体系中的主体部分。

截止到1949年底，“包括接管及经过改造的旧中国留下的广播电台，全国（不包括港、澳、台）共有49座广播电台，其中中央台1座，地方台48座”[②]。在4亿多人口的中国，当时各地共有收音机约100万台，其中半数以上是日本制造的三灯或四灯中波收音机，主要分布在东北、华北、华东一带中上等人家手中，劳动人民所有的只占很少一部分。为了解决广大人民群众收听工具的问题，新闻总署于1950年4月22日发布《关于建立广播收音网的决定》，经过全国上下协力工作，各地城乡、工矿企业、部队和学校迅速建立起广播收音站，初步形成了规模宏大的广播收音网。到1952年底，各地共建立广播收音站23700多个，收音小组数以万计，专职或兼职的收音员两万多名[③]。

新中国的建立，为新闻电影纪录片事业的迅速发展创造了条件。这一

---

① 方汉奇主编《中国新闻事业通史》（第三卷），中国人民大学出版社，1999，第2页。

② 方汉奇主编《中国新闻事业编年史》，福建人民出版社，2000，第1605页。

③ 赵玉明主编《中国广播电视史》，北京广播学院出版社，2004，第207页。

阶段新闻纪录片的主题和内容重点从前一阶段的以军事报道为主转为军事、政治、经济、文化、人民生活以及国际交往和介绍世界各国面貌并重，重点在反映国家经济恢复和发展的情况。北京电影制片厂成为这一阶段新闻纪录片的主要生产基地。容量大的做成有片名的纪录片；容量小的，加上标题集成《新中国周报》，在故事片前放映。从 1949 年到 1953 年，仅北京电影制片厂就生产长纪录片 40 部，短纪录片 95 部，新闻期刊片 257 号。由于新闻纪录片及时、便捷、信息量大，成为人民群众了解社会、了解共产党的政策和国家形势的重要信息渠道。全国 26 个城市还同时举行了“新片展览月”活动[①]，受到观众的热烈欢迎。由于中国幅员广阔，广大农村的无线电广播以及收音网建设实际上到 20 世纪末前后才基本结束。

新中国建立初期我们党和政府的种种努力和全国人民的共同奋斗，使新中国的新闻事业得到了迅速发展。由于建国前的长期战乱以及经济和工业基础薄弱，所以当时的新闻媒介体系中虽然已经包含了新闻报纸、无线电广播和新闻电影纪录片三大载体，但以播音、收音设施为基本条件的无线电广播和以放映设施为基础的新闻纪录片的功能发挥受到了较大限制。大多在大中城市中较为普及，而广大农村和小城市的受众主要还是只能通过新闻报纸获知新闻消息。一方面是报纸的品种和发行总量限制了新闻报纸的普及，另一方面是交通条件和人民群众文化水平的的限制又制约了报纸新闻传递的及时性，这和当时世界先进国家的情况相比，存在较大的差距。这一阶段新闻媒介结构体系仍然具有社会受众只是处于被动接受新闻媒介所传播的新闻消息的地位，而没有任何主动传播或选择内容的权利的特点——除非您选择不接受媒介所传播的新闻信息。

（二）报纸、广播和新闻纪录片三位一体，电视发展先慢后快的阶段

这一阶段大致从 20 世纪 50 年代初期开始到 20 世纪 90 年代初期为止。在这一阶段，此前形成的新闻性报刊、新闻纪录片和无线电广播的媒介体系正常运行。这一阶段中国新闻媒介体系的标志性变革是电视在中国的

① 方方：《中国纪录片发展史》，中国戏剧出版社，2003，第 177 页。

出现。

从时间上讲，中国的电视起步不算很晚。1952 年全世界只有少数几个国家有电视。1953 年，根据中国与捷克斯洛伐克签订的广播合作协定，中国广播事业局就选派 10 名技术人员赴该国学习电视技术[①]。1955 年 2 月 5 日，广播事业局正式提出了在北京建立一座中等规模电视台的计划。1958 年 5 月 1 日，中国第一座电视台北京电视台（现中央电视台的前身）开始试验播出。从 1958 年 5 月到 1961 年前后，上海、黑龙江、天津及广东、吉林、辽宁、山西、江苏、浙江、安徽、山东、湖北、四川、陕西等省（市）相继办起了电视台。黑龙江省在建立了哈尔滨电视台以后，又在齐齐哈尔、牡丹江、佳木斯和鹤岗等城市办起了电视台。贵州、甘肃、云南以及新疆等经济相对比较落的地区也积极筹办电视台，呈现出一片蓬勃发展的态势。一方面是当时的中国客观上还不具备全面建设电视台的物质条件，另一方面是由于“大跃进”、三年自然灾害以及苏联撤回专家撕毁合同等原因，广播电视事业从 1962 年进入全国性调整和精简阶段，到 1963 年 2 月，原来的 23 座电视台和电视试验台只剩下 5 座正式电视台和 3 处实验性的电视台，已经开始的彩色电视实验也不得不停止。截止到“文化大革命”前，全国共有 12 座电视台[②]。

从 1966 年 5 月到 1976 年 10 月的“文化大革命”期间，林彪和江青两个反革命集团煽动极左思潮，制造混乱，企图乱中夺权，使国民经济滑到了崩溃的边缘，刚刚有所恢复的电视事业也受到了重创。一方面是电视一度成为林彪和“四人帮”反革命集团反党反人民的工具：鼓吹个人崇拜、煽动极左思潮、挑动群众斗群众、制造舆论混乱、攻击和打倒阻碍其篡党夺权的政敌，起了很坏的作用，损害了电视作为新闻媒介的社会公信力；另一方面是电视自身也在这一阶段中受到了根本性的伤害：发展停滞、研究停顿、大批电视工作者遭到迫害甚至死于非命，电视节目的内容和形式都受到禁锢，处于停顿和倒退的状态。粉碎“四人帮”后，中国电视从徘徊状态进入快速发展状态。到 1990 年底，中国电视共有频道

① 刘习良主编《中国电视史》，中国广播电视出版社，2007，第 14～15 页。

② 刘习良主编《中国电视史》，中国广播电视出版社，2007，第 20 页。

554套，平均每周播出时间为22298小时，其中平均每周自办节目时间8274小时（其中新闻节目占10%）；全年制作电视节目91572小时（其中新闻节目占31.2%）。到1991年底，全国共有电视台543座，电视的人口混合覆盖率达到80.7%，全国有电视机2亿台，电视已经成为一支“强势媒体”①。中国电视自20世纪50年代末诞生以后，经过了20多年的曲折缓慢发展，在中国实行改革开放后获得了蓬勃的生命力迅猛发展，在短短十多年时间里基本实现了普及，成为广大社会成员获得新闻信息的最重要的渠道。由于中国地广人多且边远地区人口稀少、交通不便，所以普及电视的工作一直在推进。20世纪末前后中央政府投资实施的“村村通工程”实际就包含了村村通电视的内容。

（三）电视、报纸、广播和互联网四位一体的阶段

这一阶段大致从20世纪90年代初开始到21世纪初为止。这一阶段，包括电视、报纸、广播和新闻纪录片等组成部分的新闻媒介体系在运行中悄悄发生变化：随着电视的普及，新闻纪录片逐渐地淡出主要新闻媒介的位置，电视则从上一阶段的辅助性地位迅速发展成为新闻媒介体系中的“强势媒体”，尤其是在大中城市新闻媒介体系中处于“老大”位置。而这一阶段中国新闻媒介体系的革命性变革则是互联网媒体的出现和普及。

互联网最早出现于美国，原先是为军事目的建设的计算机局域网。到20世纪90年代开始对外开放，由专为军用转为向民用开放，曾在世界范围内掀起了一股“信息高速公路”的热潮。1994年9月签订的中美双方关于国际互联网的协议规定，中国电信通过美国斯普林特（Sprint）公司开通两条专线，标志中国的公用互联网建设正式开始。同年10月，由中国国家计划委员会投资、国家教育委员会主持的中国教育科研网正式启动。1995年1月12日，国家教委主办的《神州学人》刊物正式上网，通过互联网发行网络版的《神州学人》周刊。1996年1月2日，《广州日报·电子版》和《中国证券报·电子版》网上发行。同年10月，广东人民广播电台建立了自己的网站，在通过音频发布新闻和娱乐节目的同时，

① 刘习良主编《中国电视史》，中国广播电视出版社，2007，第259页。

也通过网络途径向受众传播。同年 12 月，中央电视台网站正式开通，在通过电视信号发布节目的同时也通过网站发布新闻和节目。1997 年 1 月 1 日，中共中央机关报《人民日报·网络版》网站正式开通，同年 11 月 7 日，国家通讯社新华通讯社网站正式开通。1998 年“网易”和“搜狐”开通新闻频道，同年 12 月，“新浪”网正式成立。次年 4 月，新浪网推出大型新闻中心。由此形成了由新闻报刊、电视、广播电台以及互联网四大新闻媒介组成的中国新闻媒介体系，进一步提高了新闻传播的及时性和社会化水平，为新闻受众获取新闻及其他信息提供了极大的方便，也产生了不可忽视的重要影响。如 2005 年 10 月，神六发射及返回，人民网和新华网授权进行现场直播，在长达 120 多个小时的直播中，人民网发布新闻信息 1209 条，在 18 日 3~8 时的 5 个小时中，平均不到 2 分钟就发布一条信息。2005 年 11 月 7 日，北京奥组委宣布搜狐成为北京 2008 年奥运会互联网内容服务赞助商。2007 年网民自发反对日本“入常”运动在美国发起，最后签名者达到 4000 多万，在全世界造成了巨大影响。

这一阶段中国新闻媒介体系的主要特点有：第一是互联网作为一个全新的媒介在人们生活中出现，更加丰富和充实了社会媒介结构体系，使原有的新闻媒介结构体系增加了新的成员和内容；第二是以互联网为共同平台，整合了原有的社会新闻媒介，互联网像一条纽带，把传统的新闻报刊、通讯社、广播电台、电视台乃至新闻纪录片生产者联系起来，他们各自通过建设自己的网站，拓展新闻及其他信息传播的领域，达到了前所未有的广度和深度。网民急剧增长，据有关文献报道现在的网民已超过 3 亿，尤其是青年成为网络媒介服务的主体。第三是互联网传播新闻仍然是按照传统的新闻传播模式进行，即由新闻媒介的记者采访、编辑，只是在传统媒介向社会传播的同时发布到网上，通过网络进入第二个传播过程，社会受众无论是从传统媒介还是通过互联网接受的新闻，都是经过新闻媒介的内部运作后才传播的，受众仍然处于被动接受传播的状态。

（四）电视、互联网、报纸、广播四位一体，“博客”“播客”迅速发展阶段

这一阶段大致从 21 世纪初的 2005 年前后开始，目前仍然在发展之

中。中国的新闻媒介结构体系发展到21世纪，随着中国经济、政治及文化、教育、科技等各方面改革开放的不断深入，经济军事科技等方面综合国力迅速增强、人民的物质和精神生活水平迅速提高，以及加入WTO使中国更加开放等等多种因素的综合推动下，中国新闻媒介结构体系又一次产生了变革，即在互联网的基础上又出现了被人们称为“博客”和“播客”的新闻媒介。

在20世纪90年代，美国一个名叫“Pyra”（现在Blogger. com的前身）的软件公司三个创始人，为开发一个复杂的“群件”产品而编写了一个小软件，以博客（Blog）方式保持彼此沟通和协调，效果很好。1999年8月，该公司在网上免费发布了Blogger软件，由此被认为是博客（BLOG）的正式诞生。在中国，2002年产生的“博客中国”网站（www. blogchinacom）标志着“博客”这一新闻媒介正式进入中国新闻传播领域，成为中国新闻媒介体系中新的一员。2005~2006年，博客在网民中大为普及，“博客中国”获得1000万美元的风险投资。2005年7月7日，“博客中国”改版为“博客网”。也就在这一年，博客网、新浪网、搜狐网同时举办了三台博客大赛，迅速扩大了博客在网民中的影响。博客网站的主人可以自由上传自己想传播的文字和图片内容，由原来的被动的新闻传播接受者成为实质上的新闻信息发布者，网民自己掌握了发布新闻的主动权。而其他社会成员既可以接受（浏览）别人通过博客发布的新闻信息，分享这些信息内容，同时又可以通过博客上传自己想上传的有关信息内容。

“播客”的出现把人们对网上新闻及其他信息的发布权和获知权拥有水平提高到更高层次。在博客网站上，人们只能接受（浏览）别人上传的文字性信息内容或上传自己的文字或图片性内容；而在播客（Podcasts或Podasting）网上，人们却可以自由地上传自己的音频和视频内容。2004年9月，美国苹果公司发布了iPodder，被人们认为是播客（Podcast）出现的标志[①]。博客是把自己的思想通过文字和图片的形式在

① 飘逸雅士：《什么是播客？博客与播客的主要区别是什么?》，http：//lask. sina. cn/b/7532930. html。

互联网上广为传播，而播客则是通过制作音频或视频节目的方式在网上传播自己的思想。从某种意义上来讲，播客就是一个以互联网为载体的个人电台和电视台。只要上传者传完所传的音频视频作品，播放器就会自动显示。那样，世界上任何人只要访问这个网页，就可以直接听到上传的声音或者看到上传的形象。

博客和播客的出现在中国乃至世界新闻媒介发展史上都是一场革命，它改变了传统的受众只能接受新闻及其他信息的地位和命运。从远古开始出现人类的新闻传播活动以来，作为受众的社会成员一直是处于被动接受传播者传播的新闻信息的地位，传播者传播什么受众就只能接受什么。既不能要求传播什么，更不能自己想传播什么就传播什么，因为新闻的发布权始终掌握在传播者这一方，社会新闻传播是一种单向的传播和被动的接受。博客和播客的出现，使得原来只能被动接受传播者所传新闻及其他信息的受众，也可以通过自己的博客或播客或阐述自己对某人某事的看法和观点，或提供当时当地发生的最新新闻，或发表不需经过出版社或杂志社出版或发表的文章和著作，或通过播客网站播放自己的语言声音和真实形象，甚至对网上已有的新闻及其他信息进行丰富充实补充和更新。更直接地说，博客的出现使人们拥有了随时发布自己思想成果的权力，相当于可以自由出版图书或期刊，而播客的出现则相当于人们拥有了自己的广播电台和电视台，这在以前的任何阶段都是不可能出现的。博客和播客的出现模糊了原先的传播者和受传者的界限：在依托互联网的博客播客环境里，人们既是传播者，又是受传者；传播者和受传者的身份随时可能发生变化，或者说都是传播者，也都是受传者。目前已经呈现出网络言论的热点成为传统媒体舆论议题的现象，有人把这种现象称为网络舆论为传统媒介进行“议程设置”。这一阶段目前仍然在发展之中。

三　中国新闻媒介体系60年间发展变革的内在动因简析

回顾新中国建国60年间中国新闻媒介结构体系发展变化的历程，深深感到其包括的丰富社会内容，可以发现其中蕴涵了不少内在规律。我们认为，中国新闻媒介结构体系在这60年间的发展变革主要有以下几个方面的外在动力和内在原因。

（一）新的社会制度为新闻媒介体系的迅速发展提供了外在推动力

中华人民共和国中央人民政府的正式成立，标志着在中国的土地上产生了一个与此前的历朝历代性质完全不同的——以工农联盟为基础的代表绝大多数社会成员的政治愿望和根本利益的人民民主专政的政治制度和实行与此前国民党政府完全不同政策的中央政府。新的政府、新的政权、新的政策、新的形势和任务，使得政府迫切需要与人民群众沟通，使其政策被人民群众所理解、所拥护、所执行，清除国民党反动统治的思想和政治基础，巩固新生的政权。就是在这种社会背景下，新中国各级领导者十分重视新闻媒介在传播社会政治新闻、宣传党和政府的政策法令、动员人民群众投入恢复经济巩固政权中的作用，因而催生了在20世纪50年代初期中国新闻媒介建设的迅速发展，使新闻报纸的出版发行数量和范围、无线电广播电台以及收音网的覆盖范围和新闻电影纪录片的摄制和放映，都以前所未有的速度迅速发展。我们认为，尽管20世纪50年代初期新中国的新闻报纸、无线电广播及其收音网和新闻电影纪录片的发展具有在经历长期战乱后恢复性发展的因素，但更多的是由于新的社会政治制度建立后急需扩大新政权影响和清除旧政权时期思想政治意识的客观需要提供了外在推动力。在这一阶段，尽管新闻媒介体系自身内容没有发生重大变革——没有产生新的新闻媒介，但新闻媒介体系对社会生活的覆盖面却得到了大幅度提升和拓展。新中国的无线电广播、新闻纪录片、电视以及互联网建设的迅速发展，充分体现了新的社会制度的生命力和创造力对新闻媒介体系建设完善的巨大推动力。

（二）科学技术进步为新闻媒介体系的充实完善提供了平台支撑力

自从文字媒介产生以后，科学技术的因素就开始表现出积极的作用。无论是造纸技术和印刷技术的出现和完善，或者是无线电广播技术和电影技术的出现和完善，还是电视技术以及网络技术的出现和完善，都对新闻媒介体系的变革产生了直接巨大的历史性影响：随着特定科学技术的出现，就产生一种新的新闻媒介——在语言媒介和文字媒介之后，先后出现了无线电广播、新闻纪录片、电视（无线或有线）、互联网络以及依托互联网产生的博客、播客等，不断充实和完善了原有的新闻媒介体系，使新闻媒介体系的内涵更加丰富和完善。科学技术发展不仅催生了新的新闻媒介，充实完善了新闻媒介体系，而且使新闻媒介体系更加完善了履行新闻传播的社会责任和功能：造纸技术、印刷技术以及印刷机械技术的出现和完善，对加快新闻传播的速度质量和时效性无疑具有直接的促进作用；无线电广播技术使新闻受众突破了人类身体功能接受声音传播新闻消息的空间范围，借助无线电广播技术和收音设备可以使人类（耳朵）在自然听力功能空间之外接收到新闻消息；新闻纪录片技术使新闻受众突破了人类身体功能在接收直观形象新闻方面的距离限制，借助新闻纪录片和放映设备可以在人类（眼睛）自然视力功能外感受到重大新闻事件现场情景的再现；电视技术使新闻受众接收新鲜的新闻消息成为可能，电视新闻可以把最近几小时内发生的重大新闻迅速向受众传播，极大地提高了新闻传播的及时性。至于互联网以及依托互联网技术产生的博客和播客媒介，在新闻传播的即时性和新鲜性方面更是达到了一个史无前例的水平。

（三）国家发展、人民富裕和体制改制为新闻媒介体系发展提供了内动力

新中国成立60年间新闻媒介体系的发展历程充分表明，国家的发展速度、社会财富的增加速度以及人民群众生活水平的提高速度，直接决定了社会新闻传播需求的发展指向。以新闻媒介体系中的电视媒介发展历程为例，北京电视台在1958年9月就正式开播。1961年底，全国已经建成电视台、实验台和转播台26座。这种速度对于新中国成立时极端薄弱的工业基础而言，应当说是相当快的。而在此后的数十年间一直处于徘徊状态。1975年底，全国大约有7亿人口，只有黑白和彩色电视机46.3万台，其中国产彩色电视机4000台，进口彩电1900台。1976年，北京东方红炼油厂建成我国第一个区域性有线电视系统，用户有2000多个。这些数据除以当时中国人口的总数，实在是不足挂齿。这种情况在国家改革开放后得到了迅速的改变：自实行改革开放的20世纪80年代起，国家迅

速发展、人民较快富裕，使中国电视有了腾飞式的发展。以全国的电视覆盖人口率的发展为例：1981年的电视覆盖人口率为49.5%，1991年80.5%，2000年达到93.65%。在短短的20年间，电视的人口覆盖率从1981年的49.5%增加到2000年的93.6%，增加44.15个百分点，增加的比例达到89.19%。发展之迅速可见一斑。有线电视用户从1976年的2000多户发展到2000年的84676万户①，无论是增加的绝对数还是增加的比例数都似乎接近于天文数字。究其原因，我们认为，一是国家经过改革开放，经济实力迅速增强，有可能投入更多资源建设电视传媒系统；二是经过改革开放，人民群众较快地富裕起来，有闲钱可以享受电视了，有闲暇看电视了，也有钱买得起电视上推销的商品了；三是电视管理体制的改革，引进市场经济的运行模式和管理方式，解放了电视媒介的生产力，增强了电视发展的经济基础。

（四）社会文明民主的发展和进步是新闻媒介体系开放发展的外在拉动力

博客和播客的出现彻底颠覆了几千年以来传播主动权掌握在传播者手里、受传者只能被动接受传播的旧模式。博客和播客的主人可以在法律许可的范围内不受任何约束地把自己希望传播的文字或图像和声音，借助互联网络进行传播，同时也可以通过网络不受限制地接受（浏览）网上新闻及其他信息。博客和播客出现之前的所有新闻传播媒介所传播的新闻内容，都是经过新闻传播从业者的选择性采访、技术性制作后甚至是在媒介管理者认为适宜的时机传播的，新闻受众完全处于被动接受新闻传播的地位上。当然在一些特殊时期人们似乎可以自由自主地创办报纸等新闻媒介，如戊戌变法时期开放报禁、中华民国成立之初办报无须申请等，但那只是一个阶级夺取政权过程的需要，一旦其在政坛上站稳了脚跟，就要防止对自己统治不利的言论传播，就会限制被统治者的新闻传播权力，只有统治者享有新闻传播的自由和权力。这种体制外的新闻活动要么是被镇压（如历史上许多因传播新闻获罪甚至丧命的记者和报人），要么是被封锁

① 刘习良主编《中国电视史》，中国广播电视出版社，2007，第490~513页。

（剥夺自主进行新闻传播的权力和条件，使其无法自主传播新闻）。法律上所谓公民享有言论出版自由权利的条款实际上很难落实，因为绝大多数受众手中不掌握媒体，无法向社会传播希望传播的新闻消息。博客和播客的出现标志着它们的主人开始在法律许可的范围内真正享受言论和出版自由的权力——这并不是社会管理者无计可施。请看我们的一个邻国，至今连手机的使用都受到严格控制，更妄谈互联网的开放和博客播客的普遍存在。我们认为，今天中国的博客和播客媒介之所以如此迅速的发展，一是社会文明民主的进步，人们的思想观念发生了巨大变化，民主开放的氛围迅速形成，封建思想市场急剧萎缩，公民法制意识普遍增强，初步具备了公民在法律许可范围内享有言论出版自由权利的客观条件；二是中国经过了 30 年的改革开放，社会管理者的民主开放意识和社会成员的民主精神迅速发展，而传统的封建专制意识则迅速被人们抛弃，如违背社会民主发展的潮流将是自弃于人民，社会民主潮流成为媒介体系开放的推动力；三是科学技术尤其是博客和播客技术的发展，为受众自由自主传播和接收新闻提供了技术支撑。社会管理者只能在那些新闻及其他信息传上网络后才能知道传播了什么内容，而不能在这些内容传上网络之前就阻止其传播。

新中国建国 60 年间新闻媒介体系发展变革中所蕴涵的社会内容和客观规律，由于我们身处当时而可能一时难以看清看透，或难以完全理解，在此只做一个尝试性分析和简单阐述，不妥之处，请各位同仁专家教我。

中国新闻事业发展阶段新论*

中国新闻传播历史的发展阶段划分，一直是中国新闻史学界思考和探讨的重点问题之一。在认真研读了已经出版的有关学术著作的基础上，结合国家哲学社会科学规划基金重点项目"中国新闻法制通史研究"的实践，现就中国新闻事业史发展阶段的划分问题，谈一些个人的想法，请各位同行专家赐教。

一　关于中国新闻事业史发展阶段研究的主要成果

从目前出版的学术著作对中国新闻史发展阶段划分的情况看，比较多的著作采用了一些影响较大的新闻史著作的阶段划分标准。主要有如下几种代表性的观点：

一、戈公振先生在《中国报学史》[①] 中把中国从古代到20世纪20年代中期的中国新闻事业发展史划分成为：官报独占时期、外报创始时期、民报勃兴时期、民国成立以后等4个发展阶段。

---

* 本文是国家哲学社会科学基金2007年度重点项目"中国新闻法制通史研究"（项目编号：07AXW001）的系列研究成果之一，发表于中国社会科学院新闻与传播研究所《新闻与传播研究》2010年第1期。

① 戈公振：《中国报学史》，上海商务印书馆1927年初版。

二、中国人民大学新闻学院方汉奇教授主编的《中国新闻事业通史》（三卷本）[①] 把中国从古到今的新闻事业发展历程划分成16个阶段，具体是：中国古代的新闻事业、外国人在华早期办报活动、中国人自办报刊历史的开端、维新运动时期的新闻事业、民主革命准备时期的新闻事业、辛亥革命前后的新闻事业、民国初期的新闻事业、五四时期的新闻事业、中国共产党成立和大革命时期的新闻事业、十年内战时期的新闻事业、抗日战争时期的新闻事业、解放战争时期的新闻事业、新中国成立到基本完成社会主义改造时期的新闻事业、全面建设社会主义时期的新闻事业、“文化大革命”时期的新闻事业、社会主义现代化建设新时期的新闻事业（其中某些阶段因内容较多分几章叙述，但属于同一阶段）。此外还设专章介绍了我国台湾和香港、澳门地区自1949～1991年间新闻事业发展的概况，这应当是不属于中国新闻史阶段划分的内容。

三、上海复旦大学新闻学院丁淦林教授主编的《中国新闻事业史》[②] 把中国新闻事业史划分为14个发展阶段，即：中国古代的新闻传播、中国近代报刊的产生、维新运动中的国人办报热潮、辛亥革命时期的新闻事业、民国初期的新闻事业、五四时期的新闻事业、中国共产党成立和大革命时期的新闻事业、十年内战时期的新闻事业、抗日战争时期的新闻事业、人民解放战争时期的新闻事业、基本完成社会主义改造时期的新闻事业、全面建设社会主义时期的新闻事业、“文化大革命”时期的新闻事业、社会主义现代化建设中的新闻事业。此外，还设2章分别介绍了1949～1998年间我国“台湾、香港、澳门的新闻事业”以及“中国少数民族新闻传播事业的兴起、发展与繁荣”的情况。这也不属于发展阶段划分的内容。

四、白润生先生编著的《中国新闻通史纲要》[③] 把中国几千年的新闻事业史划分成为14个阶段，即：中国古代的新闻传播、我国近代报业的兴起、第一次办报高潮的形成与发展、第二次办报高潮与少数民族报刊的兴起、第一批名记者的出现与民国初年的少数民族文字报业、革命民主主义报刊的产生、无产阶级报刊破土而出及其初步发展、资产阶级新闻事业

① 方汉奇主编《中国新闻事业通史》（共三卷），中国人民大学出版社，1996～1999。

② 丁淦林主编《中国新闻事业史》，高等教育出版社，2002。

③ 白润生编著《中国新闻史纲要》，新华出版社，1998。

的发展与两极新闻事业的形成、多元化的政治势力及其新闻事业的共存、多元化政治势力及其新闻事业的最后较量、中华人民共和国新闻事业的建立、社会主义新闻事业在探索改革中曲折前进、浩劫中的社会主义新闻事业、新时期新闻事业的繁荣。此外，该书还设第 15 章介绍了“台湾、香港和澳门的新闻与新闻传播事业”的情况。

五、上海复旦大学新闻学院黄瑚教授所著的《中国新闻事业发展史》[①] 则把中国新闻事业史划分成为 8 个阶段。具体是：中国新闻事业的诞生和初步发展、中国民族报业的兴起与第一次国人办报高潮、清末新闻法制的建设与第二次国人办报高潮、自由新闻体制与新闻事业的职业化、新闻事业在新文化运动的发展、无产阶级新闻事业的诞生与初步发展、国民党新闻统制制度的建立与党营新闻事业的发展以及社会主义新闻事业的建立和发展。此外，该书另设三章分别介绍了“国统区民营新闻事业的艰难发展”（第八章）、“沦陷区新闻事业的殖民化”（第九章）和“中国共产党新闻事业的发展、壮大与全面胜利”（第十章）。这三章的内容在时间上是和“国民党新闻统制制度的建立与党营新闻事业的发展”重合的。所以不把这三章内容认定为独立的发展阶段。

六、我国台湾政治大学新闻研究所曾虚白先生主编的《中国新闻史》[②] 把数千年的中国新闻事业发展史划分成为 11 个阶段。即：民意的形成与发展、汉唐邸报至清末官报、外人在华创办的报纸、政论报纸的兴起、民国初年的报业、从“五四”到“北伐”的报业、从“北伐”到“抗战”的报业、抗战时期的报业、抗战胜利后的报业、自由中国的报业（1949～1965）、近年新闻事业的发展（1965 年以后台湾地区的新闻事业状况）。该书还设专章分别介绍了称为“全国”但主要是台湾地区 1949～1965 年间的“新闻通讯事业”、“广播电视事业”、“新闻教育”、“华侨报业”以及“中共控制下的新闻事业”（中华人民共和国成立后大陆新闻事业的情况）。因与前述阶段的时间重合，也不作为独立的发展阶段。

七、华中科技大学新闻与信息传播学院吴廷俊教授的《中国新闻史新

---

① 黄瑚：《中国新闻事业发展史》，复旦大学出版社，2001。

② 曾虚白主编《中国新闻史》，台湾三民书局，1989。

修》[①] 中以“上编”、“中编”和“下编”的形式分别叙述了“帝国晚期的新闻事业”（古代~1912）、“民国时期的新闻事业”（1912~1949）和“共和国时代的新闻事业”，（1949~）这三个大阶段中国新闻事业的情况。此外又设“补编”介绍了“1949年后台、港、澳的新闻传播事业”。

八、上海复旦大学新闻学院黄瑚教授在新版的《中国新闻事业发展史》[②] 中，把中国新闻事业的发展历程分为“新闻事业在中国的出现与长足发展”（1815~1895）、“从民族报业的勃兴到新闻事业的全面发展”（1895~1927）、“两极新闻事业的发展及其影响”（1927~1949）和“社会主义新闻事业的建立、发展与改革”（1949~）四大阶段（见表1）。

二 关于中国新闻传播史发展阶段划分标准的思考

中国新闻史学是研究中国新闻事业产生、发展、变化并逐渐成熟的现象和规律的一门科学。中国新闻事业作为一种人类社会特有的社会现象，它的产生、发展、变化并逐渐成熟与社会的政治、经济、军事、文化、教育、科学、技术乃至宗教等几乎社会生活各个方面的重大变革密不可分。

首先，我们认为，新闻事业的产生发展与社会政治经济军事以及文化等因素有着割不断的甚至是非常密切的联系。读者从上述著作对中国新闻事业发展阶段的划分中，可以清晰地看到中国社会政治经济发展打上的浓重的烙印，并且反映了中国社会特定阶段的政治经济军事环境对中国新闻事业的推动和取得的历史性进展。五四运动对新民主主义新闻事业的发展，大革命运动对反帝反封建新闻媒体发展的促进，全民族的抗日救国战争对民族抗日新闻事业发展的促进，等等，都具有十分明显的互动关系，从一个侧面反映了中国新闻事业发展的客观规律。上面八种著作以中国社会的政治社会进程为参照对象的中国新闻事业发展史阶段的划分，当然有其科学的意义。

① 吴廷俊：《中国新闻史新修》，复旦大学出版社，2008。
② 黄瑚：《中国新闻事业发展史》，复旦大学出版社，2009。

表 1　八种新闻史著作中的中国新闻史阶段划分比较表

序号	中国社会政治历史发展进程	《中国报学史》（戈公振）［1927 年］	《中国新闻事业通史》（方汉奇）［1992 年］	《中国新闻事业史》（丁淦林）［2002 年］	《中国新闻通史纲要》（白润生）［1998 年］	《中国新闻事业发展史》（黄瑚）［2001 年］	《中国新闻史》（曾虚白）［1988 年］	《中国新闻史新修》（吴廷俊）［2008 年］	《中国新闻事业发展史》（黄瑚）［2009 年］
1	中国古代史阶段（古代～鸦片战争前）	官报独占时期	中国古代的新闻事业	中国古代的新闻传播	中国古代的新闻传播	中国新闻事业的诞生和初步发展	民意的形成与发展	上编：帝国晚期的新闻事业（古代～1912 年元旦前）	第一编：新闻事业在中国的出现与长足发展（1815～1895 年）
		外报创始时期	外国人在华早期办报活动	中国近代报刊的产生	我国近代报业的兴起		汉唐邸报至清末官报		
		民报勃兴时期	中国人自办报刊历史的开端		第一次办报高潮的形成与发展	中国民族报业的兴起与第一次国人办报高潮	外人在华创办的报纸		
2	维新运动时期		维新运动时期的新闻事业	维新运动中的国人办报热潮					第二编：从民族报业的勃兴到新闻事业的全面发展（1895～1927 年）

续表

序号	中国社会政治历史发展进程	《中国报学史》（戈公振）［1927 年］	《中国新闻事业通史》（方汉奇）［1992 年］	《中国新闻事业史》（丁淦林）［2002 年］	《中国新闻通史纲要》（白润生）［1998 年］	《中国新闻事业发展史》（黄瑚）［2001 年］	《中国新闻史》（曾虚白）［1988 年］	《中国新闻史新修》（吴廷俊）［2008 年］	《中国新闻事业发展史》（黄瑚）［2009 年］
			民主革命准备时期的新闻事业		第二次办报高潮与少数民族报刊的兴起	清末新闻法制的建设与第二次国人办报高潮			
3	辛亥革命运动前后		辛亥革命前后的新闻事业	辛亥革命时期的新闻事业					
4	民国成立初期	民国成立以后	民国初期的新闻事业	民国初期的新闻事业	第一批名记者的出现与民国初年的少数民族文字报业	自由新闻体制与新闻事业的职业化	民国初年的报业	中编：民国时期的新闻事业（1912 年后到 1949 年 10 月 1 日前）	
5	五四运动时期		五四时期的新闻事业	五四时期的新闻事业	革命民主主义报刊的产生	新闻事业在新文化运动的发展			
6	共产党成立及大革命运动时期		中国共产党成立和大革命时期的新闻事业	中国共产党成立和大革命时期的新闻事业	无产阶级报刊破土而出及其初步发展	无产阶级新闻事业的诞生与初步发展	从“五四”到“北伐”的报业		

续表

序号	中国社会政治历史发展进程	《中国报学史》（戈公振）［1927 年］	《中国新闻事业通史》（方汉奇）［1992 年］	《中国新闻事业史》（丁淦林）［2002 年］	《中国新闻通史纲要》（白润生）［1998 年］	《中国新闻事业发展史》（黄瑚）［2001 年］	《中国新闻史》（曾虚白）［1988 年］	《中国新闻史新修》（吴廷俊）［2008 年］	《中国新闻事业发展史》（黄瑚）［2009 年］
7	十年内战时期		十年内战时期的新闻事业	十年内战时期的新闻事业	资产阶级新闻事业的发展与两极新闻事业的形成	国民党新闻统制制度的建立与党营新闻事业的发展	从“北伐”到“抗战”的报业		第三编：两极新闻事业的发展及其影响（1927 ~ 1949 年）
8	抗日战争时期		抗日战争时期的新闻事业	抗日战争时期的新闻事业	多元化的政治势力及其新闻事业的共存		抗战时期的报业		
9	解放战争时期		人民解放战争时期的新闻事业	人民解放战争时期的新闻事业	多元化政治势力及其新闻事业的最后较量		抗战胜利后的报业		
10	中华人民共和国成立（1949 年）		新中国成立到基本完成社会主义改造时期的新闻事业		中华人民共和国新闻事业的建立			下编：共和国时代的新闻事业（1949 年 10 月 1 日 ~）	第四编：社会主义新闻事业的建立、发展与改革（1949 年 ~）

续表

序号	中国社会政治历史发展进程	《中国报学史》（戈公振）［1927 年］	《中国新闻事业通史》（方汉奇）［1992 年］	《中国新闻事业史》（丁淦林）［2002 年］	《中国新闻通史纲要》（白润生）［1998 年］	《中国新闻事业发展史》（黄瑚）［2001 年］	《中国新闻史》（曾虚白）［1988 年］	《中国新闻史新修》（吴廷俊）［2008 年］	《中国新闻事业发展史》（黄瑚）［2009 年］
11	新中国成立后国民经济恢复时期（1950～1956 年）			基本完成社会主义改造时期的新闻事业			自由中国的报业		
12	全面建设社会主义时期（1956～1966 年）		全面建设社会主义时期的新闻事业	全面建设社会主义时期的新闻事业	社会主义新闻事业在探索改革中曲折前进		中共控制下的新闻事业		
13	文化大革命时期（1966～1976 年）		“文化大革命”时期的新闻事业	“文化大革命”时期的新闻事业	浩劫中的社会主义新闻事业				
14	社会主义革命和建设的历史新时期（1977 年～）		社会主义现代化建设新时期的新闻事业	社会主义现代化建设中的新闻事业	新时期新闻事业的繁荣	社会主义新闻事业的建立和发展	近年新闻事业的发展		

其次，我们认为：新闻事业的产生发展和新闻事业产生发展的社会政治经济军事文化等因素发展不是同一个概念。新闻事业的产生发展的确要受制约于社会的发展进步，在特定的社会环境中伴随着政治经济军事文化等因素同步发展；但又不是在任何时候都和社会政治经济军事的发展同步进行的，也有可能表现出新闻事业在一定的条件下遵循其内在规律向前发展的特殊现象。例如，黄瑚教授把中国新闻事业的发展历程分为“新闻事业在中国的出现与长足发展”（1815～1895）、“从民族报业的勃兴到新闻事业的全面发展”（1895～1927）、“两极新闻事业的发展及其影响”（1927～1949）和“社会主义新闻事业的建立、发展与改革”（1949～）四个阶段，就清晰地表明了中国新闻事业史的发展并不完全和中国社会政治历史进程同步发展的事实。

再则，我们认为：制约新闻事业发展内在规律的因素很多，但最主要的应当是新闻传播内容的本质性拓展、新闻传播形式的革命性更新、新闻传播媒体的新品种诞生以及新闻传播效果的跨越式发展等等。这些因素的发展当然离不开当时社会环境中的政治民主、教育发达、文化普及、科学发展以及技术进步等相关因素的支撑，但这些相关因素毕竟不能取代新闻传播事业自身，不能代替新闻传播内容的本质性拓展、新闻传播形式的革命性更新、新闻传播媒体的新品种诞生以及新闻传播效果的跨越式发展等新闻事业发展的本质性因素在中国新闻事业史中的独特地位。假如能从上述新闻事业发展的本质性因素着眼来认识新闻事业发展的规律，并依此来探讨新闻史发展阶段的划分，或许划分出来的新闻史阶段，更能体现新闻事业的内在规律，更能符合新闻事业发展的客观实际，也才更有可能使中国新闻史阶段的研究和划分完全摆脱附属于社会政治经济军事发展历程的“窘境”，从而真正体现中国新闻事业史学科属性的阶段划分。

三　关于中国新闻传播事业史阶段划分的新设想

根据上述认识，我们认为可以把从古到今几千年的中国新闻事业发展史划分成为如下七个发展阶段，即：言（语）传（播）新闻、（文字）记（载）传（播）新闻、（新闻）信传（播）新闻、（新闻）书传（播）

新闻、(新闻) 纸传 (播) 新闻、多 (种) 媒介传 (播) 新闻和多媒体传 (播) 新闻等7个阶段。

一、**“言传”新闻**阶段是特指人类社会成员之间只能借助有声语言(或以肢体语言为辅助) 等人身自有的功能为手段,进行新闻信息传播的新闻传播活动阶段。时间大致是从人类学称为“新人”或“真人”即恩格斯在经典著作《从猿到人》中称作“完全形成的人”出现之后,到人类社会产生可以记载信息内容的文字手段之前的这一阶段。也即学术界界定的“远古时期”。

在人类社会成员具有智慧性思维能力和系统清晰的语言表达能力后,中国古代新闻传播活动就开始出现了。其基本方式是人类成员之间借助语言 (口头语言及肢体语言) 及口耳、眼睛功能的发挥来传播和接收新闻信息。邝云妙先生在谈到新闻传播活动起源和新闻传播活动的物质载体时推理说,“比如在狩猎时,哪个山头或草滩发现了羊群或野鹿,发现者就要告诉其他人。当时还没有 (完整的) 语言,就发出一种声音或作出一种手势,使其他人明白发生了什么,于是大家协同围捕。如果哪山窝出现了老虎,发现者就要发出另一种手势或信号,要他们注意警戒或躲藏。这中间就发生了原始‘新闻’和新闻传播。”[①] 我们认为,从原始人发现羊群或野鹿 (老虎) 的事实信息并通过口头语言或肢体语言传播给其他原始人,并使得他们或“协同围捕”或“注意警戒或躲藏”的过程,具备了新闻信息的传播者、受众、信息内容、传播媒介以及传播效果等全部因素,已经是一个完整的新闻信息传播过程。赵振祥先生认为,“从音符新闻到图象新闻再到口头新闻,这应当是对远古新闻发展的一种合理的推断。我们今天能见到的从最远古流传并记载下来的最早的文字性的东西就是神话。”[②] 现代的研究结果证明,远古时期流传下来的神话故事里面,既有先民们对曾经发生过的重大客观自然灾害的真实记忆因子,又有先人在当时所能达到的思维能力和水平条件下,对自然现象的思考、推测和解释。我们认为,《精卫填海》、《夸父逐日》、《女娲补天》 等神话故事以

① 邝云妙:《新闻写作教程》,广东高等教育出版社,1986,第1页。

② 赵振祥:《唐前新闻传播史论》,中国文联出版社,2002,第12~13页。

及《淮南子》、《山海经》和《史记》、《新书》等著作中所记载的神话故事，蕴含了先民对其生活或遭遇的真实记载，是一种经过时光折射后口耳流传下来的新闻记录。

二、**“记传”新闻**阶段是特指人类社会成员在继续通过语言进行口耳相传方式的新闻传播活动的基础上，又通过文字记载的方式，记录和传播新闻信息的新闻传播活动阶段。其时间大致是从人类社会产生了文字以后到春秋战国时期，即人类社会由奴隶制向封建制过渡的历史时期。

在从奴隶社会向封建社会过渡的历史进程中，曾经存在过一个相当长的巫兼史职，巫史同称，巫史不分的时期。商代的史、卜和祝，甲骨文中的大史、小史、西史、东史以及卜（贞人）和祝，大抵都是巫觋一类社会角色，同时他们也是奴隶社会统治机器（原始政府）中的史官。史官的职责主要是围绕帝王的言行记事，如《礼记·玉藻》所言的“动则左史书之，言则右史记之”。赵振祥先生认为，当时史官记录下来的东西，如果从新闻的角度来考察则具有“政要新闻”的味道，出土于晋代的《穆天子传》则是“政要新闻报道的典范”。到春秋时期，史志新闻出现了两种取向：一种是以《春秋》为代表的“正史”新闻系列，就如同今天的官方报纸；另一种是以《汲冢琐语》为代表的“野史”系列，则如同今天以登载社会新闻为主的晚报类报纸。赵振祥先生认为春秋战国时期出现的几部官修史书也都是春秋战国时期的史志新闻著作，如《尚书》是“中国最早的记言新闻”，《春秋》是中国“人本新闻传播的发端”，《左传》是“背景新闻报道的典范”。[①] 我国台湾地区新闻史学者朱传誉先生认为：“在形式或编排上，如果我们用新闻学的眼光来看，《春秋》的‘经’可以说是（新闻的）标题，释经的‘传’可以说是新闻的本文。‘经’也可以当作新闻的引言来看。如‘夏五月郑伯克段于鄢’，这短短几个字就包括了新闻引言所应有的时、人、事、地等几项要素。”[②] 这也是《春秋》具有新闻属性的观点之一。

三、**“信传”新闻**阶段是特指社会成员借助文字书写手段，把发生在

① 赵振祥：《唐前新闻传播史论》，中国文联出版社，2002，第 44～55 页。

② 朱传誉：《新闻的起源》，载《先秦唐宋明清传播事业论集》，台湾商务印书馆，1988 年 12 月版。

一时一地的新闻信息书写在纸张上，并以密封的方式由专人向身在异地或异时的特定社会成员传播新闻信息的新闻传播活动阶段，大致从春秋战国后期到唐朝末年。

春秋战国后期，秦国开始了吞并六国的战争。公元前221年攻灭田齐而统一天下。而早在统一六国过程中的秦国，就出现过内容中含有新闻因子的书信。1975年，我国考古工作者在湖北云梦地区首次发现了大批珍贵的秦简，其中有两片木牍的内容具有特殊的意义。这是当时参加伐楚淮阳之役的两名士兵（一人叫黑夫，一人叫惊）在前线写给家人的书信。信中要求家人为他们买布做成衣服寄给他们，并且还要“与钱偕来”，否则“即死矣”[①]。从这封书信，可以推知当时战事紧张，士兵的士气低下，朝不保夕，军心浮动，后方的人们由此得知了前线的战争动态，从而这封写在秦简上的家信就具有了“新闻信”的某些特点。我国西汉时期发明了造纸术。东汉元兴元年（公元105年）经皇帝推广后，“自是莫不从用”。晋朝时期左思的《三都赋》因受人们欢迎纷纷抄读而使“洛阳纸贵”，可知纸张书写已非常普遍。人们之间书信往来也更加方便了。唐朝是我国新闻史学界公认的新闻事业诞生的朝代，主要载体是诸如“开元杂报”、“进奏院状报”和“报状”等纸质书写品。方汉奇教授明确认为敦煌进奏院状是“属于一种由官文书向正式官报转化过程的原始状态的报纸。从单向、双边传递新闻信息这一点来看，它很近似于作为西方近代报纸前身的16世纪欧洲的新闻信”。[②]

四、**“书传”新闻**阶段是特指社会成员把需要传播的新闻信息书写在纸张上，并以装订成册的方式在社会上流通，进而实现新闻信息传播目的的新闻事业发展阶段。这一阶段大致是从宋朝正式出现公开发布的朝廷官报开始，历经元、明，直到清末民初为止。

北宋太平兴国七年成立了“都进奏院”，并设“监进奏院”官职专管进奏院抄报工作，以往由各镇将军大吏在京城自设进奏院抄传的文报，成为负有朝廷“沟通上下之情”“使（百官）以知朝政”的政府官报，开

---

① 倪延年：《中国古代报刊发展史》，东南大学出版社，2001，第18页。

② 方汉奇主编《中国新闻事业通史》（第一卷），中国人民大学出版社，1996，第60页。

创了社会新闻传播的新纪元。为便于人们长期保存查阅，朝廷把抄写有朝政消息的纸张装订成册后送达相应级别的官员。“书传新闻”阶段的本质特点是人们开始有目的地进行社会新闻信息的传播，并且把有关新闻信息得到最广泛的传播作为传播活动目的进行追求。由于新闻消息的产生速度和数量仍然有限，所以新闻书还难以每天出版，一般都要相隔若干天出版一次，因而新闻书开始具备定期性。新闻的内容、书本的形式、公开的传播以及相对的定期性，就构成了新闻书传播新闻阶段的主要特点。在进入19世纪以后，西方传教士在马六甲创办的《察世俗每月统记传》、在中国广州创办的《东西洋考每月统记传》和后来的《万国公报》，以及由资产阶级维新派人士模仿西方传教士创办的诸如《万国公报》(后改名为《中外纪闻》)、《强学报》、《知新报》、《时务报》和《国闻报》等，都是以书本的形式传播新闻、达到宣传思想的目的。书本的形制是便于受众长期保管和持有，而内容的新闻性是为了满足受众获取新闻的需要。但因为新闻书大多不能及时出版，所以也就难以满足人们尽快获得新鲜新闻消息的需要。

五、**“纸传”新闻**阶段是特指社会成员把新闻信息抄写或印刷在散页纸张上，不加装订，以求迅速地向社会传播新闻消息的阶段。大致是从南宋时期“以小纸书之”的散页“小报”正式产生后，到无线电新闻广播产生前的20世纪20年代。

纸传新闻阶段的开端可追溯到出现民间散页小报的南宋朝时期，但散页报纸成为普遍现象则在鸦片战争以后。在中国境内创办的第一种中文报纸是孖剌报馆于1858年初创办的《香港船头货价纸》。该报“一张两面，两面印刷。主要刊登商情、船期和广告，每期也有二、三条新闻”，是“第一份中文商业报纸”。[①] 由此开了中国新闻媒体从书本式向单页纸式转变的先河。紧接着，由英国字林洋行出资创办，曾由伍德、傅立雅、林乐知等传教士先后主编的《上海新报》(周报)于1861年11月正式创办(1872年7月改为日报)，这是上海最早的中文近代报纸。1872年4月30日，英国商人安纳斯脱·美查邀集友人伍华德等人合股、由美查担负报馆

① 丁淦林主编《中国新闻事业史新编》，四川人民出版社，1998，第43页。

全责创办的新闻日报《申报》在上海创刊。而后又于1873年在汉口出现了由艾小梅创办的《昭文新报》，1874年王韬等人在香港创办了第一种具有鲜明的时事政论性色彩的商业性日报《循环日报》，使中国新闻事业进入了一个崭新的发展阶段。

六、**“多媒介传”新闻**阶段是特指同时通过新闻报纸、新闻杂志、新闻广播、新闻纪录影片、频道电视和有线电视等多种媒介向社会传播新闻的阶段，时间大致从以无线电新闻广播为代表的现代非纸质媒介出现的上世纪20年代开始，到以互联网代表的当代新兴媒体出现的20世纪90年代之前。

新闻报纸在出现后相当长的一个时期中，一直是社会最重要和最主要的新闻传播渠道。直到新闻广播出现以后，由报纸垄断新闻传播的“一纸独大”局面才被打破。中国新闻传播事业开始形成报纸、杂志以及无线广播电台和收音机、新闻纪录电影、电视等多种媒介并存互补、共同承担社会新闻传播使命的新格局。在这个格局中，新闻报纸承担着平面媒体传播最新新闻消息的主角，尽可能提高新闻传播的时效性；新闻杂志承担着平面媒体传播深层次、全方位综合新闻内容的主角，不求最快但求扬分析预测之长，向受众传播难以从单条新闻中获取的综合信息。无线电台和收音机则是通过荷载在电波中的声音传播特定的新闻，并可以使受众感受到“如闻其声”的感觉；新闻纪录电影则是承担着把新闻性内容通过对新闻场景的再现和声音的解说，向受众传播已经发生的具有重要意义的新闻消息。而电视新闻则是以电视技术和设备为手段，把最近发生的新闻消息通过电视图象和解说，尽快地向受众传播。尽管该阶段的电视新闻即时性可优于新闻报纸，但由于电视新闻的频道和播出时间限制以及声音、图像的稍纵即逝，使得新闻报纸仍然居于重要的地位。新闻报刊、新闻广播、电视新闻以及新闻纪录影片等多种媒介共同承担社会新闻传播的职能。

七、**“多媒体传”新闻**阶段是特指在传统的纸质和非纸质新闻媒介承担新闻传播职责的同时，增加了依托计算机技术和互联网技术及设备进行新闻信息传播的阶段。这一阶段大致从20世纪90年代前后互联网技术广泛应用于社会新闻信息传播开始，一直延续到现在并将继续，直到全新的传播媒体出现。

计算机技术出现在20世纪40年代左右，尔后逐渐发展，产生了依托若干台计算机和远程电缆的局域网，后来又进一步发展产生了互联网。互联网最早用于军事目的。在20世纪90年代左右，率先建设并且达到广泛应用水平的美国国内互联网系统逐步由军用向民用开放，大量包括社会新闻在内的各种信息通过互联网系统可以在瞬间传遍网络所达之处，曾在世界范围内兴起“信息高速公路”热潮。随着互联网发展及配套技术设备不断发展和普及，新闻传播进入了几乎可以和新闻源同步的速度在互联网上实现无国界传播的崭新阶段。受众不但可以在第一时间获得最新发生的新闻事实信息，而且还可获得相关的文字、声音、图片、图像等信息。在互联网为标志的新兴媒体出现以后，又相继出现了通过网络电视和手机电视等传播和获取新闻的新兴媒体，并且传播的信息内容也迅速向综合化和全方位化发展。新的传播媒体还将随着科学技术的进步不断地被创造出来。

结 语

把中国新闻史划分成为“言传”新闻、“记传”新闻、“信传”新闻、“书传”新闻、“纸传”新闻、“多媒介传”新闻以及“多媒体传”新闻等七个发展阶段，只是一种学术设想。其基本依据是：七个阶段间存在递进发展进步的关系，后一阶段是在前一阶段基础上继续发展后形成的；人类新闻传播手段呈现继承和发展并存的规律，后一阶段出现前一阶段所没有的新媒体，但即使在新媒体普及以后，前阶段传播媒体仍在传播新闻，只不过在传播媒介体系结构中增加了新的媒介类型。如文字记录传播新闻手段出现后，社会成员仍然使用语言进行新闻传播；又如在互联网出现后，报纸、杂志、无线电广播、电视、新闻纪录影片等传播媒体仍在传播新闻，并与互联网多媒体共同组成了新的社会新闻传播事业体系。只不过互联网出现后受众有了更多的传播媒体选择，增加了更为快捷方便获取新闻的途径。

论我国少数民族新闻史研究的发展历程及趋向*

引　言

中国是一个多民族和谐相处、共同发展的社会主义国家。全国除汉族外有55个少数民族。虽然少数民族人口只占全国总人口的10%左右，但却是构成中华民族大家庭中既是不可缺少、也是不可替代的有机组成部分之一。一般认为，中国新闻史即中华民族新闻史，而作为中华民族新闻史的中国新闻史就应该是包括了中国少数民族新闻史在内的所有中华民族的新闻史。因此，加强对中国少数民族新闻史的研究应当是所有中华民族新闻史研究者的共同任务，也是中国新闻史研究中不可缺少的组成部分。本文准备就我国少数民族新闻史研究的发展阶段划分及各个阶段的特征性标志以及今后一阶段的研究建议，谈一点个人的看法，以求教于国内外同行。

一　我国少数民族新闻史研究的发展阶段及特点

由于各种大家可以理解的原因，我国少数民族的新闻事业的起源比汉

---

* 本文是国家哲学社会科学规划基金2007年度重点项目“中国新闻法制发展史研究”（项目编号：07AXW001）的系列研究成果之一，系在中国新闻史学会少数民族新闻史研究分会主办的第二届少数民族新闻传播与发展学术研讨会（陕西咸阳，西藏民族学院，2010年11日）上的学术报告。

族新闻事业迟，发展也比较慢，对于少数民族新闻事业发展历史和规律的研究也比较迟。据文献记载，研究中国新闻事业史第一本著作是姚公鹤撰写并收入“商务印书馆丛书”的《上海报纸小史》；第一本被新闻史学界公认的中国新闻事业史专著是戈公振先生的《中国报学史》；改革开放以后出版的第一本新闻史著作则是方汉奇先生于 1981 年 6 月出版的《中国近代报刊史》。但令人有点遗憾的是，这三部具有标志性的中国新闻史著作中都没有系统介绍我国少数民族新闻事业的发展历史，甚至涉及的少数民族语言新闻媒体都十分有限，更谈不上探讨其中的发展规律。当然这也有当时的客观条件和社会学术环境的限制等因素，我们是没有权利苛求先人的。纵观中国少数民族新闻史研究的发展历程，我们认为大致可以划分成为如下几个既相互独立又相互联系的发展阶段：

（一）中国少数民族新闻史研究的起步阶段及其特征性标志

这一阶段大致是在 20 世纪 80 年代。具体地说就是从内蒙古日报新闻研究所的成立，到马树勋撰写的《中国少数民族文字报纸概略》一书出版之前的近十年时间。

根据文献记载，中国少数民族新闻史研究大致起源于改革开放以后的 20 世纪 80 年代初期。1981 年 6 月 19 日，中共内蒙古自治区党委办公厅批准成立内蒙古日报社新闻研究所，由内蒙古日报社和内蒙古社会科学院双重领导，第一任所长是程海洲。1984 年，内蒙古自治区成立新闻学会和新闻工作者协会。1986 年，由内蒙古新闻研究所、内蒙古新闻学会及内蒙古新闻工作者协会联合创办的综合性新闻业务刊物《新闻论坛》（汉语版）正式创刊。同年，内蒙古乌兰察布日报社的马树勋同志的《民族新闻探索》一书由内蒙古人民出版社出版。1988 年《新闻论坛》蒙古文版正式出版。同年，中央民族学院学报上发表了《论民族新闻》一文，首次在学术界提出了“民族新闻”的概念。1988 年 11 月，中国少数民族新闻研究会在贵州省凯里市（黔东南苗族侗族自治州首府）宣布成立，并创办《民族新闻》作为会刊（该会尔后先于 1994 年 8 月改名为“中国少数民族地区州盟地市报新闻研究会”，又于 1997 年 10 月改名为“中国少数民族地区州盟地市报研究会”，并申请加入“中国报业协会”；2003

年底又更名为“中国少数民族地区报业研究会”)。1990 年，内蒙古乌兰察布日报社的马树勋同志撰写的《中国少数民族文字报纸概略》一书正式出版，既标志着我国少数民族新闻事业史研究起步阶段的结束，同时也标志着中国少数民族新闻史研究兴起阶段的开始。

这一阶段的特征性标志主要有：新闻学界和业界对中国少数民族新闻事业发展史的研究已经引起人们的关注，有人在出版物上发表研究文章，出版相关的著作，提出了诸如“民族新闻”等专门的学术概念，成立了诸如“中国少数民族新闻研究会”等相关学术团体，创办了诸如《民族新闻》等学术刊物作为学术成果和信息的交流阵地，开始出现了陈颖、马树勋等一批研究中国少数民族新闻事业史的学者。其不足是尚未引起业外人士的重视，基本上还是自发研究、自我感觉的起势状态。

（二）中国少数民族新闻史研究的兴起阶段及其特征性标志

这一阶段大致是在 20 世纪末期的十年。具体地说就是从马树勋的《中国少数民族文字报纸概略》一书的正式出版，到白润生教授作为课题主持人领衔申报的国家哲学社会科学“十五”规划基金项目“少数民族语文的新闻事业研究”于 2001 年正式被国家批准立项。

1984 年，中央民族学院（1993 年更名为中央民族大学）汉语系成立新闻专业，时为汉语系教师的白润生同志随即成为新闻专业教师（而早在 1983 年，他就以进修教师的身份到中国人民大学新闻学院师从著名新闻史学专家方汉奇先生研习中国新闻史），从此也就开始了他的少数民族新闻史研究生涯。1989 年，白润生成为中央民族学院“少数民族报刊研究”方向的硕士研究生导师，这也应该是国内第一个少数民族新闻史研究的第一个方向和第一个硕士研究生导师。1990 年，马树勋撰写的《中国少数民族文字报纸概略》一书由内蒙古大学出版社出版，这是国内出版的第一部研究介绍少数民族文字报纸的研究性专著，具有特别的意义。1994 年 8 月中央民族大学白润生教授撰写的《中国少数民族文字报刊史纲》一书由中央民族大学出版社出版，全书 25 万字，376 页，引起了新闻学界和学术界尤其是中国新闻史学界的广泛关注和重视。1996 年 1 月，中国物价出版社又出版了白润生教授的《民族报刊研究文集》。1998 年，白润生教授又在由新华出版社出版的《中国新闻通史纲要》中，第一次“系统全面地把少数民族新闻史的内容按不同历史时期纳入高等院校新闻史教材，改变了过去出版的中国新闻史仅限于汉语文报刊史的格局”。同年，吉林延边大学崔相哲撰写的专著《中国朝鲜族报纸、广播、杂志史》（韩国庆南大学出版社出版）获得国家教育部评选的“中国高校人文社会科学研究优秀成果”（新闻与传播学）三等奖。2000 年，林青主编的“研究中国少数民族广播电视事业的奠基之作”① 的《中国少数民族广播电视发展史》由北京广播学院出版社正式出版，2001 年，白润生教授领衔申报获批的国家哲学社会科学基金一般项目“少数民族语文的新闻事业研究”，成为中国新闻史研究领域的第一个研究少数民族新闻事业的国家级科研项目，可以说具有划时代的意义。

这一阶段的特征性标志主要有：对少数民族新闻事业史的研究逐渐受到社会的重视，正式出版了中国少数民族报刊史的研究专著和研究少数民族新闻事业史的个人文集，少数民族新闻史的内容开始按照时期（年代）纳入高校新闻史教材；尤其是对少数民族语文新闻事业研究的课题被国家哲学社会科学规划办公室批准为国家级的科研项目和中国学者撰写，在韩国出版的《中国朝鲜族报纸、广播、杂志史》研究专著获得教育部的人文社会科学奖项，这不但标志着研究者个人对这一问题思考的深化，而且标志着对少数民族新闻事业的研究已经达到国家鼓励支持的水平，更标志着国家对这一领域研究的重视程度达到了新的层次。

（三）中国少数民族新闻史研究的深化阶段及其特征性标志

中国少数民族新闻事业研究的深化阶段大致从 21 世纪初开始，其标志是白润生教授领衔申报的国家哲学社会科学基金一般项目“少数民族语文的新闻事业研究”获准立项，这一阶段目前还在发展前进之中。

2001 年是中国少数民族新闻史研究的一个十分重要的年份。在这

---

① 白润生主编《中国少数民族新闻传播通史》（上），中央民族大学出版社，2008，第 10～11 页。

一年，白润生教授申请的“少数民族语文的新闻事业研究”被批准为国家哲学社会科学规划基金项目；西藏民族学院的周德仓老师在兰州大学举行的第二届“世界华文媒体与华夏文明传播国际学术研讨会”上宣读了他撰写的《关于西藏新闻传播史的历史分期问题》，紧接着，《西藏民族学院学报》2001 年第 3 期发表了周德仓研究西藏新闻史的第一篇论文《〈藏文白话报〉的在藏发现及新闻史学价值》。2003 年周德仓老师申报的《西藏新闻传播发展史稿》项目获得西藏民族学院的科研项目立项。2004 年西藏民族学院周德仓同志申请的“中国藏文报刊发展史研究”项目被国家哲学社会科学规划办公室批准为国家哲学社会科学规划基金项目。由宏观的“少数民族新闻事业研究”发展到“西藏新闻传播史”的研究，标志着我国少数民族新闻史研究进入了水平提升、认识深化的新阶段。2004 年，专攻少数民族新闻史研究的中央民族大学白润生教授的个人研究文集《白润生新闻研究文集》由中国文史出版社正式出版，这是我国少数民族新闻史研究领域学者出版的第一部个人文集。2005 年 9 月，周德仓老师的《西藏新闻传播史》由中央民族大学出版社正式出版。2007 年，中央民族大学的硕士研究生柴泉的学位论文《〈延边日报〉改革三十年》顺利通过答辩。2008 年 4 月白润生教授主编，由汉族和 10 多个少数民族 40 多名学者参加编撰的“北京市高等教育精品教材项目”和中央民族大学“211 工程”建设项目成果《中国少数民族新闻传播史》由民族出版社正式出版。2008 年 8 月，白润生教授主持的国家哲学社会科学基金规划项目“少数民族语文的新闻事业研究”以专著《中国少数民族新闻传播通史》为最终成果顺利结项，并被国家哲学社会科学规划办公室作为“优秀成果”在网站上展示。2009 年 12 月 19 日，“首届中国少数民族地区信息传播与社会发展论坛”在中国人民大学文化大厦开幕。本次论坛是由中国人民大学新闻学院、中国人民大学新闻与社会发展研究中心联合全国 14 家民族大学及少数民族地区相关高校共同主办。来自国家民委、中宣部、新华社、中国西藏信息中心、中国国际公关协会、台湾交通大学等相关机构的领导和嘉宾出席了开幕式。另外，还有来自西藏、新疆、内蒙古、辽宁和北京等地全国 30 多所高校和地方的近百位专家、学者参加了此次论坛。

据悉，第二届中国少数民族地区信息传播与社会发展论坛又将于2010年10月中旬在西藏民族学院举行，与第一届有所不同的是，第二届中国少数民族地区信息传播与社会发展论坛是由中国人民大学新闻学院、中国人民大学新闻与社会发展研究中心和西藏民族学院新闻传播学院共同主办。

这一阶段的特征性标志主要可以从两个方面认识。一是综合性的少数民族新闻史研究继续深入，其中最重要的是："少数民族语文的新闻事业研究"项目顺利结项；《中国少数民族新闻传播史》和《中国少数民族新闻传播通史》等专著先后出版；由中国人民大学新闻学院、中国人民大学新闻与社会发展研究中心联合全国14家民族大学及少数民族地区相关高校共同主办"首届中国少数民族地区信息传播与社会发展论坛"正式举行。二是在单一少数民族新闻事业史研究方面取得突破性进展，如：周德仓在第二届世界华文媒体与华夏文明传播国际学术研讨会上宣读关于西藏新闻传播史分期的论文，标志着关于单一少数民族地区新闻史研究的论文第一次登上国际学术会议的讲坛；周德仓的《西藏新闻传播史》的正式出版，则标志着单一少数民族地区新闻事业史的研究专著的正式问世；再如周德仓申报的"中国藏文报刊发展史研究"项目被国家哲学社会科学规划办公室批准为国家哲学社会科学规划基金项目，则标志着单一少数民族语言新闻媒体发展史的研究项目正式进入国家水平层面的研究课题，等等。所有这些，在中国少数民族新闻传播事业史研究历程中都具有极其重要的意义。

二　中国少数民族新闻事业史研究的发展趋向

从某一学科或某一领域研究的发展轨迹认识，在深化的同时似乎应当伴随着"繁荣"。的确，和建国初期乃至改革开放初期，甚至21世纪开始的年头相比，目前的中国少数民族新闻史研究应当说是比较受到关注和重视了，论文的发表、专著的出版、国家级科研项目的获准立项以及全国性学术活动的举办就是标志。但我们认为，即使如此，离我国少数民族新闻传播事业史研究的"繁荣"还有比较明显的距离。主要表现在致力于少数民族新闻史研究的学术群体还没有完全形成。除了出生于1939年的中央民族大学白润生教授和延边大学崔相哲教授以及出生于1962年的西藏民族学院周德仓教授，似乎还没有更多的在少数民族新闻史研究方面的著名专家或领军人物，而且不用讳言其中的两位都已年过70了。我国有55个少数民族，在2003年底，全国有22个少数民族使用28种本民族文字。[①] 据权威人士透露，进入2006年后，有99种民族文字报纸，用13种民族文字出版；有223种民族文字杂志，用10种民族文字出版[②]。但目前正式进入研究状态并且有专著正式出版的少数民族（文字）报刊史却还只有周德仓教授的“藏文报刊史”；中国新闻史学会已经成立20年了，有文献记载的各类研讨会、培训班和相关活动已经举办了44次之多，但还没有举办过一次全国性的少数民族新闻事业史研讨会或培训班以及相关活动；中国新闻史学会编辑出版了12期《新闻春秋》（专刊），但却没有一期是以少数民族新闻史研究为主题；同样《新闻春秋》（论文集）也已经编辑出版了12辑，但同样没有一辑是以少数民族新闻史研究为主题[③]。由此我们认为，中国少数民族新闻史研究还没有进入理想状态的“繁荣”阶段。真正“繁荣”还需要包括少数民族新闻研究者在内的社会各界尤其是新闻史学界同人的更多关心支持和更大、更持久的努力。

我们认为，中国少数民族新闻史研究已经起步，在经历发展阶段后，正经历着研究选题深化、研究水平提高、研究领域拓宽、研究力量增强、研究队伍结构不断优化以及研究的社会关注度迅速扩展的重要阶段，是中国少数民族新闻史研究即将进入真正繁荣阶段的先声性阶段。在这个阶段，我个人认为将有可能出现以下几个较为明显的发展趋向。

（一）我国少数民族新闻史研究在研究领域方面将明显拓宽

所谓中国少数民族新闻史的研究领域实际上是指中国少数民族新闻史

① 《中国的民族区域自治》，载《人民日报》2005年3月1日。

② 刘宝明：《语言平等观：中国的实践和经验》，载《中国民族报》2006年9月8日。

③ 中国新闻史学会编《新闻春秋：中国新闻史学会成立20周年纪念专刊》（总第十二期），中国新闻史学会，2009，第21页。

的研究对象范围。有专家认为，中国少数民族新闻传播史是中国新闻传播史的一个重要组成部分，同时也是中国少数民族新闻传播学的一个不可缺少的分支；它以少数民族语文新闻传媒为重点研究对象，探讨少数民族新闻事业的历史沿革，兴起、繁荣的演变规律及其民族特点和地方特色，述评少数民族新闻工作者的历史贡献，引导人们正确地理解少数民族新闻事业的性质、作用和特点以及少数民族新闻学的基本原理。[①] 根据上面的表述，我们认为，中国少数民族新闻事业应该具备如下几个基本要素：首先是新闻媒体所传播的新闻信息内容应该主要是面向中国少数民族成员报道和反映中国少数民族群体的社会政治生活如政治、军事、经济、文化、教育、历史、人文风俗等方面的内容，而不是主要地以汉民族的社会政治生活信息为主要内容；其次是主要使用少数民族特有的语言文字作为记载和传播新闻信息的载体或工具，而不是使用汉民族语言即汉语作为记载和传播新闻信息的载体或工具；第三是新闻媒体的新闻传播活动（采访、编辑、印刷、发行）主要由少数民族成员承担，或者说，新闻媒体的新闻传播活动主要由少数民族成员承担组织协调和领导责任；第四是这些荷载有主要目的是向少数民族成员报道反映少数民族社会生活各方面新闻信息内容的新闻媒体主要在少数民族地区传播流通，并且拥有比较广泛的受众读者。我们认为，上述四个方面应当是构成中国少数民族新闻事业最基本的要素，反过来说，只要具备上述四个要素或具备其中的一个或几个要素，都应该是中国少数民族新闻事业历史研究的对象范围。假如以上这四个方面及其衍生的相关内容都成了中国少数民族新闻史的研究对象范围，中国少数民族新闻史学的研究对象范围应当是比目前的研究对象实际情况拓宽了许多。

（二）我国少数民族新闻史研究在研究的内容体系将更加完善

对中国少数民族新闻史的研究发展到一定阶段和水平，应当可以成为具有相对独立性的专门性学科之一。我们认为它的学科定位大致如下，即是以中国少数民族新闻事业（包括新闻媒体和人物、新闻政策和

① 白润生主编《中国少数民族新闻传播史》，民族出版社，2008，第1页。

法规、新闻团体和组织、新闻报道及影响以及新闻技术和设施等）发展的历史进程为学科研究对象，以探寻中国少数民族新闻事业发展历程的内在规律为直接目的，以少数民族新闻事业发展的历史经验教训和规律为现实的少数民族新闻事业健康持续发展提供借鉴为研究宗旨的基础性人文学科。这一学科的内容体系应当主要包括以下几个组成部分：

第一是对中国各少数民族地区新闻事业发展史的研究。凡是在这一特定地区内的新闻事业要素都属于它研究的对象。这一方面目前最应开展的是省级民族自治地区，如内蒙古自治区、西藏自治区、宁夏回族自治区、新疆维吾尔自治区、广西壮族自治区的新闻事业史研究，对这些民族自治地区新闻事业的研究就如同“上海（地区）新闻史”[①]、“云南新闻史”[②]以及“四川新闻史”[③] 等研究一样，是属于一个国家内部的地区新闻史研究。如果具备条件，则可以进一步开展对特定民族自治州一级地区新闻事业史的研究。

第二是对各少数民族新闻事业发展史的研究，即对特定某一个少数民族新闻事业发展历程的研究。凡是与特定少数民族相关的新闻现象都属于它的研究对象，其特点是以民族为主线，以一个或多个地区乃至全国范围内与所研究的特定少数民族相关的所有新闻现象为研究对象，从而探讨这一少数民族新闻事业发展的历史轨迹和内在规律。

第三是对中国少数民族新闻事业各个历史阶段发展状况和规律的研究。这种研究可以简单地比附为中国少数民族新闻事业史研究中的“断代史”。主要研究中国少数民族新闻事业在特定历史阶段的发展状况和内在规律。诸如中华民国时期中国少数民族新闻史研究（其中又可以划分成为民国建立初期、抗日战争时期等阶段）、中华人民共和国建国 60 年来中国少数民族新闻事业史研究以及改革开放 30 年间中国少数民族新闻事业研究等不同阶段的研究。

第四是对中国少数民族主要新闻媒体的研究。众所周知，一个民族的新闻事业必须有相当的新闻媒体、新闻机构以及新闻人物作为物化表现形

---

① 马光仁主编：《上海新闻史》（1850～1949），复旦大学出版社，1996。

② 王作舟：《云南新闻史话》，云南大学出版社，2008。

③ 王绿萍：《四川近代新闻史》，四川大学出版社，2007。

式，才能称其为新闻事业，新闻媒体是构成新闻事业最重要也是最直接、直观的物化要素。因此对重要新闻媒体创办、发展、变革历史的研究应当是少数民族新闻事业史的题中应有之义。从我国少数民族新闻事业的100多年发展历程看，其间诸如著名回族报人丁宝臣创办的《正宗爱国报》(1906～1913)；又如著名回族报人马太璞创办的《爱国白话报》(1913～1923)；民国北京政府蒙藏事务局创办的《回文白话报》(1913～1919)；清政府最后一位驻藏大臣联豫和帮办大臣张荫棠创办的《西藏白话报》；汉族进步报人冯特民等创办的《伊犁白话报》(1910～1911)；等等。这里只是列举了应当进行重点研究的清末民初的一些影响较大的少数民族报刊，而在中华民国时期（1912～1949）和中华人民共和国建国60多年时间里，政府或个人都先后创办出版过一些在当时产生过较大影响的少数民族新闻媒体（包括报纸、杂志、无线电广播电台、有线和无线电视台以及以报道少数民族新闻为主要内容的互联网站等等），这些都是应当予以重视并加以研究的。

第五是对少数民族新闻人的研究。所谓“新闻人”是特指以从事新闻传播活动［或新闻传播活动过程中的某一专项（门）工作］和新闻传播活动理论和实践研究为主要社会生活内容或目的的社会成员，通俗地说就是少数民族新闻工作者。按照白润生先生的观点，少数民族新闻工作者是指那些从事新闻工作的少数民族同胞，既包括在民族地区报社、电台、电视台、通讯社从事新闻采编、新闻学研究和管理的少数民族同胞，也包括内地新闻单位的少数民族同胞，更包括主要以民族语文传播事实的新闻单位工作的少数民族同胞。同时，在以民族语文传播事实的新闻单位从事采编、校勘、科研、教学和管理工作，并且做出一定贡献的汉族同胞，特别是那些“民文”、汉语皆通的少数民族新闻工作者。[①] 从这个观点认识，少数民族新闻人的研究对象具体地可以包括历史和现在的报人，在广播、电视及网络领域从事少数民族新闻信息采集、编辑、印刷和出版发行活动和从事上述活动的理论和实践研究的少数民族和非少数民族社会成员。前

① 白润生主编《中国少数民族新闻工作者生平检索》（后记），贵州民族出版社，2007，第322页。

面已经提到过的丁宝臣、马太璞和冯特民等人当然应该研究，民国时期以及新中国建立 60 多年间的著名新闻人尤其如萧乾（蒙古族）、萨空了（蒙古族）、穆青（回族）以及著名的少数民族新闻史研究主要开创者之一白润生（汉族）等更应该研究，应该研究他们的新闻道路和新闻思想，应该为他们出学术评传，同时也应该更加重视对少数民族新闻人群体及特征和贡献的研究。

上述诸如对中国各少数民族地区新闻事业发展史的研究、对各少数民族新闻事业发展史的研究、对中国少数民族新闻事业各个历史阶段发展状况和规律的研究以及对中国少数民族主要新闻媒体的研究和对少数民族新闻人的研究等就构成了中国少数民族新闻事业史研究的基本学科框架体系；其中的每一个方面又具有较大的伸展空间和丰富的研究内容。

（三）我国少数民族新闻史的研究方法将更加科学规范

就目前已经出版的中国少数民族新闻史研究著作的情况分析，他们在研究方法方面尽管从不同的方面尽了努力，表现出一种积极的倾向，但也毋庸讳言，研究的方法还是略显单调。目前使用较多的仍然是文字内容纵向叙述法，最多也就是增加了一些照片作为插图而已。我们认为，中国少数民族新闻史研究的方法将会在较短的时间内表现出向多样化方向发展的趋势。在原来已经运用娴熟的文字内容纵向叙述法和插图法之外，还会出现从其他学科研究中借鉴或吸收更为科学规范的研究方法的趋向。其主要的研究方法有如下几种。

第一种是数据表格叙述法。所谓数据表格叙述法是特指通过调查统计后获得反映少数民族特定新闻现象的有关数据，然后把数据按照一定的规律进行组织或编排，从而通过数据的变化曲线来反映或揭示新闻现象中所蕴涵的内在规律的叙述方法。具体的使用场景如，在研究某一少数民族平面新闻媒体在新中国建立 60 年间不同阶段的存在及变化情况时，就可以通过纵向的时间和横向的数据共同组成一个包括有关数据的表格予以叙述，这种叙述方法的主要功能是展示数据的事实，以便进行数据的累计统计。

第二种是数据曲线叙述法。所谓数据曲线叙述法是指先在平面上建立一个数轴系统，然后把通过各种方式或途径获得的科学准确的数据，按照数据的变化情况，在数轴上确定相应的纵横交叉点，再把相邻的两个点用直线相连，形成一条随数据变化而变化的运动状态的曲线。这种叙述方法的主要功能是通过在数轴系统间连续的点以及所表现的动态变化关系，更为直观生动表现一组或多组数据在某一时间段或其他状态下的动态变化，收到更为明显的叙述效果。数据曲线叙述法可以表现一组数据的变化状态，也可以在一个数轴系统间表现多组数据的变化状态。

第三种是比较研究叙述法。所谓比较研究叙述法是指确定两个或若干个虽然不具有完全相同性，但具有某些可比性的系统，抽取上述系统中相同或相近状态下具有共同性的要素，进行比较研究，从而探寻两者或若干者之间的共同点或不同点，进而得出有数据支撑的科学结论的叙述方法。从理论上讲，纵向的历史叙述法也属于比较叙述法，是后一阶段和前一阶段的比较研究；但在一部专著中仅使用单一的纵向历史叙述法未免有点单调，也容易给读者以视野有限的感觉。我们认为，随着中国少数民族新闻事业史研究的不断深化，比较研究的方法将会更多地得到应用，而且比较的对象范围将会更加扩大。现在主要是在某一少数民族新闻事业、某一少数民族地区新闻事业不同发展阶段间的比较研究，以后将可能扩展到两个或两个以上少数民族新闻事业、两个或两个以上少数民族地区新闻事业之间的比较研究，从而使我们的研究视野更加开阔，研究结论更加科学。

第四种是口述史研究叙述法。所谓中国少数民族新闻事业史研究口述史研究叙述法，是特指少数民族新闻史研究者通过直接（当面）访问对少数民族新闻事业史研究具有重要意义的当事人或见证人，搜集和记录与新闻媒体创办或发展、新闻事件的形成和过程、特定新闻法规的制定与修正、新闻人物的活动和思想等方面的口述史料，然后部分或全部依据口述史料撰写少数民族新闻事业史研究论著的叙述方法。前面说过，尤其应当研究著名新闻人萧乾、萨空了、穆青和白润生等先生，萧先生、萨先生和穆先生都已经作古，只有白先生还健在。我特别呼吁应该抓紧研究，尤其对那些年老体弱却记忆着重要新闻史料的少数民族新闻人应该抱有历史的责任感和时间的紧迫感，尽可能地通过当面访问的方式，获得极其珍贵的口述史料，作为后人研究少数民族新闻事业史重要的不可替代的真实史料基础。

（四）我国少数民族新闻史研究成果表现形式将更加多样化

随着我国少数民族新闻事业史研究的迅速发展，少数民族新闻史学术研究的成果也必然会迅速增加，可以预见，少数民族新闻史研究的成果表现形式也肯定会更加多样化。我们认为，少数民族新闻史研究成果的表现形式可以有以下多种形式：

第一种形式是由经国家批准开办的出版社出版学术专著，如中央民族大学白润生教授撰写或主编的《中国少数民族文字报刊史纲》、《中国少数民族新闻传播通史》和《中国少数民族新闻传播史》以及西藏民族学院周德仓教授撰写的《西藏新闻传播史》等。这种方式的特点和优势是可以对某一专题作比较全面深入的研究，便于从多个方面、角度展示少数民族新闻史的内涵，构建一个相对完整的研究内容体系，是属于研究的深度和广度以及研究水平达到一定层次后的表现形式。

第二种形式是少数民族新闻史研究者以学术论文的形式在综合性或专业性乃至专题性的学术报刊上公开发表，向社会各界公开传播。这种形式的特点和优势是可以密切关注少数民族新闻史研究的最新动态，对新发现的史料及时进行研究和报道，即时性地对某一学术问题表达自己的学术观点和主张，可以随时参加学术争鸣，促进学术研究的深化；其不足之处是因为在报刊上发表的文章一般受限于版面和篇幅，难以对比较重大的问题做深入全面的阐述，研究的宏观性和整体计划性受到一定限制。

第三种形式是参加综合性的历史学科或专门性的新闻史学乃至专题性的少数民族新闻史研究学术研讨活动或学术团体的学术论文征集活动。研究者根据活动的组织者的要求，投送自己的研究成果（一般为没有发表过的学术研究论文），假如通过了活动组织者规定的筛选程序，即可参加这一主要由学术同行参加的学术交流活动。活动的组织者一般会安排活动参加者在活动期间宣读自己的研究论文，大多数学术活动的组织者还会把该次活动的论文出版或印制成论文集，以利于在更大范围传播交流。这种形式除了能为研究者发表公布自己的研究成果提供机会和舞台外，还为研究者同行之间的交流提供很好的机会。在当今专业报刊版面紧张，发表论文比较困难的情况下，抓住机会积极参加学术研讨交流活动，扩大自己的交流范围，对于初入行者具有重要的意义。

第四种形式是采取实物陈列甚至设立专题博物馆的形式。即少数民族新闻史研究者在研究过程中重视对第一手原始材料的收集整理和利用。这些第一手史料除了在撰写论文和专著时具有独特的说服力，还可以通过举办专题性的实物陈列方式向社会公布，往往可以收到超出预料的效果。中国新闻史学会教学研究基地世纪阅报馆的主人李润波自 1979 年开始集报，目前已收藏清代以来各个历史时期老报刊 4000 多种，60000 余件。从 1994 年开始将部分报刊拿到社会上展出，2000 年开始酝酿，2004 年 4 月在平谷档案馆内建成了世纪阅报馆，接受社会各界人士的参观。到 2009 年 4 月，已接待来自全国 27 个省份的观众 10 多万人，巡展接待观众超过 90 万人，在社会上引起了很大的反响。我认为，如果集全国新闻史学界之力，少数民族新闻史学界完全有能力建立一个中国少数民族新闻史博物馆，既积累史料，又促进研究，扩大少数民族新闻史研究的社会影响，这应该是一个努力的目标和方向。当然这个少数民族新闻史博物馆的陈列品可以多样化，不仅有历史文献，还应当有当代文献，不仅有纸质文献，还应当有声像文献，只有这样，才能使其丰富多彩。

第五种形式是建立中国少数民族新闻史研究的专题数据库和专题研究网站。它们的共同特点是利用电子计算机和互联网技术。但其功能则各有侧重，其中少数民族新闻史研究专题数据库的功能主要是汇集与少数民族新闻史研究相关的各类文献信息，以便为研究者的研究提供学习、研读和引用史料的便利，促进有限的少数民族新闻研究史料的最大化社会共享。而少数民族新闻史研究的专题网站的功能则主要侧重于少数民族新闻史研究信息的及时对外发布，包括最新的研究成果、最近发现的历史文献史料，近期即将组织的学术研究活动消息以及其他需要通过网站对社会乃至向全世界宣布的中国少数民新闻史研究方面的信息，主要起到一个对外的信息发布传播作用。笔者建议在中国新闻史学会之下设一个少数民族新闻史研究分会，以便团结更多的有志于少数民族新闻史研究的同行，共同来推进这一伟大的事业。

本文就我国少数民族新闻事业史研究的发展阶段划分及各个历史阶段的特征性标志和中国少数民族新闻事业史研究的发展趋向等问题，谈了一些个人的不成熟的想法。因我不是专门从事少数民族新闻史研究，而仅仅是在从事中国报刊发展史和中国新闻法制发展史的研究中涉及一些相关内容，故所谈之言未必精当，但希望我国少数民族新闻史研究得到更快更好地发展的心情却是真诚的，发自内心的。文中错谬之处，敬请行家指正。

试论“中国广播电视史学”的几个基本问题*

中华民国于1912年元旦在南京正式宣告成立时，中国大地上还没有新闻广播。直到1923年，中国大地上才出现了新闻广播，也就是说中国的新闻广播史是从民国时期的20世纪20年代才开始的。20世纪50年代末期开始，中国土地上出现电视这一新兴新闻媒介，广播和电视就紧密联系在一起，以致人们为语言简练省略其“新闻”共同特征而简称为“广播电视”。自从中国广播电视的历史开始书写尤其是改革开放以来，作为“发展中的新兴学科”的中国广播电视史（学）在空前有利的社会学术氛围中得到了长足的发展。我们认为，构建“中国广播电视史学”的基本条件已经具备，现在到了可以思考和构建“中国广播电视史学”理论体系的时候了。本文拟对“中国广播电视史学”的研究对象、研究内容、学科地位等基本问题谈一点粗浅的看法，供各位专家学者参考。

一 “中国广播电视史学”产生的学术基础

一门学科的产生尽管有相关研究者的主观努力，但更重要或本质的是

* 本文为国家社科基金重大项目“中华民国新闻史”（项目编号：13&ZD154）和国家社科基金重点项目“中华民国新闻史研究”（项目编号：13AXW003）的研究成果之一，系在中国传媒大学、中国新闻史学会联会举办的“广播电视史学：机遇与挑战”学术研讨会（北京，中国传媒大学，2014年10月）上的主题报告。

必须具备该学科产生的基本学术条件；如果不具备基本的学术条件，再主观积极的努力也是白费劲。我们认为，产生“中国广播电视史学”的学术条件已经基本具备，主要表现在以下方面。

（一）有学者提出“学科”概念

1987 年春节，时任北京广播学院新闻系代系主任的赵玉明先生在他撰写的我国第一本广播史专著《中国现代广播简史》后记中提出“中国广播史是一门发展中的新兴学科”的观点。[①] 尔后，赵玉明先生又在 2004 年出版的《中国广播电视通史》前言中先后两次表述了这个观点。第一次是在《前言》开门见山地提出“广播电视史是一门正在发展中的新兴学科”；第二次是在正文中说到“中国广播电视史是一门发展中的新兴的学科”。[②] 尽管几处的表述不完全相同——1987 年说“中国广播史”，2004 年说“中国广播电视史”；2004 年版《中国广播电视通史》前言中说“广播电视史是一门正在发展中的新兴学科”，文中说“中国广播电视史是一门发展中的新兴的学科”。但基本观点是一致的，即“中国广播（电视）史”是一门“（新兴）学科”。这一观点自 1987 年提出，至今没有见到学术界对此有不同的看法，说明学术界或者确切地说广播电视史学界是认同这一观点的。

（二）研究成果有了较深厚的积淀

中国新闻广播的历史从广播产生的第一天就开始书写了，但对中国广播历史的研究并没有同步。目前可知第一篇关于中国广播史的文献是署名为“曹仲渊”者于 1924 年 8 月发表的《三年来上海无线电话之情形》，作者称该文是“上海播送站之沿革史”[③]。经过几代广播电视史研究者的不懈努力，中国广播电视史学研究成果层出不穷，形成了一个较为完整的成果体系。既有通史类专著，又有断代专门史专著；既有专门研究共产党广播电台发展史的

---

① 赵玉明：《中国现代广播简史》，中国广播电视出版社，2007，第 309 页。

② 赵玉明主编《中国广播电视通史》，北京广播学院出版社，2004，第 1 ~ 12 页。

③ 曹仲渊：《三年来上海无线电话之情形》，载《东方杂志》第 21 卷第 18 期，1924 年 8 月。

专著，也有专门研究国民党新闻广播电台史的专著；既有专业学术性论著，又有专业性参考工具书；既有对现代广播电视史学的研究成果，又有对当代广播电视史研究的成果；既有学术界产生的学术性研究成果，又有国家政府部门制定颁行的规范性法令法规成果；既有单本单篇的研究成果，也有成系列的研究著作成果和论文成果；既有后人的研究成果，也有前人的回忆性成果等，不一而足。总之中国广播电视史学的研究成果在数十年间尤其是中共十一届三中全会以来，无论是在数量还是在质量上都达到了空前的水平，为“中国广播电视史学”的创立奠定了学术成果基础。

（三）形成了具有较高学术水平和广泛代表性的专业研究队伍

民国时期已经有学者关注新闻广播史的研究，戈公振、胡道静、吴保丰、赵君豪、任白涛等学者都在他们的学术论著中或多或少地涉及到新闻广播史的有关内容，但客观地说还没有形成专门的研究队伍。新中国成立后，中央广播事业局成立研究室，康荫等人成为新中国第一批专业新闻广播史研究者。随着时间的推移和中国广播电视史研究的不断发展，专业研究队伍人数迅速壮大，结构不断优化。如赵玉明先生主编《中国广播电视通史》一书的研究队伍成员，就分别来自当时研究中国广播电视史各方面的代表性学者专家，实现了学界和业界、机关和高校、首都和地方研究队伍的和谐组合。据介绍，到21世纪初，已基本上形成了由几方面人员组成的研究队伍，其中有以北京广播学院为代表的大学新闻院系中从事广播电视教学研究的人员（含在读的博士生、硕士生）；有以国家广电总局、中央三台和其他直属单位的有关研究部门为代表的包括一批省级广电局、台的专兼职研究人员；有以中国广播电视学会及所属30多个专业研究委员会为代表的有关广播电视学术团体的专兼职研究人员；还有正在广播电视第一线从事编、采、播、录等工作，积累了丰富实践经验并有研究能力的人员。此外，在全国社会科学研究系统也有不少研究人员致力于广播电视的研究[①]——其中相当一部分从事广播电视史的研究。

① 赵玉明主编《中国广播电视通史》，北京广播学院出版社，2004，第479～480页。

（四）创设了学术研究机构（团体）并持续开展学术活动

据目前所知，1958年成立的中央广播事业局研究室是新中国最早的专门对广播史进行研究的学术性机构。1987年成立的中国广播电视学会广播电视史研究委员会（简称“广电史学研究会”）是新中国第一个全国性的新闻广播电视史学研究学术团体。该组织曾先后组织召开了多次全国性的广播史志研讨会，制定了多个全国性的广播电视史志研究“五年规划”，组织了多次全国广播电视学术论文评选；推动十多个省（市、自治区）成立了省（市、自治区）级广播电视史学研究组织，在凝聚人心、整合资源、组织队伍、扩大影响等方面发挥了显著的作用。北京广播学院（现为中国传媒大学）的“新闻学与传播学研究基地”是国家广电总局（现为国家新闻出版广电总局）的部级重点研究基地；“广播电视研究中心”是国家教育部批准设立的唯一以广播电视研究为己任的国家人文社会科学重点研究基地，也是全国高校中三个新闻传播学研究基地之一。这些学术团体先后举办了一系列学术会议或相关学术活动，创办了《中国广播电视学刊》、《新闻广播电视研究》、《中国广播电视年鉴》等学术研究性连续出版物，组织编撰出版了诸如《广播电视简明词典》、《广播电视词典》、《中外广播电视百科全书》及《中国广播电视人物辞典》等专业参考工具书。

（五）在高校开设专业课程，形成完整的专业人才培养体系

到20世纪结束时，全国已经形成了完整的广播电视专业人才培养体系。其中招收和培养广播电视专业本科学生的是1959年开始招收本科生的北京广播学院（因其办学活动开始于1954年，所以该校把建校时间确定在1954年。2004年纪念建校50周年时改名为中国传媒大学，2014年纪念办学60周年）；招收和培养大专层次学生的是广播电视部于1986年9月在浙江杭州开办的浙江广播电视专科学校（1994年更名为浙江广播电视高等专科学校，后又改办为浙江传媒学院）；招收和培养中专层次学生的有郑州广播电视学校；而对广播电视在职人员进行教育和培训提高的则有国家广播电视部于1991年8月在山西太原的华北广播电视学校基础

上建立的广播电视部管理干部学院（高等教育体制改革后划转归山西省领导，后又改办为山西传媒学院）；民办高等教育则有中国传媒大学南广学院（前身是“北广南广学院”，简称为“南广学院”），形成了在人才培养层次上包括中专学生、大专学生、本科学生、硕士研究生、博士研究生；在办学层次上包括部属重点大学、省属公办本科院校、民办本专科院校等不同层次在内的完整专业人才体系。而“中国广播电视史”则是上述不同层次高等院校学生的必修课。据史料记载，北京广播学院在1959年招收本科学生时，就在新闻系设立了广播史教研组，“广播史”成为学生的专业基础课。自1979年开始，北京广播学院开始招收新闻学广播电视方面的硕士研究生；1998年，北京广播学院经国务院学位委员会第16次会议批准成为新增博士学位授予单位，1999年，北京广播学院开始招收新闻学专业“广播电视史方向”的博士研究生（指导教师是赵玉明教授）。至此，我国广播电视史学的专业人才培养体系实现了从在职教育到职前教育，从中专、大专，到本科、研究生（硕士和博士）的全覆盖，为学科的持续发展奠定了人才培养和输送基础。

（六）研究成果对国家政策制定或决策的影响力不断扩大

这类事例不少，仅以更改人民广播创建纪念日为例。在20世纪我国广播的历史上，曾经有两个中国人民广播事业创建纪念日。一个是从40年代中期确定“文化大革命”前沿用的纪念日，即1945年9月5日。1965年9月5日，中央广播事业局举行了较大规模的“中国人民广播事业创建20周年”纪念活动。但在长期的广播史研究中，赵玉明先生发现早在1940年春天，中共中央就成立了以周恩来为主任的广播委员会领导筹建广播电台。台址在延安西北的王皮湾村，台名为延安新华广播电台，呼号为XNCR，广播稿由新华社广播科提供。山东《大众日报》1941年1月16日刊登消息称“延安台于1940年12月30日起开始播音”。中共中央于1941年5月25日发出的指示要求“各地应经常接收延安新华社的广播，没有收音机的应不惜代价设立之”。1943年春天，由于广播发射机出现重大故障，延安台停止播音。1945年的播音是机器故障修复后的恢复播音。为此赵玉明先生得出了“人民广播事业的创建纪念日应该定在

1940 年 12 月 30 日”的结论。1980 年 8 月出版的《新闻研究资料》第 4 辑上发表了时任新华总社语言广播部（即延安台编辑部）主任温济泽致该刊编辑部的《关于新华社和延安新华广播电台的诞生日期》的信和赵玉明执笔的《延安新华广播电台的筹建和试播始末》调查报告。时任中央广播事业局局长的张香山收到温济泽建议修改人民广播纪念日的信和赵玉明的调查报告后，专门召开了老同志座谈会听取意见，主持党组会议通过有关决定，报请中共中央宣传部批准后，于 1980 年 12 月 23 日以中央广播事业局文件的形式向各省、直辖市、自治区下发了《关于将人民广播诞生纪念日改为 1940 年 12 月 30 日的通知》，赵玉明起草的《关于人民广播创建的历史资料》作为附件下发。1980 年 12 月 29 日，中央广播事业局召开纪念人民广播创建 40 周年座谈会。广播史研究者提出的学术观点，被国家政府部门采纳，成为更改人民广播创建纪念日的重要依据，其社会影响力可见一斑。

我们认为，“中国广播电视史学”的诞生已具备较深厚的学术积淀和基础，已经到了可以呱呱落地的状态。我们一方面应该为之欢呼，同时应该为之继续浇水培土和施肥，使之更好更快更健康地成长，使之成为可以自立于人文社会科学之林的一员。

二 “中国广播电视史学”的研究对象

科学学认为，凡是独立的学科都有其特定的研究对象，反过来说，也只有具有特定研究对象的学科才能称得上“独立的学科”。因为只有具备特定（独特）的学科研究对象，这一学科才能有自己特定的学科研究内容，也才能使该学科的研究成果和方法表现出区别于其他学科（包括相邻相近学科）的本质属性。简而言之，“中国广播电视史学”的研究对象就是中国广播电视发展进程中的历史现象和蕴含的内在规律。具体地说，这一研究对象包括如下内容。

（一）“中国广播电视史学”研究的是“中国”的广播电视史

这是指“中国广播电视史学”研究对象的地域独特性。中国广播电视史学研究的是在“中国”这块土地上的“广播电视”产生、发展和变化的“历史”，而不是研究和“中国”共同存在于地球上的其他国家诸如美国、日本、英国、俄罗斯等国家的“广播电视”的历史。明确这一内容有两个方面的指向：一是界定“中国广播电视史学”的研究对象仅仅是产生、发展、变化于“中国”这块土地上的广播电视历史，而不包括其他国家广播电视的历史；二是凡是产生、发展和变化于“中国”这块土地上的“广播电视”都属于“中国广播电视史学”的研究对象，而不仅仅限于“中国人创办”或“中国政府所有”，或“中国政府管理”的“广播电视”。那些由外国人在中国土地上创办的新闻广播，或是在日本侵略者卵翼下出现的敌伪新闻广播，尽管不是由中国人创办或控制，也不是中国政府批准，甚至违犯中国政府法令，创办目的是为了推销外国商品乃至为帝国主义侵略中国服务，但也应该纳入“中国广播电视史学”的研究对象范围，因为它们是产生于“中国”这块土地上。如果把这一类早期由“外国人”创办的广播划出“广播电视史”的研究范围，有些问题就显得无以适从。一些先是由外国人创办的广播电台后来由中国人所有，那是不是把这些广播电台的历史一分为二呢？就新闻史研究而言，上海《申报》早年是英国商人美查兄弟创办的，后来才由中国人席子佩购得股权，成为中国人所有的报纸。如果外国人创办或外国人所有的报纸不能纳入“中国新闻史”的研究范围，那么“中国新闻史”就只能研究《申报》被中国人购得后的历史，因为按照一些广播史学界学者的观点推理，在中国人购得前的历史是不能视为“中国的”新闻报纸（上海《新闻报》等民国时期出版的新闻报纸也有这种情况）。真如这样的话，《申报》的历史也就必须一刀两断。这显然是既不现实也不符合实际情况的。所以本人不赞成把中国广播史的研究对象限制在“中国人举办”、“中国政府所有”和“中国政府管理”的“中国的”“广播电视”的范围，而应是指在“中国”这块土地上产生发展变化的所有的“广播电视”，不管它是中国人创办的，还是外国人创办的。这是客观存在的历史事实，毋庸回避。

（二）“中国广播电视史学”研究的是中国的“广播电视”

这是指“中国广播电视史学”研究对象的物质存在独特性。中国广播电视史学研究的是产生、发展、变化于中国这块土地上的一种大众新闻传播媒介“广播电视”，而不是诸如新闻报纸、新闻杂志、新闻纪录片等其他新闻媒介。在电视产生前，新闻广播一般是指通过无线电波或导线传送包括各种新闻性、知识性和娱乐性内容在内的广播节目的大众媒介，人们通过无线或有线广播的送音、收音以及扩音设施，及健康听众身体自然拥有的基本器官之一耳朵“听”到所传送的相关信息内容。其中通过无线电传送节目的称之为“无线广播”，通过导线传送节目的称之为“有线广播”；电视出现后，人们通过电视发射和接收设施传播包括各种新闻性、知识性和娱乐性内容在内的电视新闻节目，使受众在听到新闻信息内容的同时也看到与新闻内容有关的图像。据此，人们把仅仅传送声音的称之为“广播”，一并传送声音和图像的称之为“电视”。随着互联网的普及和互联网技术的进步，又衍生出了“网络电视”，即依托互联网向受众传送以图像和声音为载体的新闻性、知识性和娱乐性信息内容的新闻媒介。万变不离其宗，只要是向受众传送新闻性、知识性和娱乐性信息内容的“声音”（和/或图像）的大众媒介，都属于“广播电视”，也就都是“中国广播电视史学”的研究对象。

（三）“中国广播电视史学”研究的是中国广播电视的“历史”

这是指“中国广播电视史学”研究对象的时段独特性。中国广播电视史学研究的是中国广播电视的“历史”，而不是现状或未来。任何事物的存在发展变化都有过去、现在和将来的特定时间规定性。其中对特定事物“未来”的研究主要是依据事物发展的普遍规律，分析该事物本身、可能促使该事物发生变化的相关因素以及其相互作用和影响，探讨这一事物未来的发展趋向，为国家和政府进行未来规划或发展决策提供依据，这显然不是“中国广播电视史学”的任务。对事物“现状”的研究则主要是针对事物发展过程中表现出来的成功或失败，优势或不足，分析成功或失败、产生优势或不足的内在或外在动因，探寻破解制约其持续、健康发展的方法和思路，以推动该事物向着预期的目标发展，获得更好的社会和经济效益。这显然也不是“中国广播电视史学”所追求的目标。对特定事物“过去”的研究，主要是研究它“何时产生”、“怎样发展”、“哪些变化”的历史进程，从而探寻在该事物产生、发展、变化的历史进程中被后人遗忘的历史事实，被时人误记的历史真相，被权势扭曲的历史评价，以及蕴含在该事物发展进程中的历史规律等，而这才正是“中国广播电视史学”的社会价值所在和应该追求的目标。要特别说明的一点是，“中国广播电视史学”对中国广播电视历史进程的研究，所面对的都是已经被岁月固化成为历史的事实，因而必须采用历史分析的观点和历史研究方法，既不能要求过去的人们去做只有在当今时代环境下才能做到的事，也不能以当今社会的标准去评判当时社会环境中的人和事，而必须以马克思主义哲学历史唯物主义和辩证唯物主义的立场、观点、方法为指导，既解放思想、又实事求是地开展对中国广播电视历史进程的研究。

（四）“中国广播电视史学”需要研究中国广播电视历史发展的“规律”

“中国广播电视史学”当然需要研究“中国”的广播电视、中国的“广播电视”和“中国广播电视”的历史，但还必须研究中国广播电视发展史中蕴含的内在规律。如果不探寻中国广播电视发展历史中蕴含的内在规律，那实际上就剩下了历史事实的罗列、历史文献的解读、历史遗址的考证、个别历史结论的商榷，即停留在“为历史而历史”的层面上。对“中国广播电视史学”来说，历史事实的考证固然重要，但肯定不是历史研究的唯一的最终的目标。我们通常说“以史为鉴”，就是说要通过历史现象的研究发现其中的规律而给今人以启示，避免今人重复前人的错误，少走弯路。通过中国广播电视史学的研究，我们应该从中发现一些规律性的东西。例如，为什么在中国土地上首先出现的是由外国人开办的新闻广播？外人在华新闻广播的出现与中国人创办的新闻广播有何关系？科学技术发展和普及与广播电视发展和普及之间的有什么关系？社会环境稳定与广播电视发展之间有什么样的关系？人民新闻广播从小到大和国民党新闻广播由盛及衰之间有什么必然性？新闻广播在巩固新生政权和“大跃进”中的社会影响力如何评价？广播电视发展在新中国成立60多年间的几起几伏轨迹与执政党的路线、方针、政策和主要领导人的执政理念有没有关系？广播电视与政治民主、社会文明进步发展有何关联性？等等。我们认为，在翔实完整史料基础上再现中国广播电视的发展历程是我们的直接目标，而通过对中国广播电视历史的研究探寻其中的内在规律则是更高层次的追求，是中国广播电视史学为当今社会文明进步发展服务的题中应有之义。

三 “中国广播电视史学”的研究内容

根据“中国广播电视史学”的研究对象是“中国广播电视及其新闻传播活动产生发展变化的历史进程及其内在规律”的学术假设，我们认为中国广播电视史学的研究内容至少应该包括如下几个方面。

（一）中国广播电视台建设发展史

新闻广播活动是指借助广播技术和设施向受众传播新闻的社会活动。要完成新闻广播这一社会活动，首先必须具备基本的无线电或有线电广播台或电视基本设施（即广播电台或电视台）。而广播电台和电视台的发射功率、频道等一方面直接与所荷载的新闻信息内容传播范围大小、传播效果优劣等直接相关，另一方面又是广播电视事业在社会结构中的地位和社会影响力的物质性标志。中国土地上最早出现的新闻广播电台是由外国人设置的，而后出现了中国政府兴办的广播电台，再而后出现了政党举办或控制的广播电台，其中经历了复杂多变的发展历程，折射出特定社会环境下中国新闻广播事业的曲折发展历程，因而广播电台建设发展史是中国新闻广播史学研究中最基本的也是最重要的内容之一。

（二）中国广播电视新闻活动产生发展史

新闻广播活动的本质是借助广播/电视技术和设施向受众传播新闻信息内容。美国人奥斯邦设置的中国境内第一座新闻广播电台“大陆报·中国无线电公司广播电台”，播发的是由《大陆报》提供的国外新闻和上海的新闻，[①] 即该广播公司没有自己的新闻采集和编辑人员，只是转播

① 赵玉明：《中国现代广播简史》，中国广播电视出版社，2007，第6页。

《大陆报》的新闻。随着广播电视业的发展，一些较大规模的新闻广播电台/电视台建立专职的新闻广播记者队伍已经十分普遍。这些广播电台或电视台的新闻记者在采集新闻的过程中，不仅撰写文字稿，而且更多地采集声音和图像稿，成为广播电视记者与新闻报纸记者的明显区别。广播电视记者采集的新闻稿同样必须经过新闻编辑人员的筛选、修改和编辑，才能提供给新闻播音员向社会播发或在电视台播放，形成了一个从新闻采集到新闻编辑，再从新闻编辑到新闻播发的完整的广播电视新闻活动，既是中国广播电视史学研究中最重要的内容，也是和中国新闻电影史学、中国新闻报刊史学等相近学科的本质性区别所在。

（三）中国广播电视技术发展的历史

和新闻报纸传播新闻信息的方式和途径不同，广播电视是依托有关广播设备，借助无线电波或导线向社会受众传播新闻信息，而受众则主要是通过收音机接收广播电台播送的内容、电视观众则是通过观看电视台播放的内容来获得（接收）新闻信息。所以，广播电视机械设备的制造调试技术、配套兼容技术、日常使用技术以及维修保养技术等，直接影响到广播电视的效率和效果。广播电视技术的发展既是科学技术发展的结果，又是广播电视事业发展的客观需要。研究广播电视技术发展的历史一方面可以把握广播电视紧随着时代发展前进的步伐，另一方面也可以认识广播电视事业发展对科学技术的热情呼唤和积极促进作用。

（四）中国广播电视艺术发展的历史

和读者通过阅读报纸获得（接收）新闻信息传播不同，广播电视的受众主要是通过倾听或倾听加观看的方式（途径）获取广播电视传送的新闻内容。实践证明，同一内容由不同播音艺术水平的播音员或主持人播送，其新闻传播效果是大相径庭的。所以，广播电视人员（播音员或主持人）的语言表达水平和表述艺术水平，对于受众接受的新闻传播效果具有十分重要的影响。在广播电视出现后的数十年时间里，无论是广播的播音艺术还是电视的主持艺术都在不断发展和进步，研究其发展历史和规律，对于提高当今广播电视的效果和效益具有直接的意义。

（五）中国广播电视管理的发展历史

按照现代社会学理论，社会管理几乎涉及到社会生活的每一个方面和每一个社会成员。无论是私人创办的新闻广播电台/电视台，还是国家政府创办的广播电台/电视台，或者是政党创办的广播电台/电视台，要保证其正常有序地运行，都必须进行有效的管理。按照“层次学说”理论，社会生活中对广播电视的“管理”可以分成为不同的层级：第一层级属于“国家”层面（包括得到国家授权的各级政府）对广播电视事业进行的管理，主要是通过行政手段、法律手段或者经济手段对广播电视事业进行宏观上的管理；第二层级属于“行业”层面（以合法的各类各级行业自治自律性团体为代表）对广播电视业进行的管理，主要是通过行业评估、行业自律和行业惩处等方式对广播电视业进行的中观管理；第三层级即“个体”层面的管理，主要是特定的广播电台/电视台内部的日常管理。研究中国广播电视管理史可以使今人从前人的管理实践及经验教训中获得借鉴，汲取营养，提高管理的效率和效益。

（六）中国新闻广播教育的发展历史

新闻广播活动是一类专业性的社会活动，需要具有专门性的专业知识和技能才能胜任——这就需要专门的新闻广播专业教育来培养专业人才。有学者认为，1913 年 4 月由原来的“铁路管理传习所”改名的“交通传习所”是创建中国广播之人才的摇篮。[①] 也就是说，中国在 1913 年 4 月就开始了新闻广播专业人才的培养，换句话说，中国在那时就开始了新闻广播专业教育。也有学者认为，广播电视专业教育是具有特定含义的专业教育，只有直接为广播电视事业培养专门人才的专业教育才能称为“广播电视专业人才教育”，而不能采用宽泛的理解，把一些实际上不是直接为广播电视业培养专业人才，但所培养的人才后来参加了广播电视事业的教育说成“广播电视专业教育”。当时的“交通传习所”主要是培养无线电人才，尽管所培养的一些人后来参加了广播活动，但不能因之就把“无线电教育”说成“广播专业教育”。就如邮电高校的毕业生也有参加

① 陈尔泰：《中国广播史考》，中国广播电视出版社，2008，第 4 ~5 页。

广播电视工作，但我们肯定不把邮电高校的通信、电子等专业称为“广播人才教育”一样的道理。且“交通传习所”在1913年培养无线电人才时，中国在十多年以后才出现“广播”这一事物，又如何说当时是为“广播”培养人才。基于上述观点，专家认为，中国的广播人才专业教育应该是以北京广播学院1954年开始的教育活动为开端，一是该校的校名明白无误地称之为“广播学院”，说明其宗旨就是为广播业培养人才，二是当时中国已经出现了广播，广播业发展迫切需要培养专业人才，三是这个学校的毕业生在相当时间内大部分都是面向广播领域（当然后来直至现在，不少广播电视专业的学生在非广播电视领域找到了适合自己的工作，而其他专业的学生也有不少进入广播电视领域发展事业）。在广播电视不同的发展阶段和广播电视所处的不同社会背景下，对从事广播电视活动的社会成员的知识和技能要求不是一成不变的，这就需要广播电视专业教育的教育内容、教育方式以及教育目标不断地随着社会需要而进步。研究中国广播电视教育发展史可以客观地再现中国广播电视专业教育伴随社会科学技术和社会时代进步不断发展的历史轨迹，也可以预见中国广播电视教育的发展趋向，为我们当今的广播电视教育改革提供历史经验的借鉴。

（七）中国新闻广播对外交流发展史

从某种程度上认识，中国新闻广播的出现可以说就是中外交流的成果，而新闻广播产生后在促进中外交流更是发挥了重要的作用。1922年12月，美国人奥斯邦将一套无线电广播发送设备由美国运至上海（外国人对中国的设备输入）；创办“大陆报・中国无线电公司广播电台”是和在上海出版的英文报纸《大陆报》合作（外国人与在华外文报纸间的交流）；电台开办第三天（1923年1月26日）播发孙中山当日发表的《和平统一宣言》，向在上海的外国人宣传了孙中山的革命活动（促进中国和外国人的交流）[①]。在诞生后的90多年发展历程中，中国广播电视业界和学界在开展对外交流和促进中国与世界各国的交流方面做了不少工作，为民族独立和人民解放事业做出了突出的贡献。其中最显著的就是中国新闻

① 黄瑚：《中国新闻事业发展史》，复旦大学出版社，2009，第128页。

广播工作者在抗日战争时期与世界反法西斯阵营的各国新闻广播工作者的亲密合作，和新中国成立后我国广播电视工作者与世界各国广播电视业界和学界的友好合作，都取得了引人瞩目的成绩，因此中国广播电视对外交流的历史理应成为中国新闻广播史学的有机组成部分。

（八）中国广播电视研究的发展历史

“中国广播电视研究历史”实际上就是“中国广播电视学”的学术发展史，对于“中国广播电视史学”的自身建设和完善具有极其重要的意义。据史料记载，在中国新闻广播诞生前，中国学术界就出现了介绍新闻广播内容和特点的文章，它就是发表在1920年8月出版的上海《东方杂志》第17卷第15号上的《无线电传达音乐及新闻》[①]。要特别说明的是，21世纪的“中国广播电视”是一个完整有序、与社会关系紧密但又相对独立的社会系统，所以对“中国广播电视研究”的研究至少应该覆盖对广播电台电视台、广播电视技术、广播电视理论、新闻播音艺术、电视主持艺术、广播电视人才素养结构、广播电视队伍建设、广播电视法制的研究及其发展过程等方面，以求完整全面地展现中国广播电视各方面研究的历史轨迹。

四　“中国广播电视史学”的学科地位

学科地位是特指某一学科在人类社会学科知识体系中受（与）其他学科的制约或关联而所处的规定性地位，而不是指特定学科在政府、部门或学术界中的社会地位。确定某一学科的学科地位基本着眼点就是该学科在人类社会学科知识体系中与其相关上下左右学科间的联系，舍此没有其他依据。“中国广播电视史学”是“广播电视史学”的下位类学科，属于“国别广播电视史学”中的一个分支学科；是“新闻学”与“历史学”的交叉学科。根据上述观点，我们探讨“中国广播电视史学”在现有人类社会知识学科体系中的特定地位。

① 方汉奇主编《中国新闻事业通史》（第二卷），中国人民大学出版社，1996，第236页。

（一）“中国广播电视史学”在“新闻学”中的学科地位

我们首先从“新闻学”的视角考察“中国广播电视史学”在“新闻学”这一学科体系中所处的位置。“中国广播电视史学”首先应该是“中国新闻史学”（与“新闻实务”、“新闻理论”等处于同一层级）的下位类学科；“中国新闻史学”则是“中国新闻学”的下位类学科；“中国新闻学”则是“新闻学”的下位类学科；“新闻学”是“社会科学”部类下的一个学科；而“社会科学”则是在“哲学”指导下与“自然科学”、“技术科学”和“综合科学”相并行的一个学科部类。由此可以得到如下一个知识层级体系：哲学→社会科学→新闻学→中国新闻学→中国新闻史学→中国广播电视史学。

（二）“中国广播电视史学”在“历史学”中的学科地位

其次从“历史学”的视角来考察，“中国广播电视史学”应该属于“中国新闻媒介史学”的下位类学科；“中国新闻媒介史学”是“中国新闻史学”的下位类学科；“中国新闻史学”又是“中国专门史学”的下位类学科；“中国专门史学”则是“中国史学”的下位类学科；“中国史学”则是“历史学”的下位类学科；“历史学”和“新闻学”一样是“社会科学”部类中的一个学科；“社会科学”则是在“哲学”指导下与“自然科学”、“技术科学”和“综合科学”相并行的一个学科部类。由此我们又可以得到如下一个知识层级体系，即：哲学→社会科学→历史学→中国史学→中国新闻史学→中国广播电视史学。

（三）“中国广播电视史学”在人类社会知识体系中的学科地位

综合对“中国广播电视史学”在“新闻学”和“历史学”两个不同学科知识体系中的学科地位分析，可以发现“中国广播电视史学”的上位类学科“新闻学”或“历史学”，都是“社会科学”部类中的一个学科，即“中国广播电视史学”是“社会科学”部类中“历史学”（中的“中国历史学”下的“中国专门史学”）和“新闻学”（中的“中国新闻学”下的“中国新闻媒介史”）交叉后形成的新兴学科。这就明确了“中国广播电视史学”在从“哲学”——“社会科学（部类）”——“历史学”和“新闻学（学科）”这一人类社会学科知识体系中的交叉二级学科的特定学科地位。

如前所述，“中国广播电视史学”的研究内容至少应包括中国广播电台电视台建设发展史（简称“中国广播电视台史”）、中国广播电视新闻活动产生发展史（简称“中国广播电视活动史”）、中国广播电视技术发展的历史（简称“中国广播电视技术史”）、中国广播电视艺术发展的历史（简称“中国广播电视艺术史”）、中国广播电视管理的发展历史（简称“中国广播电视管理史”）、中国广播电视教育的发展历史（简称“中国广播电视教育史”）、中国广播电视对外交流发展史（简称“中国广播电视交流史”）和中国广播电视研究的发展历史（简称“中国广播电视研究史”）。上述对中国广播电视史研究的各个方面及没有列举出来的其他方面的研究一起构成完整的“中国广播电视史学”体系，同时也决定了它在学科知识体系中（与上下左右相关学科的关系）和地位。

根据上述内容，我们得到“中国广播电视史学”学科地位示意图。（见图1）

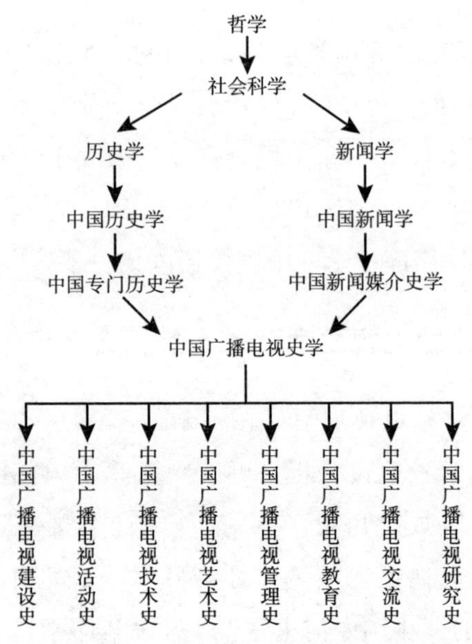

图1 “中国广播电视史学”学科地位示意图

要特别说明的是，关于“中国广播电视史学”的研究内容体系，本示意图中只是从一个角度予以表现，实际上还可以从其他不同的角度予以分析研究。即使仅仅就“广播电视”而言，按照不同的传播方式就包含了有线新闻广播、无线新闻广播、电视新闻广播及网络新闻广播等不同形式，研究者不但可以从“新闻广播”整体进行研究，还可以对“有线新闻广播”、“无线新闻广播”、“电视新闻广播”乃至“网络新闻广播”的发展历史及其规律进行个别的研究，以拓展和丰富“中国广播电视史学”的研究内容。

结　语

根据科学学理论，作为一个独立的学科还必须具有本学科特点的研究目标、研究理论和研究方法等构成要素。由于“中国广播电视史学是一门发展中的新兴学科”，所以有关要素还在发展之中。本文只是就“中国广播电视史学”的基本问题作一初步的思考和探索，期待有更多的同行参与到“中国广播电视史学”的学科理论建设中来。

第三篇

新闻传播实践之史学观照（二）：报刊法制史研究

论中国古代报刊法制的发展轨迹及特点*

中国报刊法制是特指与中国报刊的产生、发展及运作直接相关，或者是为了使中国报刊按照一定的需要进行运作，由社会管理职能机构按照一定的法律程序制定、颁发并予以强制性执行的法令法规和规章制度。中国古代报刊法制则是指从报刊法制起源到辛亥革命胜利以前这一历史阶段产生的中国报刊法制。中国古代报刊法制从出现到成熟，经历了一个历时数千年漫长而又曲折的发展过程；而在这一数千年的发展过程中，又可以按其表现出来的相对明显的特征，划分为若干个发展阶段。本文拟追寻中国古代报刊法制发展的历史轨迹，简要分析在辛亥革命胜利以前各个历史阶段的报刊法制发展进程中表现出来的主要特点。

一　中国古代报刊法制发展的历史轨迹

中国报刊法制是在中国法制发展到相当阶段，即社会生活中出现了需要对报刊活动采用法制手段进行规范的时候才产生的专门性法制。在中国法制发展的初期阶段，还没有也不可能出现专门的报刊法制，只是在一些综合性的法律制度中，包含了具有后来专门性报刊法制内容性质的萌芽。

---

* 本文发表于《南京政治学院学报》总第18卷，总105期，2002年第5期。

综观中国报刊法制及其母体中国法制的发展历程大体上可以分为以下几个发展阶段。

（一）从习惯法到成文法的发展阶段

中国法制发展进程中的“习惯法”时期，是中国法制发展的第一个历史阶段，一般是指夏、商、西周及春秋时期的法制，也就是通常所说的奴隶制时代的法律制度。在时间上包括自公元前21世纪到公元前476年这一历史阶段，其突出特点是以习惯法为基本形态，法律是不公开、不成文的。习惯法阶段的终结时期，也是当时法制的内容和形式发展的鼎盛时期，中国习惯法发展的最高水平阶段是中国奴隶制时代的末期——西周时期。在这一时期形成的“以德配天”、“明德慎罚”的法制指导思想，老幼犯罪减免刑罚、区分故意和过失等法律原则及“刑罚世轻世重”的刑事政策，都是具有当时世界最高水平的法律制度，对中国后世的法制也产生了重要的影响。①

自公元前770年周都东迁至公元前476年的近300年间即史称“春秋”的历史时期，中国法制建设的一个重大发展就是各诸侯国公布了以保护私有财产为中心的成文法。其中法制建设史上有代表性的事件如郑简公三十年，周景王九年（公元前536年），郑国子产“铸刑书于鼎，以为国之常法”；郑献公十三年，周敬王十五年（公元前501年），“郑驷歂杀邓析，而用其竹刑”；晋文公四年（公元前633年），作“被庐之法”；晋文公六年（公元前631年），赵宣子“始为国政，制事典，正法罪，辟狱刑，……既成，以授大师阳子与大师贾佗，使行诸晋国，以为常法”；《左传·昭公二十九年》载“冬，晋赵鞅、荀寅帅师城汝滨，遂赋晋国一鼓铁，以铸刑鼎，著范宣子所为刑书焉”等等，从可以由奴隶主随心所欲地惩罚奴隶的习惯法时代，进入刑书公布于世，统治阶级在凭借国家机器惩罚农民阶级时，在一定程度上必须受到已经公布于世的刑法限制的成文法阶段，是中国法制发展史上的一大进步。

---

① 曾宪义：《中国法制史》，北京大学出版社、高等教育出版社，2000，第4~5页。

（二）从“百家法”向“独家法”的发展阶段

春秋战国时期思想领域的一个基本特征，就是“天子”不再是具有至高无上权威的“天子”，“诸侯”也不再是满足在天子所封的一地一区当诸侯的“诸侯”，各人想心事，个个想称王。因此，代表不同阶级、阶层和集团利益的各派思想家开展的“百家争鸣”，在战国时期达到了顶峰。“战国时期”一般是指从周元王元年（公元前475年）到秦始皇嬴政二十六年（公元前221年）。其间，在秦、楚、齐、魏、赵、韩、燕等“战国七雄”掌握政权的新兴地主阶级，为了达到限制或取消旧贵族特权，发展封建经济，建立封建法制，富国强兵，以便在兼并混战中保存、发展、壮大自己，进而实现统一中国的目的，纷纷变法。在以代表新兴地主阶级利益的法家思想为基础的前提下，各有侧重，甚至是在同一国家，这一朝代君王采用这一学派的思想，换一个朝代的君王则采纳另一学术派别的国家观念，因而在法制上也是各不相同，直到秦统一中国制《秦律》，定中央集权一尊于天下。

秦短命而亡，继之而起的西汉王朝是封建专制中央集权制度的巩固和发展时期。在法制建设上，西汉王朝崇尚以黄老思想为主并辅以法家思想的立法指导思想，推行“约法省刑”的治国策略。刘邦初入咸阳就宣布废除秦代苛法；汉惠帝四年时“省法令妨吏民者，除《挟书律》”；高后元年“除三族罪，妖言令”以及“复弛商贾之律”；文帝元年又“尽除收孥相坐律令”；等等。统治者推行“无为而治”的结果是生产得到了发展，社会增加了财富，人民得到了安定。这一阶段从本质上讲仍然是“百家法”，即以多种思想流派混合为特征的法制阶段。汉宣帝曾将这一阶段的法制特点归纳为“霸王道杂之”。霸道是指春秋五霸、战国七雄务耕战，富国强兵，惟利是图，惟力是尚之道，主张法术势，不讲仁义礼信。王道则是指禹汤文武周公之道，即以儒家礼义为纪纲，确立与巩固君君、臣臣、父父、子子的政治社会秩序。[①]

汉武帝刘彻即位后，采纳了董仲舒“罢黜百家，独尊儒术”的建议，

① 徐祥民、胡世凯：《中国法制史》，山东人民出版社，2000，第100页、第95页。

确立了“德主刑辅”的立法指导思想，即先用德礼进行教化，教化无效再辅之以刑罚。“大其德而少其刑”，德刑结合，刚柔相济，达到维护统治阶级地位的根本目的。由此，中国法制建设进入了以儒家思想为主辅之以法家思想的立法指导思想阶段，儒家思想成为社会生活的主流思想，并一直延续到满清封建王朝的灭亡。

正是在这样的立法思想指导下，中国自汉以降的各封建王朝，都制定、颁布了各自的法律制度，形成一贯到底的具有中国思想文化特色的中国法律体系和传统。如三国时期的《魏律》，两晋时期的《晋律》，南北朝时期的《北魏律》和《北齐律》，隋朝时期的《开皇律》和《大业律》，唐朝的《武德律》、《贞观律》、《永徽律》、《开元律》以及中国历史上第一部法规大全《唐六典》，宋朝有《刑统》，元朝有《至元新格》、《大元圣政国相典章》（简称《元典章》），明朝有《大明律》和《大明会典》，以及清朝有《大清律例》和《清会典》等等，无一不是以儒家思想为主，辅以法家思想的“德主刑辅”立法原则的产物，只不过随着当时政治、经济、文化等社会环境的变化而对法制内容重点进行相应的调整和强化或细化，使以维护和巩固中国封建主义的中央集权专制为主要目的和根本功能的法律制度不断完整和严密。

（三）从“综合法”向“专门法”的发展阶段

“综合法”是特指在一部法律法令中包括了规范多方面（如经济、政治、刑事、民事、文化）的法律综合内容的法律现象，并不是说在历史上有过这样的冠名为“综合法”的法律法令。相对而言的“专门法”，也就是指朝廷或政府为了规范某一方面的社会活动而制定颁布施行的专门性法律法令，报刊法制即是其中的一类。涵盖社会生活各个方面的综合法和专门规范某一方面社会活动的专门法相结合，构成了特定社会历史时期相对完整的法律法令体系。笔者认为，专门法可以从两个不同层面的意义来认识：一是概指只要是适用于规范特定方面社会活动的专门性法律法令，如刑法、行政法等；二是特指适用于规范特定社会时期特定社会活动如报刊活动的专门性法律法令，诸如皇帝针对邸报、小报等颁布的谕旨及后来的《大清报律》、《钦定报律》等，都属于专门性报刊法律法令的范畴。

从综合法到专门法，尤其是出现专门适用于规范报刊活动的专门法，经历了漫长的发展过程。

从法律法令的发展轨迹上看，从综合法到出现专门法，实际经历了先由个别到一般、又由一般到个别的螺旋式上升过程。开始的法律法令是为了规范某一点（方面）的社会成员行为而制定的具体规则，发展到一定水平后，法律法令的制定颁布者为了协调兼顾多方面的关系，于是就出现了在一部（项）法律法令中对涉及的多方面关系进行明确和界定，使单一的法律法令内容向综合法方面发展，这是问题的第一个方面。问题的第二个方面是当统治者感到社会生活的某一特定方面对其统治地位、政权稳定、经济安全、思想观念造成根本的或重大的冲击，靠蕴涵在综合法里的某一些条文内容，已不足以规范特定方面社会活动的所有现象时，就自然而然也是必然地产生了对规范某一方面特定社会活动的专门法律法令需求，进而推动法律法令的专门化，于是就出现了一批既纳入整个法律法令体系，又在内容上专有所指的专门性法律法令。报刊法制就是在这种大的社会环境下产生的。

早在西汉王朝建立不久，“四夷未附，兵革未息，三章之法不足以御奸”，于是汉高祖刘邦命相国萧何参照秦律，“取其宜于时者，作律九章”。《九章律》中有“厩律”一篇，内容主要包含逮捕、告反、逮受、登闻道辞、乏军之兴、奉诏不谨、不承用诏书、上言事变、以京事告急等罪名。[①] 虽然其内容已无考，但从其所列的“奉诏不谨”、“不承用诏书”、“上言事变”等罪名分析，主要就是对与皇帝诏书的接受、贯彻执行以及向皇帝谎报情况等罪行的处罚。尤其是接着上述几个罪名之后的“以京事告急”的罪名，更是直截了当地规定了对把“京城发生的事情”以最快手段汇报给各诸侯（“告急”）的行为进行处罚。“告”有点相当于后来的动词“报”，也就是诸侯王派驻在京师的官吏，通过一定手段把京城的政治、社会及宫廷、王室成员的活动消息向派他出来的地方长官汇报的行为。这一行为似乎与后来出现的“邸报”有比较直接的关系。因而，从综合性的汉代正律（刑律）《九章律》的内容中，我们似乎已经看

① 徐祥民、胡世凯：《中国法制史》，山东人民出版社，2000，第100页，第95页。

出汉代为禁止、规范“京事传报”行为而制定的专门性法律条文的雏形，走出了在综合性法律基础上向专门性法律发展的第一步。

要特别指出的是，汉代除了九章正律外，还沿袭秦制颁行了一些政治、经济等方面的单行法律，它是汉代法律制度的重要组成部分，与正律具有相同的法律效力，并行不悖。其中《挟书律》就是一项专门管理图书刻印、流传的法律。我们认为，《挟书律》规范的内容也应包含当时刚刚萌芽的报刊和报刊活动。因为在汉朝及以后的相当长的时期内，报刊都处于萌芽状态，往往被人们混同于书而不单独列出。即使是到了近代，图书馆已大量收藏、管理和提供报刊文献的服务，但不少图书馆学专著仍然把包括了图书、报刊等类群的图书馆文献资源，统称为“图书馆藏书”，而不专门指出“报刊”。所以，秦汉时期的《挟书律》所规范的当时人们的社会活动包含了古代文献（包括图书和报刊）萌芽时期的有关活动。从这一点认识，说《挟书律》的规定至少在当时涵盖了包括古代报刊萌芽在内的所有“图书”文献编印、传播活动，应当是可以理解的；再进一步，我们完全可以说秦汉时期的《挟书律》是这一阶段制定颁布的旨在规范所有古代文献活动（包含图书和报刊活动）的专门性法律。

从隋朝的《开皇律》中规定的“十恶”罪，到《唐律疏议》中的“十恶”罪，其中都有“大不敬”、“谋反”、“谋大逆”等罪名。《唐律疏议》的律文部分总计十二篇五百零二条，第一篇《名例律》相当于唐律的总则，尔后的十一篇相当于分则。其中名列第三篇的《职制律》共有五十七条，规定对于伪造皇帝八宝玉印者，处以斩刑；甚至“不录所用，但造即坐”，即不管是否使用，只要有了伪造的行为，即使没有产生效果，也要定罪。更为重要的是《职制律》中规定，对于“伪写官文书印者”，处“流二千里。”这里的“伪写官文书印者”，在某种意义上就是专指我们后人认为是中国古代报刊萌芽的“报状”、“进奏院状报”中的一些与朝廷发布的京城动态不一致的内容或者说是小道消息，和抄报未经皇帝同意、擅行传抄圣谕奏章等的行为。我们认为，在这个罪名中最重要的有两个字，一是“伪”，一是“印”。关于“伪”，即是“作伪”的意思，是指在“官文书”的名目下传抄不准传报的文字内容；至于“印”，大致可以理解为“印传、印发”，表明唐代的民间报刊，即唐代在“进奏院状报”、“报状”的名目下秘密传报的书写印制品，已有一定的社会需求，并且已经采用“印”这一在当时比较先进的文献制作方式来扩大一次生产量。为了遏制这种对封建统治阶级地位有直接危害的信息传播活动，朝廷规定“流二千里”，可见惩罚之重。这是在唐代综合性法律中出现的针对（规范）报刊活动的专门性法律条款。和汉代《挟书律》中的有关规定相比，唐代《职制律》中对“伪写官文书印者”行为的处罚规定，所指的对象更为明确，处罚的标准也更为明确，专门性法律条款的性质也更为明确。

自唐以降，中国封建社会又历经宋、元、明、清，直至 1911 年辛亥革命推翻帝制，建立“共和”。千余年间，在历代封建皇帝及朝廷政府制定、颁发、施行的法律中，既有综合性的刑事处罚法律法令制度，同时在一些综合性的法律法令制度中也专列了用以规范社会（朝廷）邸报等官报的编印传抄活动，限制、禁止和惩处民间报刊的编印、传抄活动的专门条款，并使之逐步趋向专门化，以提高法律法令的针对性。尤其要指出的是，鸦片战争以后，列强帝国入侵，西学随之东渐，西方资产阶级的思想观念及做法也随着各色西方人士的到来和国人游学东归而逐步被中国社会及学术界接受，被称为“新式报刊”的近现代报刊迅速发展，清政府感到其对自己统治地位的冲击和威胁，采取了各种措施进行遏制和防范。就是在这种社会环境中，光绪三十二年（1906 年），清政府公布了由商部、巡警部、学部会同鉴定的《大清印刷物件专律》，其中有“第三章 记载物件等”一章，对后来被人们称作“报刊”的“或定期出版或不定期出版，即新闻丛录”等出版物的有关事项做了规定。同年又发布了《报章应守规则》，就目前所知，它是我国第一种独立发布的专门性报刊法规。光绪三十三年（1907 年）十二月，清廷又发布了《大清报律》，这是中国历史上第一个以“报律”作为法律法令制度标题的法律文本，标志着中国的报刊法制建设从综合法中正式独立出来，成为一种由政府正式颁布施行的专门性法规。《大清报律》的颁布、施行，在中国报刊法制建设发展历程中具有里程碑的意义，标志着中国报刊法制建设进入了一个新的发展阶段。

二 中国古代各阶段报刊法制发展的特点

虽然中国报刊从春秋战国起就开始出现萌芽，但由于报刊自身尚未完全成形，且在社会生活中还未产生引起社会统治者重视的作用和影响力，所以社会客观上还没有产生对报刊法制的需要，故中国古代报刊法制的产生要迟于报刊的发展。为此，我们把从春秋战国到唐代中期都划为中国古代报刊法制的萌芽或起源时期，尔后即按朝代来分析认识中国古代报刊法制在特定历史阶段的发展特点。

（一）从春秋战国到唐代中期中国古代报刊法制的主要特点

春秋战国到唐代中期是中国古代报刊法制的萌芽或起源时期。其发展的主要特点是，社会经济发展到了一个相对高峰时期的水平，为中国报刊及报刊法制的起源提供了必需的物质条件；在社会政治环境经过了春秋战国、楚汉相争、王莽之乱、三国、魏晋南北朝及史称“五胡十六国”时期的历次动荡以后，到唐代中期已出现通过法制手段对社会报刊活动及报刊进行规范及管理的客观需要；唐代统一的政治、经济、文化环境，不但为中国古代报刊的萌芽提供了有利的社会条件，也为中国古代报刊法制的萌芽创造了内在的发展动因。我们认为，中国古代报刊法制肇始于商周盘庚时期的“言禁”制度，拓展于秦汉时期的“书禁”制度，基本成形于汉唐时期的“驿传”制度。

（二）中国古代报刊法制在宋代发展的主要特点

宋代报刊法令制度发展主要有两个动因：一是宋朝社会统治者面临的内乱外患社会环境。为了维护和强化其统治地位，在其他方式都难以完全达到目的的情况下，必然要采用一切可能的手段包括法制手段来规范报刊活动；二是社会统治者为了保持报刊活动事业与其他社会活动事业的平衡，也必须制定相关法令促进、制约或规范报刊活动。这一时期，对政府官报的称谓认识渐趋统一；报刊在国家社会政治生活中的作用被社会统治者认识得更加清楚；具有鲜明的民间色彩、直接的新闻传播功能和更多报刊自身特征的小报迅速发展。在这种社会环境下产生的宋代报刊法制体系中，包含了由确立宋朝报刊事业体制、规定报刊事业具体运行环节及标准、规定对违规进奏官的处罚标准、对社会办报人的违规行为进行处罚以及查禁民间小报的有关规定等五个方面组成的主要内容。与前代相比，宋代报刊法制的进步主要是开创了中国专门报刊法制的先河；在形式上以诏令、臣僚言及政府机构的“建言”为主；在内容上出现了大量旨在遏制民间报刊、查禁民间小报的法律内容；都进奏院的设置，则进一步确立和完善了完全掌握在朝廷命官手里的从新闻采集到传播发行完整的进奏院状报运作体制和运作程序，使进奏院状报具有了真正意义的政府官报性质。

（三）元明时期中国古代报刊法制发展的主要特点

元代没有形成系统的报刊法制，这在学术界已得到公认。但根据有关文献记载，元朝曾经存在政府官报、民间报刊以及报刊法制的萌芽。明太祖废部设省，国家权力明放暗收，言官制导致言官分派、党争激烈，农民起义此伏彼起、边境不稳和民族矛盾不断，明末资本主义经济的萌芽以及通政司的设立和官报体制的改革，明末塘报的崛起及影响、民间报纸的发展和普及等，形成了具有鲜明特征的明代社会和报刊环境。就在明代这种独特的社会环境和报刊环境下，产生了包括确立官报管理体制和运行机制、惩处邸报传抄活动中的工作失职或不力行为、严禁传抄泄露边机军情事宜、扶持民间报刊和抄报业发展，以及限制私揭传抄和惩处传抄私揭行为等方面内容的明代报刊法制体系。与宋代报刊法制相比，明代报刊法制首先在形式上表现为以皇帝诏书谕旨或臣僚言下达的报刊法制内容成下降趋势，而以部门尤其是直接掌管官报或塘报编印传抄活动的职能部门（如兵部等）提出、经皇帝批准后具有法律效力的法制内容却呈上升趋势；在内容上出现了宋代报刊法制中没有的旨在规范、查禁“私揭”现象和规范塘报传递活动的内容。明代报刊法制最大的进步，首先表现在对以报刊为主要媒体的新闻传播活动在国家政治生活中地位和作用的认识上，达到了明代以前所有朝代都没有达到的高度；其次，明代报刊法制在内容体系结构上更加完整，适应了明代时期报刊活动发展变化的需要；再则，明代报刊法制对违法现象的罗列和惩处标准的层次区别上，规定得更加具体详细，更具有操作性，而且开始根据某一事物（行为）对社会的危害程度来确定惩处的刑法力度，使法制更好地发挥威慑作用；最后，在促进社会新闻传播和避免新闻传播泄密的相互关系上，明代统治集团中的祁佳彪、左懋第等人的认识达到了相当高的水平，其中左懋第对“必当密”与“不必密”的论述以及关于封锁新闻导致“科录史馆皆不能启什袭之藏而笔之”严重后果的观点，以及祁佳彪关于区别“不妨抄传”和“不应抄传”的论述等，都足以为后人借鉴。

（四）清代前期中国古代报刊法制发展的主要特点

清代前期是特指从清军入关定都北京，建立封建中央专制政府开始，到鸦片战争之前的1839年为止。在这一阶段，社会统治者以建立和巩固政权为“第一”的皇帝意识、以收拢人心为“目的”的文化绥靖政策、以稳定和发展经济为“首要”的经济政策，以及周边环境的“相对平和”和清王朝实行与元王朝不同的立国方略等因素，构成了报刊法制产生发展的独特社会环境；而政府官报独特的管理体制，提塘及塘报职能的转变，以《京报》为主要代表的民间报纸的迅速发展等，则构成了这一时期报刊法制发展的特定社会报刊环境。在这种社会环境中，产生了包含调整和建立报刊运行体制、对报刊内容进行管理和控制、查处和惩戒违反报刊管理和运作规定的行为、加强提塘建设以及查处民间小报等方面内容的报刊法制体系。和明代报刊法制相比较，清代前期的报刊法制表现出“清因明制”，尤其在清初基本是承袭了明朝报刊法制的特征；“斟酌损益”，经历了因袭、调整、适应和稳定的发展过程以后，才逐渐形成清代前期报刊法制的特点，至于“严刑峻法”，则表明清朝统治者在运用报刊法制维护其封建统治方面，达到了前所未有的严厉和苛刻程度，这些就构成了清代前期报刊法制的主要特点。

（五）清代后期中国报刊法制的主要特点

帝国主义列强对中国的全方位入侵导致了中国社会性质的变化，社会矛盾错综复杂，民间反抗此伏彼起，“洋务运动”促进了中外思想文化的交流以及以康、梁等为代表的资产阶级维新派发起并受到光绪皇帝支持的

“百日维新”运动等，构成了清代后期报刊法制发展的社会背景；在报刊活动及报刊事业方面，则是封建官报经历了蜕变直至最后衰亡，“外人在华报刊”经历了短暂的辉煌，政党团体创办的报刊星斗转移、大起大落，留学生创办的报刊独树一帜等等，构成了清代后期报刊法制发展的报刊背景舞台。也就是在这个舞台上，林则徐、魏源、洪仁玕、王韬、陈炽以及郑观应等人，在思想解放的第一个浪潮中率先宣传报刊民主法制思想；在筹划“百日维新”及其过程中，康有为在《请定中国报律折》中第一个向皇帝提出制定中国报律的建议。光绪皇帝授权康有为拟订报律，“送交孙家鼐呈览”，但由于“百日维新”失败而成泡影。“辛丑”大败后，清政府被迫宣布“仿行宪政”，由此开始了制定中国近代报刊法律的进程。自 1906 年颁布《大清印刷物专律》以后，除陆续制定或修订、颁布了诸如《报章应守规则》、《报馆暂行条例》、《大清报律》及《钦定报律》等直接管理、规范社会报刊活动的法律外，还制定颁布了诸如《电报总局传递新闻电报减收半价章程》、《重订收发电报办法及减价章程》以及《著作权章程》等与报刊活动直接相关的法律法令，并且还在诸如《钦定宪法大纲》、《违警律》、《清新刑律》等法律法令中规定了一些与规范报刊活动有关的内容，从而形成了包含维护和弥补传统报刊运作体制以及对新式报刊进行管理限制的基本完整的中国近代报刊法制体系。其中又分别对报刊的创办程序、出版传播活动、禁载内容限定以及报人权限等方面特别作了严格的规定。和清代前期的报刊法制相比较，这一时期的报刊法制，在内容上更清楚地表现出封建专制的思想内核、殖民主义的精神特征和资本主义的外在形式等特点；而在形式方面，则完成了从皇帝圣谕到近代报律的蜕变，达到了中国封建专制社会环境下可能达到的最高水平，并且几乎在同一时间就走到了衰亡的终点。

论清代前期报刊法制的体系与特点*

清代前期是指从清兵定都北京开始到英国发动鸦片战争前的1839年为止。在这一阶段中，清朝统治者经历了由初始执掌全国政权时的小心翼翼、宽容忍让，利用汉族知识分子为其服务，到独断专横、压制民主、摧残舆论，大兴文字狱，以维护其统治的发展过程。到鸦片战争爆发之前，已经初步形成了具有鲜明清朝色彩、包含多方面内容的报刊法律体系。

一　体系解析：清代前期报刊法制体系的主要内容

黄瑚先生指出：中国古代报纸的产生与发展，因在信息传播方面具有一定的规模效应，必然要与封建社会一以贯之的文化专制统治政策产生矛盾与冲突。因此，从宋代起，即中国古代报纸已经有了一定的发展、产生了一定的社会影响之时，历代封建王朝政府均对古代报纸予以高度重视，并运用法律手段予以调控，颁发了不可胜数的法令，对于违反有关法令者，则予以严酷的惩治①。清代前期结束，清政府产生了一系列旨在禁锢人们思想、压制不同意见、箝制新闻自由、封锁不同声音和镇压违法报人

---

* 本文原载《南京师大学报》（社会科学版）2003年第4期。

① 黄瑚：《中国近代新闻法制史论》，复旦大学出版社，1999，第36页。

的皇帝谕旨、院署告示、衙门奏请（准）及臣僚奏章等具有管理和规范报刊事业法律效力的文献。其主要内容为：

（一）调整和建立报刊运行体制的内容

消灭南明政权后，清朝统治者抓紧调整和建立国家文报传递系统。《明清史料》丙编第三本载："凡远近州县，事无大小，必申报道府抚按，决不容再申内院。把门上号官，不许混收取究。外而督抚镇按疏揭塘报，俱照常规收行。近京各道，凡事俱申报督抚巡按。"《大清会典》载："每日钦奉上谕，由军机处承旨。其应发钞者，皆下于阁。内外承奏事件，有摺奏，有题本。摺奏或奉硃批谕旨，或由军机处拟写随旨；题本或票拟钦定，或奏旨改签。下阁后，谕旨及奏摺，则传知各衙门钞录遵行。题本则发科，由六科传钞。"《皇朝文献通考》载："内外诸司题疏到阁，票拟进呈。得报，转下六科，钞发各部施行，以别本率录旨送皇史宬。"永榕等编《历代职官表）卷二十一《按语》称："凡疏章邮递至者，提塘官恭送通政司。通政使副使参议校阅，封送内阁。五日后，以随疏赍到之牒，应致各部院者，授提塘官分投。若有赐于其省之大吏，亦提塘官受而赍致之。谕旨及奏疏下者，许提塘官誊录事目，传示四方。"《清会典》卷七〇三载：康熙初年规定"凡题奏奉旨之事，下科后令该省提塘赴科抄录，封发各将军督抚提镇"，"凡钞刊章奏事件，寄交各省敕书、信印物件以及各部院寻常咨行外省文件，俱交给递送。"《清世宗实录》卷七九载："吏部议复：请饬令各省，必随本章同发，封套注明月日，申送通政司。通政司于送本次日，始令提塘分送各衙门。"《清会典》卷七〇三载，雍正十二年议准："督抚提镇以下各衙门，有咨呈在京各部院公文，于公文别具印单，将角数及何年月封发之处，一一注明。令提塘随公文投递，各部院查对明白，于原来印单内注明收到日期，发还原衙门，以凭稽考有无抽压遗漏。"《钦定大清会典事例》卷七〇三载，乾隆二十一年议准："各省发递科钞事件，例应责令提塘办理，以杜私钞讹传泄漏之弊。嗣后令各提塘公设报房，其应钞事件，亲赴六科抄录，刷印转发各省。所有在京各衙门钞报，总由公报房钞发。"乾隆三十八年皇帝钦定："各部院衙门，如有奏准、议复、应行发钞事件，该承办衙门，即将原奏钞录，钤盖印信，发交直隶提塘，按日刊刻颁发。仍令该提塘将发钞底本及原奏印文，按十日汇报兵部存案。”[①]《清高宗实录》卷三三五载：“今军务告竣，台站卷撤，各衙门应照旧分别缓急，应用火牌者，即发马递，无庸送军机附发，余交提塘递送。又查，奉旨速行及军机紧要之件，非逐日常有，应交兵部随到随发，用驿马无多，不必齐汇。至交塘递文书，虽寻常事件，但即属公移，理宜迅速，应交兵部行知各省遵行。”

根据上述史料我们认为：①清朝统治者在建国之初还没有着手制定限制报刊及报刊活动的专门性法制。上述史料大多产生于康熙初年到乾隆中期，而顺治朝的文献极少，由此可见在清初的顺治朝，清朝统治者客观上忙于扫除南明政权，无暇顾及文报传递系统管理体制和机制的调整和建设；在主观上也说明了清朝统治者在政权立足未稳时的韬晦之计，即先套用明朝对报刊的管理体制和运行机制，以稳定、收买汉族地主阶级知识分子的人心。在南明政权被消灭后，统治者就立即着手调整和组建适合清朝统治者统治需要、以有关法律制度为代表的文报传报体制和机制。②到清乾隆朝时，清朝已经基本上完成了报刊管理体制的构建。清初至清中叶中央政府的报刊管理体制大致如下：各地督抚镇按的“疏揭塘报”，“仍照常规收行”；朝廷专设大学士负责宫廷日常事务，传达皇帝的圣旨和谕旨；京师“内外诸司”的题本、奏疏呈报到“内阁”后，由“内阁”票拟后进呈皇帝；臣僚奏疏及诸司题本经皇帝御览或殊批后，再由内阁转发下行到“六科”；由“六科”钞发“各部”施行，并且要求“以别本录旨送皇史宬”备查。对其中一部分“可钞”或“应钞”事件，则由“六科”传钞。对地方而言，则是明确规定各行省可在京师设提塘，其提塘官由派出行省的“督抚”从“本省武进士及候选守备”中遴选，报兵部批准后充任，而且驻京提塘的业务运作活动直接“隶于兵部”，并且规定提塘官必须“三年而代”。各省之大吏向朝廷或皇帝递呈的“奏章”，经过邮驿系统递到京师提塘后，由京塘官员“恭送通政司”；通政使副使对奏疏进行“参阅校阅”，并逐件登记后“封送内阁”，“五日”后又回到提塘。由提塘官按照皇帝谕旨或部院衙门的批示分别处理：对那些应告知

① 黄卓明：《中国古代报纸探源》，人民日报出版社，1983，第109页。

有关职能部门的文牒和奏疏，由提塘官分别投送；皇帝给“省之大吏”的批示等，由提塘官负责专门送达；皇帝降下的明谕及奏疏下行到“六科”后，允许提塘官“誊录事目，传示四方”，成为邸报（钞）。③清政府在确定官报管理体制和运行机制的同时，还明确规定了官报传递的具体要求，使之成为报刊管理体制的重要组成部分。如规定：督抚提镇以下各衙门，有咨呈在京各部院公文，要“别具印单”，并“将角数及何年月封发之处”一一注明；在文报投递过程中，各部院除查对明白外，还必须“于原来印单内注明收到日期”，然后还要“发还原衙门”，以杜绝“抽压遗漏”之弊；又如规定“刑部暂行各省决囚钉封公文”，应“令兵部加封，由驿驰递”，并且“于封面注明件数”及“马上飞速”字样；再如对那些“应行发钞事件”，承办衙门除必须“将原奏钞录”外，还要“钤盖印信”；在“发交直隶提塘”按日刊刻颁发后，直隶提塘还必须“将发钞底本及原奏印文”每隔十日就汇总一次，报兵部存案备查。还如：规定“各省”发递科钞事件，规定由提塘办理。朝廷明“令各提塘公设报房”；对那些“应钞事件”，由提塘报房人员“亲赴六科抄录”，然后“刷印转发各省”，并且明文规定“所有在京各衙门钞报，总由公报房钞发”。

（二）对报刊内容进行管理和控制方面的内容

臣僚奏章是清代官报的主要内容之一。皇帝和朝廷为了加强对臣僚奏章发钞的管理，发布了不少谕旨或规定。《东华录》载，雍正二年七月“得旨：昨发下奏摺与诸王大臣阅看者，诚恐尔等体朕忧民之意。不释于怀，故将蝗不成灾之处，令众知之，非以为瑞也。其发钞及宣付史馆俱不必行。”《清会典》卷七〇三载：“乾隆五年奏准：嗣后督抚盐政关差所有进献方物，或奉有赏赐，俱不许提塘于邸报内开写。”《东华录》载，乾隆二十六年五月，“戊午谕：马龙图着拿解来京，交三法司严审定拟。余着三法司核议具奏，并将该督等前后奏摺及批谕廷寄，一并钞发。……俾中外臣工共知所惩劝。”乾隆三十一年三月谕：“着将常钧奏摺及代缴硃批摺四件、廷寄一件，概行发钞，与众阅看，并将此通谕中外知之。”乾隆三十二年三月：“癸巳谕：……此皆杨应琚案昭著之处，难以自行掩饰者。所有杨应琚奏到之摺并着钞发，中外知之。”在《东华录》中，由皇帝决定发钞的事例还有：乾隆四十年十月关于处理镇远府知府苏墧贪污一案的谕旨；乾隆四十六年十月关于刘天成奏请严浮费之禁、以裕民生一摺的谕旨；乾隆四十七年九月关于浙省查钞王亶望赀财一案的谕旨；乾隆五十一年六月关于处理闽浙总督雅德失职一案的谕旨及乾隆五十三年十二月关于孙士毅用兵安南报捷晋封公爵的谕旨等。①

从上述史料我们可以得知皇帝决定谕旨发钞的基本标准是：①是否有利于维护皇帝的天威和形象。如关于“督抚盐政关差所有进献方物，或奉有赏赐，俱不许提塘于邸报内开写”的谕旨，其根本目的是皇帝想掩盖他对大臣厚此薄彼而可能引起的官员互相猜疑和不满，以巩固自己的“王权”和天威。如皇帝把刘藻自刎案的谕批公开发钞，是为了消除人们对刘藻自刎是因皇帝“严旨督责，勒令自裁”的猜测，来说明刘藻自刎之举的“荒唐可诧”，以此反衬皇帝的英明。②是否有利于社会治安和民众人心的稳定。如皇帝关于不准钞发“飞鸦食蝗、秋禾丰茂”的谕旨，主要是考虑维持朝野人心稳定。假如现在“飞鸦食蝗”是瑞兆，那么“起蝗之初”不就成了“灾兆”了吗？所以皇帝明令不发钞。③是否有利于整饰吏治、警诫官绅。如皇帝决定把杨廷璋和吴士功案、杨应琚临阵逃避案、镇远府知府苏墧贪污案、闽浙总督雅德失职案等谕旨公开发钞，其用意是“杀鸡给猴子看”，意在对其他官员起到警诫作用。又如皇帝决定公开发钞刘天成奏请严浮费之禁、以裕民生一摺的谕旨，同样蕴涵了劝诫之义。4. 是否有利于鼓励文武百官为国家效力，建功立业。例如皇帝决定把孙士毅用兵安南报捷并被晋封公爵的谕旨公开发钞，很明显是为了表彰前方将士武功，劝勉他人，反映了统治者的导向。

（三）查处违反报刊管理和运作规定行为的内容

清初至清中叶，清王朝政府为了遏制报刊泄密、捏造及传播不利于朝廷的新闻消息等行为的蔓延，下达了不少谕旨或规定，如：《清会典》卷七〇三载：雍正元年议复：“凡提塘京报人等，除题奏谕旨外，如有讹造无影之词者，查拏治罪。”《东华录》载：雍正六年议准：“嗣后除漏泄密

① 黄卓明：《中国古代报纸探源》，人民日报出版社，1983，第119页。

封事件仍照定例分别议处治罪外，其虽然密封，但未经御览批发之本章，一概严禁，不许刊刻传播。如报房书吏彼此沟通，本章一到，即钞录刊刻图利，及捏造讹名，并招摇作骗情弊，各照例分别治罪。该管官吏失于觉察，科道不予纠参，皆照漏泄密封事件例，分别议处。”雍正六年，朝廷九卿议奏：“如将应密事件预通信息及设词恐吓诈骗，一经发觉，即交刑部治罪。其出结之该地方官及督抚失察者，分别议处。”雍正四年，皇帝就小钞上刊载他和王大臣在圆明园乘舟饮酒作乐一事降下明谕：“报房竟捏造小钞，刊刻散播，以无为有，甚有关系。着兵、刑二部详悉审讯，务究根源，以戒将来，以惩奸党。”

从上述史料中，可以知道当时的报刊违规行为主要有：①擅自钞发的行为。朝廷规定对“在京提塘将不发钞之事件，钞寄该督抚等”的行为，“一律严禁”；对把“虽然密封，但未经御览批发之本章”钞录刊刻图利的行为，“照例分别治罪”；并且规定对那些负有管理责任“该管官吏失于觉察，科道不予纠参”，也要“皆照漏泄密封事件例，分别议处”。②借邮传之名，作奸滋弊，“俾紧要事件”，“先期漏泄”的行为。朝廷规定“如将应密事件预通信息及设词恐吓诈骗，一经发觉，即交刑部治罪。其出结之该地方官及督抚失察者，分别议处”。③在邸报上刊载伪撰的臣僚奏疏和硃批谕旨的行为。朝廷规定“凡提塘京报人等，除题奏谕旨外，如有讹造无影之词者，查拏治罪”。因为一般情况下邸报上刊载的臣僚奏疏和硃批谕旨，都是皇上亲自御批的，代表了皇上旨意。伪撰的臣僚奏疏和硃批谕旨容易造成人心浮动，所以必须严禁。④“捏造小钞”的行为。雍正皇帝曾就报房小钞上刊载他和王大臣在圆明园乘舟饮酒作乐新闻一事“着兵、刑二部详悉审讯，务究根源，以戒将来，以惩奸党”。

（四）加强提塘管理的内容

政局大定后，清政府根据国内大规模战争基本结束的情况加强了提塘的管理和调整，为此颁发了不少具有报刊法制功能的谕旨、圣旨或议复等文件。《明清史料》丙编第九本载：“牛录章京臣闽天俊，向系臣文剳委管提塘事……办事迄今，未蒙实职，恳祈敕下该部查勘。如果臣言不谬，原赐少加优擢，以彰劳动。”永榕《历代职官表》卷二十一《按语》中载："国朝定制，各省设在京提塘官，隶于兵部，以本省武进士及候补侯选守备为之，由督抚遴选送部充补，三年而代。"《东华录》载雍正六年二月御批谕旨："行令各督抚，于本省武进士及侯补侯送守备人员内拣选，取具该地方官印结，申送咨部，顶补三年无过，照本班即用。怠惰贻误者，即行革斥。如将应密事件预通信息及设词恐吓诈骗，一经发觉，即交刑部治罪。其出结之该地方官及督抚失察者分别议处。"《钦定台规》卷十四载，"在京提塘有期满而咨留七八年者，……令各省督抚依限送部充补，即令从前提塘卸事回籍。如复保送迟延，照钦部案件违限例议处。"《清仁宗实录》卷一六六载嘉庆皇帝谕旨："嗣后著各该督抚，严饬管有塘站之州县，设立章程，实力稽查，遇有递送各省部文，务须按限驰送，毋许稍有延搁，违者即行惩处。倘州县漠不关心，致有贻误，并着该督查明参处，以专责成而肃邮传。"《清会典》卷七〇三载：雍正十二年议准："督抚提镇以下各衙门，有咨呈在京各部院公文，于公文别具印单，将角数及何年月日封发之处，一一注明。令提塘随公文投递，各部院查对明白，于原来印单内注明收到日期，发还原衙门，以凭稽考有无抽压遗漏。"《清世宗实录》卷七九载："吏部议复：请饬令各省，必随本章同发，封套注明月日，申送通政司。通政司于送本次日，始令提塘分送各衙门。"《清高宗实录》卷一〇二载："吏部议：请嗣后故员应缴事件，照兵部原奏，令其子孙亲呈督抚，查明封固，代为奏缴，毋庸咨送呈部，永著为例。"《清会典》卷七〇三载乾隆十三年议准："各省提塘钞发本章，必须谨慎。有应密之事，必俟科钞到部十日之后，方许钞发。如有邸报先于部文者，该督抚将提塘参处。"《钦定大清会典事例》卷七〇三载乾隆二十一年议准："嗣后令各提塘公设报房。其应钞事件，亲赴六科抄录，刷印转发各省。所有在京各衙门钞报，总由公报房钞发。"《大清会典》载乾隆三十八年议定："各部院衙门，如有奏准议复应行发钞事件，该承办衙门即将原奏钞录，钤盖印信，发交直隶提塘，按日刊刻颁发。仍令该提塘将发钞底本及原奏印文，按十日汇报兵部存案。"

上述史料表明：①清初规定各藩镇可自置提塘，并可临时性任命提塘官，但必须报请兵部"实授"以后才算国家正式官员。可见清政府规定了提塘官的任职资格、产生及任命程序、驻京提塘官的任期以及提塘管理职能部门等。②为了确保提塘的正常运转，政府不但明确了推举提塘官的责任，提塘官选拔程序、考核和晋升以及惩处标准，还包含了提塘官犯事后，对具结申送提塘官的该地方官的处理。③为了保证提塘官按任期换班，朝廷规定了对任满提塘官的处理措施。对那些在京任提塘官已期满但仍“咨留”京城的原提塘官，要求“从前提塘官卸事回籍”，并且强调假如各省督抚“保送迟延”，要按“违限例议处”。④为了保证文报按时传送，清政府针对塘兵严重积压公文的现象，明确要求“管有塘站之州县”，设立章程，实力稽查，确保部文“按限驰送”，否则“即行惩处”。⑤清政府规定了提塘运作规定。规定须把公文印单随公文投递；通政司于送本次日始令提塘分送各衙门；“硃批事件”不得“由提塘分送”；各省提塘“必俟科钞到部十日之后，方许钞发”；提塘“公设报房，其应钞事件，亲赴六科抄录，刷印转发各省”；对“应行发钞事件，该承办衙门即将原奏抄录，钤盖印信，发交直隶提塘，按日刊刻颁发”，并需“将发钞底本及原奏印本，按十日汇报兵部存案”等。

（五）对民间小报进行查处的内容

朝廷为了遏制那些危及清王朝及社会稳定的“小钞”，颁布了不少具有法律效力的谕旨、议奏（准）等规定。如《清世祖实录》卷二十载顺治二年八月二十六日上谕：“一应题奏本章，非经奉旨下部，不准擅以揭贴先行发钞。其有原本无章，径以私揭妄付邮递抄传者，尤宜严禁。”《东华录》卷二十二载：“近闻各省提塘及刷写文报者，除科钞外，将大小事件探听写录，名曰小报。任意捏造，骇人耳目，请严行禁止。庶好事不端之人，有所畏惧。”《清会典》卷七〇三载康熙五十三年朝廷议准：“各省提塘，除传递公文本章，并奉旨科钞事件外，其余一应小钞，概行禁止，违者治罪。”《东华录》载雍正六年议准：“如报房与书吏彼此沟通，本章一到，即钞录刊刻图利，及捏造讹名，并招摇诈骗情弊，各照例分别治罪。”《清世宗实录》卷四载雍正四年五月初九日皇帝降下谕旨“报房捏造小钞，刊刻散播，以无为有，差兵刑二部详悉审讯，务究根源。”《钦定六部处分则例》中载：“凡题奏请旨事件，于径到部之先，即行钞传者，将该科给事中罚俸六个月（公罪）"；"提塘京报人等，有串通书吏，捏造小钞、晚贴，借端讹诈者，责成该管之给事中、巡城御史、坊官及大宛两县，不时访拏，若失去拏究，将该给事中、巡城御史各罚俸一年，五城司坊官及大宛两县各降二级调用（俱公罪）"；"凡未经批发之本，即抄写刊刻图利者，该官失去觉察，罚俸一年。该管科道不行查参，罚俸六个月。"《东华录》载乾隆三十八年议定："若承办衙门并未发交，该提塘等混行刊刻传布者，一经查出，即将该提塘查参议处。"

综上可知：①顺治时期即有小报存在，但还没有提出查禁措施。顺治二年八月二十六日的上谕虽未点明是"小报"，但"擅行揭贴先行发钞"和"以私揭妄付邮递钞传"，实际上就是"小报"。皇帝先是"不准"，接着是"尤宜严禁"，态度非常鲜明，但还未明确提出查禁、惩处的具体措施。②康熙时期已明确提出要查禁非法小报。康熙五十三年已明确地对"小报"要"严行禁止，"一是可知"小报"在当时已产生较大影响，使清朝统治者感到"骇人耳目"；二是小报因其内容"任意捏造"，对清王朝统治已构成危胁，所以康熙帝才同意揆叙提出的"严行禁止"小报的建议。③清政府不但查禁非法小报，而且对有关责任者也连带惩处。提塘京报人等"捏造小钞、晚贴"，皇帝责成给事中等该管官员查拿，并对失职行为给予"罚俸"的处罚；"题奏请旨事件"在"到部之先，即行钞传者"，除了对钞传者按照法律治罪外，该科的"给事中"也要"罚俸六个月（公罪）"。④清政府动用刑事法律予以惩处。对因"混行刊刻传布""并未发交"的"应行发钞事件"而被查出者，"该提塘官"即"查参议处"；而对在"题奏事件外""讹造无影之词"的提塘京报人，不仅要"查"，还要"捉拿""治罪"，处罚是很严厉的。

二 继承发展：清代前期报刊法制的特点

清代前期是中国封建社会无论在政治、经济、军事等方面都发展到顶峰，然后又不可逆转地迅速下跌到低谷的历史转折阶段，其报刊法制有如下鲜明特点：

（一）“清因明制”的特点

朱元璋总结了从西周到唐宋诸朝江山得失的历史经验，尤其是汲取元朝立国不满百年即亡的深刻教训，明确了以“明刑弼教”、“重典治国”等为指导的立法思想和原则，制颁了“草创于吴元年，更定于洪武六年，整齐于二十二年，至三十年始颁示天下”的《大明律》，标志着明代基本法典的最后定型。它的产生，不仅标志着明代封建立法的成就，而且影响了清代立法的格局①。以万历十五年《万历重修会典》问世为标志，形成了以《大明律》为代表的基本法典，以《明大诰》为代表的特别刑法和以《明会典》为代表的行政法规为主要内容的法制体系。1644 年，满族贵族借明末降将之力和明末农民大起义之势顺利入关后，面对着的是前所未有的众多人口、广阔疆域、发达的经济文化和复杂的社会生活。他们原有的法律制度远远不能适应新的统治需要。在这种社会背景下，出现了“清因明制”的法制现象。

在报刊法制方面，清朝统治者采取的也是“清因明制”策略。到康熙初年，皇帝才钦定“凡题奏奉旨之事，下科后，令该省提塘赴科抄录，封发各将军督抚提镇”的官报管理体制；直到乾隆二十一年，皇帝才降下谕旨：“各省发递科钞事件，例应责令提塘办理，以杜私钞讹传泄漏之弊。嗣后令各提塘公设报房，其应钞事件，亲赴六科钞录，刷印转发各省。所有在京各衙门钞报，总由公报房钞发”，确定了清朝官报的运作体制。至于对违规报刊及报刊活动的处罚规定，目前所见较早的是《清会典》卷七〇三所载雍正元年关于“凡提塘京报人等，除题奏谕旨外，如有讹造无影之词者，查拏治罪”的“议复”和《东华录》所载雍正六年议准的“嗣后除漏泄密封事件仍照定例分别议处治罪外，其虽然密封，但未经御览批发之本章，一概严禁，不许刊刻传播。如报房书吏彼此沟通，本章一到即钞录刊刻图利。及捏造讹名，并招摇诈骗情弊，各照例分别治罪。该管官吏失于觉察，科道不予纠参，皆照漏泄密封事件例，分别议处”的规定，这时距清军入关定都北京已近百年了。我们认为清代前

① 曾宪义：《中国法制史》，北京大学出版社，2000，第 200～201 页。

期在法律制度建设上“清因明制”，既是清朝法律制度建设的不足，也是清朝法制包括报刊法制建设的一个特点。

（二）“斟酌损益”的特点

清代前期的法制建设经过因袭调整，到康乾时期已经达到了相当的水平，在某些方面比明朝甚至是有过之而无不及，其中关于报刊管理体制和提塘运作程序的规定尤为严密。如乾隆三十八年上谕：“各部院衙门，如有奏准议复应行发钞事件，该承办衙门，即将原奏钞录，钤盖印信，发交直隶提塘，按日刊刻颁发。仍令该提塘将发钞底本及原奏印文，按十日汇报兵部存案。”在这一不足百字的谕旨中，首先规定了提塘刊刻颁发的内容范围是经过“奏准，议复”后的“应行发钞事件”；其次是明确了官报运作过程三个环节的不同责任部门：“发钞”是该发钞事件的“承办衙门”，发钞过程是负责“按日刊刻颁发”的“直隶提塘”，刊刻颁发之后的存档备案、核查监督部门是“兵部”。第三是明确规定了官报运作的工作程序：当部院衙门需要“发钞事件”时，该衙门应将原奏钞录，钤盖印信，发交直隶提塘，“按日刊刻颁发”。直隶提塘在按日刊刻颁发后，必须“将发钞底本和原奏印文，报兵部存案”。第四是明确规定了官报运作过程中的有关要求，诸如发交直隶提塘的必须是“应行发钞事件”，交给直隶提塘的必须是“原奏钞录，钤盖印信”的文稿，直隶提塘对应行发钞事件必须“按日刊刻颁行”，按日刊刻颁行官报，又必须每十日把发钞底本及原奏印文“汇报兵部备案”等等，从机构到时间，从内容到形式，从运作程序到具体要求，都有明确规定，周密程度令人惊叹。

在提塘运作程序规定的方面，清代前期规定的细致程度也大大超过明朝。如规定“凡疏章邮至者，提塘官恭送通政司。（内阁）应致各部院者，授提塘官分投。若有赐于其省之大吏，提塘官受而赍致之。谕旨及奏疏下者，许提塘官誊录事目，传示四方”；“凡题奏奉旨之事，下科后令该省提塘赴科抄录，封发各将军督抚提镇”；“凡钞刊章奏事件、寄交各省敕书、信印物件以及各部院寻常咨行外省文件，俱交给（提塘）递送”；“各省必随本章同发（揭帖），封套注明月日，申送通政司。通政司于送本次日，始令提塘分送各衙门”以及“督抚提镇以下各衙门，有咨呈在京各部院公文，于公文别具印单，将角数及何年月日封发之处，一一注明。令提塘随公文投递。各部院查对明白，于原来印单内注明收到日期，发还原衙门，以凭稽考有无抽压遗漏”等等。既有对提塘运作程序的内容，也有提交提塘投递的公文运作程序环节规定及要求的内容，还有对投递公文部门的工作要求，都远比明朝的规定具体周密。

（三）“严刑峻法”的特点

为了维护封建统治，清朝统治者在镇压“小报”方面，达到了前所未有的苛刻程度。其中最典型的事例是对雍正皇帝与王大臣过节吃粽子活动进行了失实报道的小报及报人的查处。由于雍正皇帝从报道中看到了王权之争的余波，所以“着兵刑二部详悉审讯”。经过兵刑二部的“务究根源”，查知该份小钞出自报人何遇恩、邵南山二人之手。这两人就因此丢了命。据专家考证，这是中国新闻史上因办报获罪被杀的有姓名可考的最早两人[①]。经过康熙、雍正和乾隆三朝的严厉镇压，清初曾公开存在于社会的小钞基本灭迹了。有专家认为：进入乾隆以后，未能再发现有关“小报”或“小钞”的记载，很可能就是因为这次“报房小钞案”遭到血腥镇压而被严加取缔。所以迄于近代形态的报纸出现以前，一直保持着“邸钞”和《京报》长期并存的局面[②]。清朝统治者除了惩处民间报纸“小报”及其报人的违规行为外，对那些利用邸报传播“伪传邸抄”和上了邸报假消息的当，出于对皇帝忠诚而建言的官员，也采取满门抄斩、流放充军或“发往边远地方种地”的方式予以惩处。比较典型的是乾隆年间对“伪传邸钞”的江西抚州卫千总卢鲁生和南昌卫守备刘时达以及康熙年间对“听信伪传邸钞，妄行具奏”的贵州巡抚刘荫枢的处理[③]。

---

① 方汉奇主编《中国新闻事业通史》（第一卷），中国人民大学出版社，1999，第202页。

② 黄卓明：《中国古代报纸探源》，人民日报出版社，1983，第175页。

③ 黄卓明：《中国古代报纸探源》，人民日报出版社，1983，第128～149页。

论中国清中叶至清末时期的报刊法制*

清中叶至清末时期是特指1840年鸦片战争爆发至1911年清政府因辛亥革命爆发而最终垮台的这一历史阶段。1840年6月爆发的中英鸦片战争，由于清朝政府积贫积弱和腐败无能，最后以签订丧权辱国的《中英江宁条约》（俗称“南京条约”）而告结束。条约规定中国向英国赔款二千一百万银元；割让香港；开放广州、福州、厦门、宁波、上海等五处为通商口岸，中国抽收进出口货物的税率由中英共同议定，不得随意变更。① 这使清王朝统治下的中国主权受到了严重的损害。从此中国的社会性质从根本上开始发生变化，即从原来的封建君主专制社会逐步沦为半殖民地半封建性质的社会。在这一过程中，中国的政治、经济、文化发生了巨大的变化，同时，中国报刊及相关法律也发展到一个新的历史水平，并表现出明显的特点。

一　清中叶至清末报刊法制的发展历程

清中叶至清末是中国报刊法制在形式上新旧交替的时期，是一个从传

---

* 本文系中国新闻史学会举办的“中国新闻改革学术研讨会暨中国新闻史学会年会”（广州暨南大学，2002年11月5日）的交流宣读论文，原载《中国新闻改革学术研讨会暨中国新闻史学年会论文集》（方汉奇主编），四川大学出版社2003年6月版。

① 辞海编辑委员会:《辞海》（1999年版缩印本），上海辞书出版社，2000，第1353页。

统到近代的历史过渡时期，更是中国报刊法制在形式和内容上的突变性发展过程。这一过程分为几个阶段。

（一）民主报刊法制思想的形成和宣传阶段

西方民主报刊法制思想的传入和中国民主法制思想的初步形成和传播，既是清中叶至清末报刊法制产生的直接推动力之一，也是这一阶段表现于报刊法制中的民主色彩的重要思想来源，更是这一阶段报刊法制发展必不可少的思想准备。1842 年，魏源在《海国图志》中首先介绍了西方的新闻纸及自由办报的情况："澳门所谓新闻纸者，初出于意大里亚国，后各国皆出。遇事之新奇及有关系者，皆许刻印散售，各国无禁。"他还称赞英国"刊印逐日新闻纸以论国政，如各官宪政事有失，许百姓议之。故人恐受责于清议也"。[①] 魏源不仅介绍了西方"各国皆出"新闻纸和"各国无禁"的情况，而且介绍了西方各国"如各官宪政事有失，许百姓议之"的新闻监督功能。

1859 年，太平天国干王洪仁玕在《资政新篇》中提出并向天王洪秀全极力宣传"设新闻馆以收民心公议"、"准卖新闻篇"、"兴……新闻馆以报时事常变"、"兴各省新闻官……官职不受众官节制，亦不节制众官，即赏罚亦不准众官褒贬"[②] 的报刊民主法制设想，产生了较大影响。

1883 年 5 月，王韬在《论各省会城宜设新报馆》一文中提出应当允许"各省会城市设立新报馆"；允许报纸"指陈时事，无所忌讳……言之者无罪，闻之者足诫"；允许"采访新报之人得入衙观审，尽录两造供词及榜掠之状"。在《论日报渐行于中土》一文中又介绍"西国之为日报主笔者，必精其选，非绝伦超群者不得预其列。今日云蒸霞蔚，持论蜂起，无一不为庶人之清议。其立论一秉公平，其居心务期诚正。如英国之《泰晤士》，人仰之几如泰山北斗，国家有大事，皆视其所言以为准则，盖主笔之所持衡，人心之所趋向也。"[③] 这些都具有浓厚的民主思想。

---

① 魏源：《海国图志》，平庆径固道署刻印本，1876，卷 53。

② 洪仁玕：《资政新篇》，转引自张之华编《中国新闻事业史文选（公元 724～1995）》，中国人民大学出版社，1999，第 5～6 页。

③ 王韬：《论日报渐行于中土》，转引自张之华编《中国新闻事业史文选（公元 724～1995）》，中国人民大学出版社，1999，第 6～7 页。

1893 年，陈炽在《报馆）中悲愤地指出：“唐宋以下……忌讳猥多，刑戮不免，所谓言者无罪，闻者足戒，昔有其语，今无其事”；政府对报纸采取“于己民则禁之，于他国则听之”的政策；外国人报刊“曲直混淆，荧惑视听，甚非所以尊国体而绝乱原也”；公开要求政府“晓谕民间，准其自设资本”，并“官助其成”；报纸主笔需“公明谅直，三年无过，地方官吏据实保荐，予以出身，其或颠倒是非，不知自爱，亦宜檄令易人”。[①] 其中表现出的明显的民主报刊法制思想，难能可贵。

1894 年秋冬，郑观应在《日报》一文中提出：“我各省当道，亦宜妥订章程，设法保护，札饬有体面之绅士倡办，以开风气”，“无事之时，官吏设法保护，俾于劝善惩恶，兴利除弊……大小官员，苟有过失，必直言无讳，不准各官与报馆为难。如有无端诋毁，勒诈财贿者，只准其禀明上司，委员公断，以存三代之公。……如谓当堂挟恨，审断不公，准其登报，以告天下，庶公论不稍宽假。有事之际，官吏立法稽查，于本国之兵机，不意轻泄”。[②]

上述资产阶级改良主义思想家们对西方自由报刊体制、报刊法制思想的宣传以及对中国报刊法制诞生的呼吁和设想，对中国近代报刊法制的产生起了非常重要的铺垫和舆论宣传作用，标志着中国报刊法制建设即将步入新的历史阶段。

（二）近代报刊法制的提倡和尝试阶段

1895 年中日甲午战争中清政府的惨败，迅速加剧了中华民族生死存亡的危机和中国社会性质的半殖民地化。一些忧国忧民的资产阶级改良主义人士在研究了日本迅速从弱变强的历史以后，提出了“变法图强”的政治改革设想。

或许是受了郑观应介绍的西方国家通过“免纸税”、“助送报”和“出本以资之”等方式扶助报刊发展的启迪，1897 年 3 月，清廷御史徐道焜奏请修改邮局章程，降低发行新闻纸的邮寄费。清廷接受这一请求，降

① 陈炽：《报馆》，载中国史学会编《戊戌变法》（一），神州国光社，1953，第 245 页。
② 郑观应：《日报》，载《郑观应集》（上册），上海人民出版社，1982，第 347 页。

低新闻报纸的邮寄费，同意把报纸按“货样”标准纳费投寄，邮费略低于普通信件。这是中国报刊法制史上第一个与报刊直接相关的专门法规，表现出了鼓励报纸发展的政策导向。

1898 年 6 月 11 日，光绪皇帝下“明定国是”诏，宣告变法正式开始。康有为于 7 月 17 日代御史宋伯鲁起草了一份《奏改〈时务报〉为官报折》，上呈光绪帝。10 天之后光绪帝在孙家鼐《奏遵议上海〈时务报〉改为官报折》上御批：“报馆之设，所以宣国是而达民情，必应官为倡办。……凡有报章，着该督抚咨送都察院及大学堂各一份。择其有关事务者，由大学堂一律呈览。至各报体例，自应胪陈利弊、开扩见闻为主。中外时事，均许据实昌言，不必意存忌讳。……所筹官报经费，即依议行。”这是中国历史上在报刊出版方面第一个最为开明的上谕，主要表现在：一是公开宣告开放报禁，准许开办面向全社会的中央政府机关报；二是公开宣布各地报馆的合法地位，“凡有报章，著该督抚咨送都察院及大学堂各一份”，说明这些民间报刊可以合法存在了；三是赋予报刊“据实昌言”的言论自由权，并鼓励报刊“不必意存忌讳”；四是宣布“所筹官报经费，即依议行”，即政府在经济上对报刊采取扶持资助政策；五是宣布“各报体例，自应以胪陈利弊、开扩见闻为主”，明确了报刊的主要社会功能，确定了报刊在社会生活中的地位。

1898 年 8 月 9 日，康有为在上光绪帝《恭谢天恩 条陈办报事宜折》的同时，还在附片《请定中国报律折》中率先提议制定专门报律。康有为称：“臣查西国律例中，皆有报律一门，可否由臣将其书译出，凡报单中所载，如何为合例，如何为不合例，酌采外国通行之法，参以中国情形，定为中国报律，缮写进呈御览，审定后，即遵依办理。”[①] 光绪帝接到康有为上书的当天就发布上谕：“泰西律例，专有报律一门。应由康有为详细译出，参以中国情形，定为报律。送交孙家鼐呈览。”由于戊戌变法很快失败，不但拟由康有为起草的“中国报律”未及问世即胎死腹中，而且连早先已取得的报刊法律成果（如：承认民办报刊的合法地位等）也化为乌有。

---

① 康有为：《请定中国报律折》，载汤志钧编《康有为政论集》（上册），中华书局，1982，第 334 页。

（三）近代报刊法制的问世和初成体系阶段

“戊戌变法”的失败和八国联军入侵，使人们进一步看清了清王朝的腐败无能，丧权辱国。中国大地正孕育着汹涌的资产阶级民主革命浪潮。迫于压力，1901年1月29日，清廷发布“整顿政事……实行新政”的上谕。1902年，清政府“著派沈家本、伍廷芳，将一切现行律例，按照交涉情形，参酌各国法律，悉心考订，妥为拟议……俟修订呈览，候旨颁行”。[①] 就这样，清政府在既极不情愿，又无可奈何情况下，开始了制定中国近代报律的进程。从1906年7月《大清印刷物件专律》出台到1911年1月29日批准颁行《钦定报律》，清政府先后制定和颁布实施了一批专门报律或相关的法律法令，形成了一个比较完整的中国近代报刊法制体系。这一体系主要包含以下几方面内容。

1. 专门用于报刊管理的法律法令

《大清印刷物件专律》，1906年7月由清政府商部、巡警部和学部“会同鉴定”并公布施行。共包括6章，计41条。

《报章应守规则》，1906年10月12日由清政府巡警部札饬京师巡警总厅颁布，共9条，令“京师及各地报纸一体遵守”。

《报馆暂行条规》，清政府民政部拟定，1907年9月5日经清廷批准颁布施行，共10条。内容与《报章应守规则》基本相同，只是增加“出版前要呈报巡警部，经批准后方能发行”。[②]

《大清报律》，清政府商部、民政部、法部等拟定，清廷宪政编查馆审核议复，1908年3月14日奉旨颁行。该报律包括正文和附则，共计45条。

《钦定报律》，系在《大清报律》及其1910年修订本基础上再修订后改称而来，1911年1月29日经清廷批准后颁行。

2. 与报刊事业相关的法律法令

《电报总局传递新闻电报减收半价章程》，1907年12月颁布施行，共

① 《清实录》（德宗朝）卷四九八。

② 方汉奇主编《中国新闻事业通史》（第一卷），中国人民大学出版社，1992，第950页。

10条。

《重订收发电报办法及减价章程》，清政府电报总局拟定，清廷1909年4月颁布施行。

《著作权章程》，沈家本等拟定，1910年底颁布施行。共5章，计55条。

3. 含有调整与规范报刊活动专门条款的法律

《钦定宪法大纲》，1908年8月27日颁发。规定公民有言论、出版及集会自由。

《违警律》，1908年5月9日颁行。从维护社会治安角度对报刊活动做了规定。

《清新刑律》，1911年1月25日公布。对报刊违法行为从刑事处罚角度作了规定。

一些地方政府也曾制定颁发过一些管理报刊的法规条例，到辛亥革命前，已基本形成了由专门报律和相关法律相配套、全国报律和地方报规相呼应的报刊法制体系，达到了中国封建报刊法制发展的顶峰。

二　清中叶至清末报刊法制的主要内容

清中叶至清末的中国社会是一个半殖民地半封建性质急剧加速的特定时期。这一阶段颁布实施的报刊法律法令，在内容上也具有十分明显的半殖民地半封建色彩。主要包括了如下两个方面：

（一）维护和弥补传统报刊运作体制的内容

鸦片战争以后，尽管清政府在洋人面前已失尽了尊严，但在国人面前却死撑面子，死守着祖制不改，不准有丝毫的改变。江西巡抚张芾奏请朝廷“刊刻邸钞”遭斥即是一例。

清咸丰元年，江西巡抚张芾奏请“刊刻邸报，发交各省”。咸丰三年十二月，咸丰帝发布上谕：“丙申，张芾奏请刊刻邸钞，发交各省等语，识见错谬，不知政体，可笑之至。国家设官分职，各有专司，逐日所降明发谕旨及应行钞发内外臣工摺件，例由内阁传知各衙门通钞……岂有各省大吏无从闻知之理。所有刊刻邸钞，乃民间私设报房，转相递送，与内阁衙门无涉。内阁为经纶重地，办事之侍读中书，从无封交兵部发递事件，若令其擅发钞报，与各督抚纷纷交涉，不但无此体制，且恐别滋弊端。……张芾奏事，无论有无紧要事件，动用驿报。……不特有违定例，亦令闻者诧异。张芾于陈奏事件，屡经严旨斥责仍不知敬畏，复逞臆见，率行渎请，实属谬妄，著传旨严行申饬。将此由四百里谕令知之。”在这份上谕中，咸丰皇帝首先斥责张芾奏请刊刻邸钞“识见错谬，不知政体，可笑之至”；其次再次重申旧有报刊运作体制，不许有任何改变；第三是宣称“内阁……从无封交兵部发递事件”，否定了政府向社会发布信息的可能；第四是对张芾“传旨严行申饬，”并“将此由四百里谕令知之”。可见咸丰皇帝维护旧有报刊运作体制的决心。

据《同治中兴京外奏议约编》卷七载，御史刘庆为使“塘务不致旷废”，“邮政可期起色”，在《请整顿驻京塘务疏》中针对当时塘务废弛、文书传递效率低下及多有密封泄漏等情况，提出了诸如“凡有提塘期满”者“不准留办”；“遇有身故者，一面勒令将钤记缴出，派委邻省暂行代理；一面行催本省速行咨送合例之员来京顶补”；“顶补之员到京之日，即由兵部严催交替”，规定前任提塘“不得仍前勒索刁难，并请饬部严定处分”；“现在阙额诸省”，由“该部查明，速行咨催充补，以专责成”等整顿驻京塘务的建议。

清光绪二十七年，清政府刊行《大清律例增修统纂集成》。其中“刑律·盗贼类”下的“造祆书祆言”条第三款规定：“各省抄房，在京探听事件，捏造言语，录报各处者，系官革职，军官杖一百，流三千里。该管官不行查出者，交与该（刑）部，按次数分别议处。其在贵近大臣家人子弟，倘有滥交匪类，前项事发者，将家人子弟并不行约束之家主，并照例议处治罪。”[①] 这一条款明确了对三种人的处罪，一是对各抄房中“捏造言语，录报各处者”，有官职的先革职，若是军官还要“杖一百，流三千里”；二是对管理“各省抄房”的“该管官”，因没有履行职责而被

---

① 《大清律例》（摘录），转引自张之华编《中国新闻事业史文选（公元 724～1995）》，中国人民大学出版社，1999，第 141～142 页。

“查出者”，按次数分别议处；三是对“滥交匪类”的“贵近大臣家人子弟”，既要处罚本人，还要照例议处那些“不行约束之家主”。

无论是对张芾请求“刊刻邸钞”的斥责，还是采纳御史刘庆“整顿驻京提塘”的措施，或者是对“造袄书袄言”人员违规行为的处罚，都是为了维护和修补旧的报刊体制和秩序。实践已经证明，由于旧的体制和秩序已不适应新的形势，即使勉力修补，也难免遭到淘汰的命运。

（二）对新式报刊活动进行管理限制的内容

1. 新式报刊的兴起及遭受的压制摧残

自鸦片战争以后，西方列强的各色人等蜂拥进中国开厂、经商、办学堂、印报纸。创办最早的中文杂志是由英国传教士麦都思、奚理尔等先后担任主笔的《遐迩贯珍》。尔后，外国人在上海、宁波、广州、福州等沿海城市也纷纷创办新式报刊。到 1893 年，上海形成了以《字林沪报》、《申报》和《新闻报》等中文商业报纸三报鼎立的局面。在上海独特的社会政治环境下，中国人所办的报纸也迅速地发展起来，并成为全国报纸的中心。对此，中国近代著名报人姚公鹤指出：“以吾人平心论之……上海报纸发达之原因，已全出外人之赐。而况其最大原因，则以托足租界，始得免婴国内政治上之暴力。然则吾人而苟以上海报纸自豪于全国者，其亦可愧甚矣。”① 他认为中国人所办中文报纸是借助上海独特的社会、经济、政治环境的特殊助力，即外人在上海设立租界，中国人所办报纸可以“托足租界”，免受“国内政治上之暴力”的摧残才得到迅速发展，这是比较客观的。但清政府和帝国主义分子在限制和迫害报刊方面也互相勾结，以维护各自的利益。这种勾结主要有两种形式。

第一是外国政府或租界当局帮助清政府查禁宣传反帝反封建的报刊。如日本政府受清政府的请求先后查禁了中国留学生组织编辑出版的《鹃声》、《四川》、《云南》及《民报》等革命刊物；又如租界当局应清政府上海地方当局的请求，制造了当时轰动全国的“《苏报》案”，查封了

① 姚公鹤：《上海报纸小史》，载《中国近代报刊发展概况》，新华出版社，1986，第 258 ~ 278 页。

《神州日报》、《民呼日报》和《民吁日报》等一大批宣传反清革命的报刊等。

第二是帝国主义分子照会或要求清政府当局封禁反对帝国主义侵略的中国报刊。如广州《博闻报》、《岭海报》、《中西日报》，北京《京话日报》、《爱国报》、《公论实报》，汉口《汉报》，广州《拒约报》，天津《大公报》，厦门《鹭江报》，济南《济南报》，上海《警钟日报》，哈尔滨《东陲公报》等，都是被外国政府驻华使领馆"照会"或"要求"清政府查封的。[①]

2. 清政府颁布的限制新式报刊的法制内容

（1）关于规范报刊创办程序的内容

清政府（朝廷）一直垄断社会政治信息的发布权。乾隆二十一年议准："……令各提塘公设报房，其应钞事件，亲赴六科抄录，刷印转发各省。所有在京各衙门钞报，总由公报房钞发。"[②] 到了20世纪初，民间报刊已成为阻挡不了的潮流。关于报刊创办的程序，经历了注册制、批准制和备案制加保证金制的发展过程。

第一是注册制。清政府关于报刊注册制的代表性法令是1906年制订颁行的《大清印刷物件专律》。该专律规定：京师特设一印刷注册总局，隶商部、巡警部、学部，所有关涉一切印刷及新闻记载等，均须在该局注册"；"凡欲以记载物件出版发行者，可向出版发行所在之巡警衙门呈请注册，其呈请注册之呈预备两份，并各详细叙明记载物件之名称，或定期出版或不定期出版，出版发行人之姓名、籍贯及住址，出版发行所所在，有股可分利人之姓名、籍贯及住址，及各种经理人之姓名、住址"；"各该巡警衙门收到此种呈请注册之呈后，即查明呈内所叙情形，各种列名人之行状及所担负之责任。如该巡警衙门以为适当，即并同原呈一份申报于京师印刷注册总局。并以申报总局之日为该件注册之日"。该专律还规定："凡印刷或发卖或贩卖或分送各种记载物件，而该记载物件并未遵照本律所载各条向京师印刷注册总局注册者，即以犯法论。"可见"注册"

---

① 方汉奇：《中国近代报刊史》，山西教育出版社，1981，第599～601页。

② 《钦定大清会典事例》卷七〇三。

具有强制性。[①]

第二是批准制。清政府关于报刊创办批准制的代表性法令是《报章应守规则》和《报馆暂行条规》。《报章应守规则》规定“新开报馆”要经批准，《报馆暂行条规》则规定：“凡开设报馆者均应向该管巡警官署呈，俟批准后方准发行。其以前开设之报馆，均应一律补报。”[②] 这里一是明确管理报刊创办的部门是具有专政机器属性的“巡警官署”；二是规定“其以前开设之报馆，均应一律补报”，把罗网编织得更加严密。

第三是备案制加保证金制。清政府关于报刊创办备案制加保证金制的代表性法令是《大清报律》和《钦定报律》。《大清报律》规定：“凡开设报馆发行报纸者，应开具下列各款（笔者注：包括名称，体例，发行人、编辑人及印刷人之姓名、履历及住址，发行所及印刷所之名称、地址），于发行二十日以前，呈由该管地方官衙门申报本省督抚，咨明民政部存案”；“发行人应于呈报时分别附缴保押费如下：每月发行四回以上者，银五百元；每月发行三回以下者，银二百五十元；其专载学术、艺事、章程、图表、物价报告等项之汇报，免缴保押费。其宣讲及白话等报，确系开通民智，由官鉴定，认为毋庸预缴者，亦同”。《钦定报律》重申了上述规定，还在“各款”中增了“发行时期”，并调整了保押费的额度和收缴范围。

（2）关于规范报刊出版传播活动的内容

从《大清印刷物件专律》、《报章应守规则》、《报馆暂行条规》、《大清报律》和《钦定报律》中，我们可以看到清政府主要是通过建立和实施人员责任制、报刊样品备查制以及报刊失实更正制等手段来规范报刊出版活动的。

第一是人员责任制。人员责任制是通过规定报刊活动有关责任人的资格和责任，作为日后处罚依据的一种管理制度。首先是《大清报律》和《钦定报律》都规定在报刊创办前必须开具包含“发行人、编辑人及印刷人之姓名、履历及住址”等“各款”内容，“呈由该管地方官衙门申报本

---

① 清政府商部、巡警部、学部会同鉴定《大清印刷物件专律》，转引自刘哲民编《近现代出版新闻法规汇编》，学林出版社，1992，第2～8页。

② 清政府民政部制订颁布《报馆暂行条规》，载《东方杂志》，第五卷第一号。

省督抚，咨明民政部存案”，并要求“每号报纸均应载明发行人、编辑人及印刷人之姓名、住址”。其次是规定各责任人的资格，《大清报律》规定“凡充发行人、编辑人及印刷人者，须具备下列要件：年满二十岁以上之本国人；无精神病者；未经处监禁以上刑者”；《钦定报律》规定“凡本国人民年满二十岁以上，无下列情事者，得充报纸发行人、编辑人、印刷人：精神病者；褫夺公权或现在停止公权者”。再则是明确规定有关人员必须承担的责任。《大清报律》对“发行人”规定：“凡未照第一条呈报，遽行登报者，该发行人处十元以上、一百元以下之罚金”；“凡违第二、三条和第五条之第一项与第六、七条，该发行人处三元以上、三十元以下罚金”，“呈报不实者，该发行人处五元以上、五十元以下之罚金”；《大清报律》对“编辑人”规定：“第四条末项所指各报，其记载有出于范围以外者，该编辑人处五元以上、五十元以下之罚金”；“违第八条第一项及第九条，该编辑人经被害人呈诉讯实，处三元以上、三十元以下之罚金”；“违反第十条、第十一条者，该编辑人处十元以上、一百元以下之罚金”。《大清报律》还规定了由“发行人”和“编辑人”共同承担的责任，如规定“违第十二、第十三及第十四条第四款，该发行人、编辑人处二十日以上、六月以下监禁，或二十元以上、二百元以下之罚金”；“违第十四条第一、二、三款者，该发行人、编辑人、印刷人处六月以上、二年以下之监禁，附加二十元以上、二百元以下之罚金。其情节较重者，仍照刑律治罪；但印刷人实不知情者，免其处罚”；“违第十五条第一项者，该发行人、编辑人经被害人呈诉讯实，照所受贿之数，加十倍处以罚金；仍究其致贿人，与受同罪”；“违第十五条第二项者，该发行人、编辑人经被害人呈诉讯实，处二十元以上、二百元以下之罚金”；“违第十五条者，除按照前两条处罚外，其被害人得视情节之轻重，由发行人、编辑人赔偿损害”。

第二是报刊样品备查制。《大清印刷物件专律》规定：“凡印刷人须将所印刷之物件，不论文书记载图画等，均须详细记册，以备巡警衙门或未设巡警地方之地方官或委员随时检查”；“凡印刷人印刷各种印刷物件，即按件备两份，呈送印刷所在之巡警衙门。该巡警即以一份存巡警衙门，一份申送京师印刷注册总局”；“经理记载物件出贩（版）之人，须将所出贩（版）发行之记载物件，每件备两份，呈送于发行所在之巡警衙门，并同时由邮局禀呈一份于京师印刷注册总局”，“凡违犯本条者，即援照本律第二章第九条科之”。《钦定报律》则规定“每号报纸应于发行日递送该管官署及本省督抚或民政部各一份备查”，也就是说，报纸出版发行后至少有“该管官署”、“本省督抚”或“民政部”等审读检查。另外，《大清报律》还规定，“每日发行之报纸，应于发行前一日晚十二点钟以前；其月报、旬报、星期报等类，均应于发行前一日午十二点钟以前，送由该管巡警官署或地方官署，随时查核，按律办理”，试图实行新闻事先检查制度，但未能执行。

第三是报刊内容失实更正制。《报章应守规则》规定报章“记载有错误失实，经本人或有关系人声请更正者，即须速为更正”。《大清报律》规定“报纸记载失实，经本人或关系人声请更正，或送登辨误书函，应即于次号照登。如辨误字数过原文二倍以上者，准照该报普通告白例，计字收费”；“记载失实事项，由他报转抄而来者，如见该报自行更正或登有辨误书函时，应于本报次号照登，不得收费”。《钦定报律》规定“报纸登载错误，若本人或关系人请求更正，或将更正辩驳书请求登载者，应即于次回或第三回发行之报纸更正，或将更正书、辩驳书照登。更正或登载更正书、辩驳书，字形大小及次序先后，须与记载错误原文相同。更正书、辩驳书字数逾原文二倍者，得计所逾字数，照该报登载告白定例收费。若更正辩驳词意有背法律，或不署姓名及住址者，毋庸登载”；“登载错误事项，由他报抄袭而来者，虽无本人或关系人之请求，若见该报更正，或登载更正书、辩驳书，应即于次回或第三回发行之报纸分别照办，但不得收费”。这些规定使“更正”这一制度具有了更强的可行性和操作性。

(3) 关于对报刊禁载内容及违规处罚的有关规定

清朝封建统治阶级推行愚民政策，在报刊报道的内容上设置了重重障碍，并且对有损其统治的报刊予以严厉制裁。

第一是关于报刊禁载内容的规定。《报章应守规则》规定报章“不得诋毁宫廷；不得妄议朝政；不得妨害治安；不得败坏风俗；凡关外交、内政之件，如经该管衙门传谕报馆秘密者，该报馆不得揭载；凡关涉词讼之案，于未定案前，该报馆不得妄下断语，并不得有庇护犯人之语；不得摘发人之隐私，诽谤人之名誉”。《大清报律》规定：“诉讼事件，经审判衙门禁止旁听者”、“预审事件，于未经公判以前”、“外交、海陆军事件，凡经该管衙门传谕禁止登载者”、“凡谕旨章奏，未经阁钞、官报公布者”以及“诋毁宫廷之语，淆乱政体之语，损害公安之语，败坏风俗之语”等，“报纸不得揭载”。《钦定报律》规定“冒渎乘舆之语，淆乱政体之语，妨害治安之语，败坏风俗之语”，“损害他人名誉之语”，“外交、陆海军事件及其他政务，经该管官署禁止登载者”，“诉讼或会议事件，按照法令禁止旁听者”等，报纸不得登载。这些规定随意性很大，政府可以“援引”其中任何一条，对报刊予以处罚。

第二是关于违反报刊禁载内容条文的处罚规定。《大清报律）规定“违第十、第十一条者，该编辑人处十元以上、一百元以下之罚金”；“违第十二、第十三条及第十四条第四款者，该发行人、编辑人处二十日以上、六月以下之监禁，或二十元以上、二百元以下之罚金”；“违第十四条第一、二、三款者，该发行人、编辑人、印刷人处六月以上、二年以下之监禁。附加二十元以上、二百元以下之罚金。其情节较重者，依照刑律治罪”。《大清律例·盗贼类》“造袄书袄言”条规定：“凡造谶纬袄书袄言及传用惑众者，皆斩。”因此，若报刊被认为“诋毁宫廷”“淆乱政体”及“损害公安”，报人就可能被处以“斩刑”。《大清报律》和《钦定报律》规定“违第十二、第十三条及第十四条第四款者，得暂禁发行”；“违第十四条第一二三款者，永远禁止发行”；“凡于报纸内撰发论说、纪事，填注名号者，不问何人，其责任与编辑人同”等等。

(4) 关于报刊从业者的权限及侵权处罚规定

第一是报刊文章创作（著作）成果的专有权。《大清报律》规定：“凡论说、纪事，确系该报创有者，得注明不许转登字样，他报即不得互相抄袭”；“凡报中附刊之作，他日足以成书者，得享有版权之保护”。《钦定报律》明确规定“不得抄袭”的是报刊“论说译著”等首创性成果，而不包括“纪事”等新闻报道；规定“违第十五条者，处该编辑人以三十元以下、三元以上之罚金。遇有前项情形，须被害人告诉乃论其罪”，从而使这条法令具有了可操作性，客观上具有相当的进步意义。

第二是报刊从业者“专为公益不涉阴私”而监督社会的权利。《报章应守规则》规定报刊“不得摘发人之隐私，诽谤人之名誉”，即新闻报道必须保护人们“隐私”，保证人们“名誉”不受诽谤。《大清报律》规定“发行人或编辑人，不得受人贿嘱，颠倒是非。发行人或编辑人，亦不得挟嫌诬蔑，损人名誉”。应当注意的是《大清报律》把因“挟嫌诬蔑”而“损人名誉”的行为与“受人贿嘱，颠倒是非”相提并论，且排除在新闻监督之外。《钦定报律》进一步规定“损害他人名誉之语，报纸不得登载。但专为公益不涉阴私者，不在此限”。这就赋予报刊以监督社会和揭发某些人不光彩行为的有限权利。另外，《钦定报律》规定“若更正辩驳词意有背法律，或不著姓名及住址者，毋庸登载”；《钦定报律》规定“关于本律之诉讼，由审判衙门按照法院编制法及其他法令审理”，而不是像以前那样由“巡警部”办理，应当承认这也是一个进步。

三 清中叶至清末报刊法制的进步和发展

我们认为：和清初至清中叶时期的报刊法制相比较，清中叶至清末的报刊法制有如下几个方面比较明显的进展。

（一）在形式上完成了从皇帝“圣谕”（诏书、臣僚奏章等）到具有近代法律文本基本特点的“报律”的蜕变

在清政府颁布《大清报律》之前，中国从未有过近现代文本形式的报刊法律。《报章应守规则》的公布标志着清末报刊法律在形式上开始了蜕变，而《大清报律》则在文本形式上彻底实现了“近代化”。它具有了现代报刊法律文本的主要特征，完成了从皇帝圣谕到近现代法律文本形式的飞跃，达到了前所未有的水平。这既是“西学渐进”的结果之一，也是封建专制不敌资产阶级民主的必然结果。

1. 清末报律基本是照搬西方报律的文本形式

《大清报律》和《钦定报律》都是照搬西方各国或日本的报律文本形式。康有为在《请定中国报律折》中称：“臣查西国律例中，皆有报律一

门，可否由臣将其书译出，……参以中国情形，定为中国报律。”这表明中国制订报律的要求是直接受西方文明的启迪而萌发的。光绪帝在康有为《请定中国报律折》上御批“泰西律例，专有报律一门；应由康有为详细译出，参以中国情形，定为报律，送交孙家鼐呈览”，这就为中国报律文本形式的西方化提供了法律依据。

2. 在文本形式方面达到了西方资本主义国家当时报律的相应水平

《报章应守规则》和《报馆暂行条规》在报律体例上，一变以往照搬祖宗旧例形式的“一‘一’到底”做法，改为西方报律中通用的“条”“款”形式，如《大清报律》开宗明义地规定“第一条　凡开设报馆发行报纸者，应开具下列各款，于发行二十日以前，呈由该管地方官衙门申报本省督抚，咨明民政部存案。一、名称；二、体例；三、发行人、编辑人及印刷人之姓名、履历及住址；四、发行所及印刷所之名称、地址”。其表述方式已经基本达到了西方报律当时的水平。这一是说明了西方文明对中国的渗透以及中国封建专制制度的自认失败，二是在客观上为促进当时中国报刊的迅速发展起到了一定的积极作用。

（二）报刊法制部分内容的表述已具有比较鲜明的民主色彩

在特定的社会政治环境下，清中叶至清末时期颁布的报刊法制在内容上也有一些比较明显的进步，这些进步对当时报刊的发展和后来报刊法制的完善具有十分重要的意义。这些进步主要表现在：

1. 在报律的文字表述上公开宣布还办报权于民

黄瑚认为：“对于民间的新闻信息的流传，历代封建统治者均颁有法令予以严禁。先是禁绝一切民间的新闻信息传播活动，后是禁绝民间传播非官方发布的消息。”[①] 顺治皇帝登基的第二年即发布谕令，“一应题奏本章，非经奉旨下部，不准擅以揭贴先行发抄”。[②] 尽管乾隆二十一年朝廷议准“各省发递科抄事件，例应责令提塘办理，以杜私钞讹传泄漏之弊。嗣后令各提塘公设报房，其应钞事件，亲赴六科抄录，刷印转发各省”。[③]

① 黄瑚：《中国近代新闻法制史论》，复旦大学出版社，1999，第42～43页。
② 《清世祖章皇帝实录》卷二十。
③ 《钦定大清会典事例》卷七〇三。

但这些"提塘公设报房"是朝廷为"杜私钞讹传泄漏之弊"而设，由朝廷任命的提塘官管理，所以"具有半官方的性质。属于半官方的机构"。①因此清朝统治者从来没有赋予民间自主办报权。

清政府在《钦定宪法大纲》中宣布"臣民于法律范围之内，所有言论、著作、出版及集会、结社等事，均准其自由"。②《大清报律》则规定"年满二十岁以上"，"无精神病"且"未经处监禁以上刑"之"本国人"，就可以充任报刊的"发行人、编辑人及印刷人者"。这样，从字面和理论上国民获得了自由办报的权利。但《钦定宪法大纲》又规定"当紧急时，（皇帝）得以诏令限制臣民之自由"。尽管如此，应当承认《大清报律》等公开宣布国民有自主办报的权利是一个历史的进步。

2. 通过颁布法律部分公开了执法依据

《大清报律）之前，朝廷对查禁和处罚报刊没有公开标准，随意性极为明显。《大清报律》、《报章应守规则》、《报馆暂行条规》以及《钦定报律》的进步之处在于把违禁事项预先列出，作为儆诫。关于违禁行为，《报章应守规则》规定"不得诋毁宫廷，不得妄议朝政，不得妨害治安，不得败坏风俗"，不得揭载经该管衙门传谕报馆属"秘密"的"外交、内政之件"。《大清报律》规定"诉讼事件，经审判衙门禁止旁听者"、"豫（预）审事件，于未经公判之前"、"外交、海陆军事件，凡经该管衙门传谕禁止登载者"、"凡谕旨章奏，未经阁钞、官报公布者"等，"报纸不得揭载"。③《大清报律》规定：报刊违禁报道"诉讼事件"和"豫（预）审事件"，"编辑人处十元以上、一百元以下之罚金"；违禁报道"外交、海陆军事件"和"未经阁钞，官报公布"的谕旨章奏以及"败坏风俗之语"，"发行人、编辑人处二十日以上、六月以下之监禁，或二十元以上、二百元以下罚金"并"得暂禁发行"；违禁刊载"诋毁宫廷之语，淆乱政体之语，损害公安之语"，

① 方汉奇主编《中国新闻事业通史（第一卷)》，中国人民大学出版社，1992，第197页。

② 清政府：《钦定宪法大纲》，转引自殷啸虎《近代中国宪政史》，上海人民出版社，1997，第276页。

③ 清政府：《大清报律》，转引自刘哲民编《近现代出版新闻法规汇编》，学林出版社，1992，第31~34页。

“该发行人、编辑人、印刷人处六月以上、二年以下之监禁，附加二十元以上、二百元以下之罚金。其情节较重者，仍照刑律治罪”且“永远禁止发行”。这些规定尽管与《钦定宪法大纲》表白的“言论著作出版”“自由”明显抵触，但毕竟形成文字公之于世，与原来那种法律在皇帝嘴巴上和朝廷命官肚子里的极大随意性、专制性和个人意志性相比，无疑是一个重要的进步。

3. 从文字表述上认识立法和执法的主体发生了变化

秦孝公时期，商鞅建议秦孝公“燔诗书而明法令，塞私门之请而遂公家之劳，禁游宦之民而显耕战之士”，[①] 秦孝公用此推进了变法。商鞅“一个人”建议得到秦孝公“一个人”批准，就成为具有法律效力的国家意志，以政府行为实施。这一由“个人建议”到成为“国家法律”的立法过程，就是以皇帝和大臣为主体的立法过程，也正是封建专制制度下“皇权高于一切”的集中体现。

清中叶至清末时期出现的中国近现代报律，在立法的程序和主体上有了明显的进步，即大多是政府部门提出法律草案，经立法机构审议讨论通过，再由皇帝钦定后颁布实施。如《大清印刷物件专律》是由清政府商部、巡警部与学部共同拟定与公布的；《报章应守规则》是由巡警部札饬京师巡警总厅后颁布的；《报馆暂行条规》是由民政部制定后经清廷批准后颁布施行的；《大清报律》是由商部、民政部、法部等参考日本的新闻纸法拟定后报清廷，清廷将草案批转宪政编查馆审核议复后再由皇帝颁布实施的；《钦定报律》则是清政府民政部在《大清报律》基础上修订后交资政院及军机处议复后由皇帝颁布的。由此可见，这些法律的制订、修订及颁布，都改变了由皇帝一个人说了算的旧程序，立法的主体也在形式上由个人变成了国家（政府部门）。

（三）已初步形成了比较完整的近代报刊法制体系

自清政府宣布预备立宪以后，由于各种因素的综合作用，客观上推动了报刊法制建设，形成了比较完整的报刊法制体系。这一体系主要包括：

---

① 韩非子：《韩非子·和氏》，上海人民出版社，1974。

1. 规范整体报刊活动的法律和限定特定报刊品种的条例互补的层次体系

在《大清印刷物专律》颁布以前，清政府对社会整体报刊活动运行进行规范、控制、约束的法律规定主要是《大清律例》中的“刑律·盗贼类”中有关“造袄书袄言”的处罚规定。皇帝所下的查禁民间小报及假邸报的圣旨、诏书等，也属于进行整体规范控制的宏观性法律范畴。规范特定报刊品种报刊的法律条令，最早可以上溯到孙家鼐为改办《时务官报》拟定并被光绪皇帝认为“均尚周妥”的“章程三条”。而《政治官报章程》、《内阁官报条例》及《内阁官报发行章程》等专门性条例，则分别规定了这些报刊的性质、宗旨、内容范围、运作程序及发行方式，对它们的运作具有直接的规范和约束功能，形成了规范控制整体报刊活动的法律条令和规范特定报刊品种的专门条例互补的报刊法律层次体系。

2. 中央颁布报律条令和地方颁布报刊规定相结合的立法体系

由中央政府颁布的报刊法律条令诸如《大清报律》、《钦定报律》、《报章应守规则》、《报馆暂行条例》以及《大清印刷物件专律》关于“记载物件等”的规定都是覆盖全国各地、管理各种类型报刊的法律，是具有一般的普遍意义的报刊法律条规。理论上讲，是在中国境内的所有报刊都必须遵守的。但中国之大，各地情况不尽相同，因此也有一些地方政府制定公布对本地区报刊活动进行控制和规范的报刊条规。如1906年5月30日，广东南海县令虞汝钧制颁该县“自订报律八条”，要求所属各报“一律遵行”。1907年1月8日，两广总督周馥颁布“自订报律”三条，规定各报刊“禁毁谤两宫及亲王。禁造谣生事；……禁碍治安，有违予以惩罚”。两江总督张之洞在《札江汉关道查禁悖逆报章》的札示中规定：“如在华界开设者，禁止购阅递送，房屋查封入官；如在洋界开设，冒充洋牌，亦断不准递送，违者一并拿办。”直隶总督袁世凯为防止海外进步报刊从天津进口，也曾发布命令，规定凡贩卖悖逆报刊者“照原价加罚一百倍”等，都具有地方政府专门报刊法规的部分属性，对中央政府报律在一定意义上起到了补充作用，并形成了两者相结合的立法体系。

3. 专门的报刊法制和配套的法律制度相结合的内容体系

由清政府专门颁布的报刊法律如《报章应守规则》、《报馆暂行条规》、《大清报律》、《钦定报律》以及两广总督周馥颁布的“自订报律三条”、广东南海县令虞汝钧制定颁布的“自订报律八条”，都是直接用于规范社会报刊活动的法律制度，属于报刊法制建设的主体（本体）部分。

清政府在制定颁布专门报律的同时，也制定和颁布了一系列与规范社会报刊活动的报律相配套的法律法规，构成了报刊活动与社会活动相协调、相关联、相衔接的报刊法律制度体系。其中最重要的是《钦定宪法大纲》，它明确赋予国民以言论著作出版自由权利，具有比较鲜明的资产阶级法制色彩。又如《大清印刷物件专律》，其中“第三章　记载物件等”对“定期出版或不定期出版，即新闻丛录”[①] 的有关方面做了规定；再如《电报总局传递新闻电报减收半价章程十条》即规定了新闻电报的收费减半办法，直接推动了报纸内容的新颖化和全民化，有利于报纸的发展；另外还有《著作权章程》，其不但规定了著作权的定义和“著作物者”的覆盖范围，还特别对报刊文章内容著作权保护的各个方面进行了明确的规定。上述法律尤其是《著作权章程》作为中国历史上第一部著作权法，引进了资产阶级著作权观念与法律规定，不仅在当时具有较大的意义、影响与作用，而且对以后的著作权立法也有重要的参考价值。另外，在清末时期颁布的其他一些法律中，也含有调整与规范社会报刊活动的相关内容，如《违警律》对报纸所载内容违反政府规定的行为和处罚做了比较具体的规定；清《新刑律》中一些条文如对漏泄“内治外交应秘密之政务者，处三等至五等有期徒刑；若潜通外国者，处二等或三等有期徒刑，因而致与外国起纷议战争者，处无期徒刑或一等有期徒刑”；“知悉收领军事上秘密之事项图书而漏泄或公表者，处一等或二等有期徒刑”；“以文书、图画、演说或他法，公然煽惑他人犯罪者……其罪之最重为死刑、无期徒刑者，三等至五等有期徒刑或三百元以下三十元以上罚金；其罪之最重为有期徒刑者，五等有期徒刑，拘役，或一百元以下罚

---

① 清政府商部、巡警部、学部会同鉴定：《大清印刷物件专律》，转引自刘哲民编《近现代出版新闻法规汇编》，学林出版社，1992，第2～8页。

金”，并明确规定“以报纸及其他定期刊行之件，或以编纂他人论说之公刊书册，而犯本条之罪者，编辑人亦依前例处断”。[①]

结束语

清中叶至清末的报刊法制是在林则徐、魏源、洪仁玕、王韬、陈炽、郑观应等人宣传的报刊民主法制思想的推动下，经历了“百日维新”时期的尝试阶段，在清政府“仿行宪政”的鼓噪声中诞生的。自1906年颁布《大清印刷物件专律》以后，除陆续制定或修订、颁布了一些直接管理、规范社会报刊活动的专门法律，还制定颁布了一些与报刊活动直接相关的法律法令，并在诸如《钦定宪法大纲》、《违警律》、清《新刑律》等法律法令中规定了一些与规范报刊活动有关的内容，从而形成了一个基本完整的中国近代报刊法制体系，达到了中国封建专制社会环境下可能达到的最高水平；但也迅速且无可挽回地走到了衰亡的终点。

① 清政府：《新刑律》（节摘），转引自戈公振《中国报学史》，中国新闻出版社，1985，第254～256页。

论“中国报刊法制发展史”的研究内容、历史阶段及体系结构等问题*

引言

“中国报刊法制发展史”是中国新闻学史研究中的一个边缘性、交叉性研究领域，既可划入“新闻法学”、“新闻法制”下的“专门媒体法制史研究”范围；又可划入“新闻传播事业发展史”下的“专门史研究”范围；同时它研究的又是在“中国”这个特定的空间范围内从古到今的时间历程中报刊法制的发展历程及内在规律，因而具有特殊的涵义。本人从事“中国报刊法制发展史”的学习研究已有经年，现想结合本人近几年的研究实践，谈谈对编撰《中国报刊法制发展史》的几点认识，以求教于同行专家学者。

一　关于“中国报刊法制发展史”研究内容的问题

系统论的基本理论告诉我们，各种事物都是互相联系的，而且又都是

---

* 本文系中国新闻史学会举办的“中国新闻史学会年会暨全国新闻传播史教学学术研讨会”（河南大学，2004年4月）宣读交流论文，原载《中国新闻史学会2004年年会暨全国新闻传播史教学学术研讨会论文集》（《新闻春秋》第四辑），河南大学出版社2005年9月版。

受到当时的社会政治、经济、文化等因素制约的。产生发展于特定阶段的中国报刊法制，是在“中国”这个特定的地域范围、特定时间阶段中特定的社会和报刊活动环境下产生的特定现象。根据这个分析判断，对中国报刊法制发展史的研究应当至少包括如下几方面的内容。

（一）为了探讨报刊法制产生变化与社会政治经济文化等要素的关系，在研究特定历史阶段中国报刊法制发展历程及规律之前，必须研究特定社会环境及其特点

报刊是人类社会的经济、政治、文化以及社会生产力发展到一定阶段后产生的一个社会现象，是人类社会文化进步的重要标志。人类社会经济、政治、文化以及社会生产力的发展水平，直接促进或制约着社会报刊的变化，而报刊法制的基本功能就是规范社会报刊活动成员的报刊活动及报刊活动成果。报刊法制的产生和发展变化的根本动因，就是社会统治者感到某些从事报刊活动的社会成员的报刊活动或活动效果，或是已经对社会生活的正常运行产生了必须通过法制手段才能遏制或消除的负面影响，或是社会报刊运行状况已经到了必须借助法制手段的保障或促进才能适应社会生活对报刊在传播信息、引导舆论、维护社会稳定等方面的需要。社会环境中的政治、经济、文化以及社会生产力的发展直接促进或制约了社会报刊的发展变化，而社会报刊的发展变化又直接影响着报刊法制的建设。总而言之，报刊是社会的报刊，报刊法制是特定社会环境中为了规范社会报刊活动的产物，要研究中国报刊法制发展的历史和规律，首先必须研究中国报刊法制产生发展的社会环境，探讨社会环境对报刊法制发展的影响，以寻求报刊法制产生的社会渊源。

（二）为了探讨报人、报刊以及报刊活动成果对报刊法制产生变化的直接影响，弄清两者之间的直接联系，有必要对特定历史阶段中国报刊活动环境及特点进行研究

“中国报刊法制”是和“综合法制”相对应的“专门法制”的一个门类，属于“上层建筑”和“意识形态”的范畴。马克思主义哲学的辩证唯物主义和历史唯物主义告诉我们，经济基础决定上层建筑，存在决定意识。相对于“中国报刊法制”这个“上层建筑”的“经济基础”，具体而言就是当时中国报刊的活动环境；而决定“中国报刊法制”这个“上层建筑”发展变化的社会存在，说到底也就是当时社会生活中产生、存在和发展变化着的报刊和报刊活动及其成果。南宋时期的皇帝为什么发布了那么多查禁小报的上谕和圣旨？朝廷职能机构诸如枢密院、门下省的大臣等为什么要屡屡向皇帝上书，建议查禁民间刻印散发的小报？就是因为作为“邸吏之辈”的民间报人对朝廷皇帝的“批旨差除”，“竞以小纸书之，飞报远近”，致使“朝殿未退，事已传播”；有的民间报人为了追求新闻效应而“撰造无根之语，传播中外，骇惑听闻”；还有的民间报人“鼓唱浮言”，致使“浮言胥动，莫知从来”，造成人心惶惶；有的民间报人甚至“伪造诏令，召用旧臣，献章公车，妄议边事”，连皇帝都感到“朕实骇之”。也就是在这种社会报刊活动及其引起朝廷皇帝不安的报刊宣传效果环境下，宋朝的皇帝才发布了诸如“臣僚章疏，议论边机事理要害，不许奏报”，“灾祥之事，不得辄以伪题亲识名衔，以报天下。如违，进奏官吏并科违制之罪”，“不系敕黄行下臣僚章疏，辄传报者，以违制论”等意在禁绝小报的具有法律法规功能的圣旨和谕旨。因此要弄清为什么会产生具有特定内容的报刊法制，就必须研究当时社会生活中报刊活动及其社会效果环境。

（三）作为中国报刊法制发展史，研究特定历史阶段中国报刊立法活动及其成果，既是题中应有之义，更是研究内容的主体部分

中国报刊法制发展史的研究对象，顾名思义就是在中国这个特定的时空范围内作为社会生活管理者代表的政府的报刊立法活动及其成果。例如，在大革命失败后，由于共产党报刊的迅速恢复和革命宣传，有力地抨击了蒋介石集团背叛孙中山“三大政策”和屠杀工农的反革命罪行，刺痛了以蒋介石为代表的国民党政府，为了镇压和摧残共产党报刊及其他进步报刊，国民党及其控制的南京国民政府进行了一系列的报刊立法活动，立法活动成果的物化形式就是以政府名义颁布施行的法律法规。通过立法活动，国民党政府制定颁布实施了诸如《出版法》（1930 年 12 月）及《出版法实施细则》（1931 年 10 月）、《日报登记办法》（1929 年 9 月）、

《重要都市新闻检查办法》（1933 年 1 月，9 月修订）、《新闻检查标准》（1933 年 10 月）、《检查新闻办法大纲》（1934 年 8 月）、《取缔刊登军事新闻及广告暂行办法》（1935 年 3 月）、《审查取缔大小日报标准》（1935 年 5 月）等一系列旨在摧残共产党报刊、压制民主进步报刊、剥夺民间舆论自由的法律法规。报刊法制对报刊及报刊活动的制约和规范作用，主要是通过报刊法规条文规定的有关内容来实现的。因此必须研究特定历史阶段中国报刊法制文献的内容及其特点，分析报刊法制条文规定的内容实质，归纳在这些条文规定中蕴涵或透露出来的特点。只有这样，我们的研究才能避免以偏概全，抓住本质。

（四）对特定历史阶段报刊法制和特定阶段前后阶段报刊法制的比较研究，是认识中国报刊法制发展历程中的内在规律、评价报刊法制建设的必要前提

各个不同历史阶段特定的社会生活环境，决定了只有在这样一个特定社会生活环境中才能产生发展的报刊法制。而即使是在相邻的两个历史阶段（如“抗日战争时期”前后相邻的“十年内战时期”和“解放战争时期”），由于社会主要矛盾的变化，社会统治者制定报刊法制的指导思想和直接目的都不尽相同，因此就出现了同一个政府制定的报刊法制在目标指向性、规范报刊活动的重点以及条文规定的宽严程度等方面都表现出明显的差异。例如：同样是以蒋介石为政治代表的南京国民政府，在十年内战时期制定的报刊法制和抗日战争时期以及解放战争时期制定的报刊法制，无论是在规范报刊活动的重心方面，还是在惩处报刊活动的宽严方面，都表现出明显的不尽一致。在十年内战时期制定的报刊法制透露出一种咄咄逼人的杀气，而在抗日战争时期制定的报刊法制则更多地表现出“王顾左右而言他”的借抗战之名、行压制舆论之实的狡诈，至于到了解放战争时期，由于国民党政府经历了先是依仗美国的支持踌躇满志地发动反人民的内战，而后在人民解放军的反击下迅速走向衰弱直至溃败到台湾小岛上去的历程，所以在其制定颁布的报刊法制也清楚地透露出那种先是趾高气扬，然后是气数将尽，最后是苟延残喘的特点。我们掌握了上述特点，就不难理解蒋介石国民党政府报刊法制建设的起伏历程。

综上所述，我们认为：研究中国报刊法制发展史，不能就事论事，不能仅仅局限于报刊法制文献来研究，而应当以发展的观点、系统论的观点、辩证唯物主义和历史唯物主义的观点，把特定历史时期的中国报刊法制放到社会系统的大背景中去研究，去认识，去比较，才能从看似无序的历史现象中发现规律，把握本质。也因为如此，我们才认为，研究中国报刊法制发展史必须研究特定时期的中国社会政治经济文化背景，必须研究特定时期的中国报刊活动背景，在这个基础上，再研究特定时期的报刊立法活动，研究特定时期报刊法制的文献内容，研究特定时期报刊法制的主要特点，研究报刊法制建设的进步和发展。

二 关于“中国报刊法制发展史”的历史阶段划分问题

中国报刊法制的发展几乎是伴随着中国报刊产生和发展的步伐同步前进的。戈公振先生在其具有开拓性的报刊史研究著作《中国报学史》中根据《说文》、《汉书》和《史记封禅书》的有关记载，认为“邸之制度，由来久矣。邸中传抄一切诏令章奏以报诸侯，谓之‘邸报’”。又依据《西汉会要》的记载和注疏文字认为，“通奏报云者，传达君臣间消息之谓，即‘邸报’之所由起也”。假如西汉时期就出现了“邸报”或“邸报”的萌芽，那么，中国报刊已经走过了数千个年头。对于中国报刊法制发展史研究者而言，如何认识从西汉到当代这数千年间的历史阶段性，是研究中国报刊法制发展史的基本问题。目前史学界对历史阶段的划分，可以说是众说纷纭，有把西汉以前划为上古阶段，汉唐宋元为中古阶段，明清为近古阶段的；有把清朝 300 多年以 1840 年的中英第一次鸦片战争为界，分为古代史阶段和近代史阶段的；还有把从孙中山创建中华民国南京临时政府到蒋介石为总统的南京国民政府溃败出大陆之间的 38 年，以 1919 年五四运动的爆发为界，划分为旧民主主义革命时期和新民主主义革命时期两个阶段的等等。我们认为，在划分中国报刊法制发展史的各个历史阶段时，应当基本和史学界公认的划分方法吻合，但又应结合中国报刊法制发展的实际情况作相应的调整。

（一）鉴于中国报刊法制萌芽和起源阶段特定情况，对古代部分采取宜粗不宜细的原则，使全书内容既覆盖中国报刊法制产生发展的全部历史，又保持各章篇幅间的相对平衡

尽管史学界对中国古代史部分有上古、中古和近古的不同阶段划分，但由于中国报刊和报刊法制在萌芽阶段具有的立法活动分散、法制史料零散、法制成果不多以及报刊法制在当时的社会环境中产生的影响力不大等实际情况，我们认为在中国报刊法制萌芽阶段的中国古代史阶段采取宜粗不宜细的原则是比较可行的。具体地说就是把中国古代史部分划分成为上古至隋唐阶段，并把这一阶段定位为中国报刊法制的萌芽阶段；其中又把始于商周盘庚时期的“言禁”、秦汉时期的“书禁”以及汉唐时期的“驿传”制度初步认定为中国报刊法制的“滥觞”。然后把宋元明清作为中国古代报刊法制的发展成型阶段，并分宋朝的报刊法制、元明时期的报刊法制、清朝的报刊法制等不同阶段予以探讨研究。

（二）从中国历史发展阶段的实际出发，按照既一致又有区别的原则，我们根据中国社会性质的实质性变化，把清朝统治的300多年，划分成清朝前期和后期两个阶段予以研究

清朝是中国几千年历史发展进程中的一个非常特殊的朝代。首先是在道光皇帝年间（1840年）爆发了中英鸦片战争，清朝政府战败后与英国签订了中国历史上第一个丧权辱国的《中英江宁条约》（俗称“中英南京条约”），开了一个赔款割地的先例。由于帝国主义的武装入侵和随之而来的经济侵略、文化侵略，中国自给自足的农村经济迅速破产，大批农民失去生存的手段和物质基础，无以谋生，先后爆发了声势浩大的太平天国农民起义和震惊世界的义和团运动，极大地动摇了清朝政府的统治基础。随着“西风东渐”，西方资产阶级的国家学说、人权及自由平等理论也逐渐被人们接受。在这种社会背景下，孙中山领导辛亥革命推翻了清朝皇帝，割断了延续数千年的封建君主专制制度。1840年的鸦片战争使中国的社会性质从根本上开始发生改变，也使中国报刊以及报刊法制开始从性质上发生变化，无论是报刊的内容和形制，还是报刊法制的条文格式和内容观念，都逐渐带上了鲜明的西方资产阶级的痕迹。因此以第一次鸦片战争为界，划分成为清朝前期和后期进行研究，既有利于充分展示其特殊性，也是比较符合中国社会变革的实际。

（三）从孙中山创建的中华民国自1912年初立国到蒋介石为总统的中华民国（南京）国民政府溃败出大陆，中华民国国号的使用一直延续未断的实际出发，不以1919年五四运动来划分新、旧民主主义革命阶段是比较科学的

1919年由学生发起的“五四”反帝爱国运动，由于上海工人阶级为主要力量的上海“三罢”（工人罢工、学生罢课和商人罢市）斗争的声援，取得了迫使中国外交使团在巴黎和会上拒签“和约”和撤销曹汝霖等人职务的胜利。有研究者据此把1912年到五四运动发生的1919年5月前，划分为旧民主主义革命阶段，而把五四运动以后直到中华人民共和国建立之前划分为新民主主义革命阶段。我们认为，除了孙中山领导的中华民国南京临时政府外，无论是袁世凯的“南北统一政府”，还是段祺瑞的“执政府”，或是其他北洋军阀（如黎元洪、曹锟以及张作霖等）主政的什么政府，包括蒋介石任总统的南京“国民政府”，在本质上都是军阀依仗武力执政，实行军阀专制。鉴于这个认识，我们认为首先应把中华民国这38年的统治作为一个整体来看待；其次应根据不同阶段政府的性质，把孙中山领导的南京临时政府时期作为一个特定阶段即“民国初期”单独论述，以区别后来军阀掌权的政府；再则又根据中国社会历史的发展进程，划分成民国北京政府时期（1912～1926）、民国南京政府前期（1927～1937）、民国南京政府中期（1938～1945）和民国南京政府末期（1945～1949）等不同阶段，基于此进行研究，既考虑了衔接，又体现了特点。

（四）从中华人民共和国建立到1999年建国50周年，中国的基本政体没有变化，但在发展进程中多有曲折。如何科学划分建国后的历史阶段，是一个需要慎重考虑的问题

从1949年10月1日中华人民共和国正式宣告成立到1999年中华人

民共和国建国50周年间，社会主义中国发生了天翻地覆的变化。但是所有国家和民族的发展道路都不是笔直的，中国也不例外。中国共产党人带领全国人民在国民党政府留下的一片烂摊子上建立新生的人民共和国时，百业萧条，经济崩溃，毫无工业基础可言。在中国共产党的领导下，全国各族人民经过50年的努力，社会主义中国的综合实力有了明显增强，已经成为一个在国际上有影响、负责任的大国，这是有目共睹的事实。为了比较科学客观地向世人展示新中国社会主义报刊法制建设的曲折历程和丰富成果，经过反复比较，我们拟把中华人民共和国建国50年的发展历程，划分成为国民经济恢复时期（1949～1952）、经济建设全面展开时期（1953～1957）、国民经济恢复调整时期（1958～1966）、“文化大革命”时期（1966～1976）、改革开放探索时期（1977～1989）、建设社会主义市场经济时期（1989～1999）。这样的划分，在主观上是想既体现整体性，又兼顾阶段性；既和通行的历史阶段划分大致吻合，又尽量考虑符合建国50年间报刊法制发展的实际进程，便于探讨其间的内在规律。

三　关于“中国报刊法制发展史”体系结构的问题

“中国报刊法制发展史”应当是一种介于研究专著和新闻传播专业本科（研究）生教材之间的著作。所以对于“中国报刊法制发展史”体系结构的设计，应当从以下几个不同层面上予以考虑。

（一）以覆盖从古到今（止于1999年）的中国报刊法制发展历程为全书整体框架，在整体框架内再按照历史阶段划分成若干个分册

顾名思义，“中国报刊法制发展史”的论述范围应该是涵盖“中国”这个概念全部的空间范围，应该涵盖与“报刊法制”直接相关的所有内涵以及作为“发展史”所界定的特定阶段的时间范围。也就是说，作为“中国报刊法制发展史”的论述内容应该覆盖中国报刊法制发展历程中的所有历史价段，应该覆盖在中国不同历史阶段的所有政府或具有政府功能的社会机构的全部报刊立法活动及其立法成果，应该覆盖在中国这块土地

上曾经产生过的报刊法令法规或具有报刊法令法规属性或功能的社会文献。但又必须思路清晰，内容衔接。为此在“中国报刊法制发展史”这个框架内，可以划分成“中国报刊法制发展史：古代卷”（内容范围从上古到1911年辛亥革命前）、“中国报刊法制发展史：现代卷”（内容范围从1911年辛亥革命胜利并建立中华民国到1949年中华人民共和国建国前）、“中国报刊法制发展史：当代卷”（内容范围从1949年中华人民共和国成立到1999年中华人民共和国成立50周年）。由于我国香港、澳门和台湾的特殊情况，而且前述三卷的内容还未覆盖这三个地区报刊法制发展的内容，所以还应当设计“中国报刊法制发展史：港澳台卷”，以成完璧。当然，若能在前面三卷中包括港澳台地区报刊法制发展的有关内容，也可以不独立成卷。

（二）以“中国报刊法制发展史”古代卷、现代卷、当代卷以及港澳台卷等专著性论述为主体，辅之以“中国报刊法制发展史：史料卷”为配套，形成互为补充的体系格局

为了使一些比较罕见的史料能够被更多的研究者利用，产生更大的社会效益，在撰写“中国报刊法制发展史”各卷正文的同时，似乎还应当在“中国报刊法制发展史”的整体框架内增加一个“史料卷”。该卷内容收录的史料范围应当从先秦两汉起到1999年中华人民共和国成立50周年大庆之前止。主要可以包括：上古至清代的古代报刊法制史料（节录）、清末时期近代报刊法制史料选、民国南京临时政府时期报刊法制史料选、民国北京政府时期报刊法制史料选、外国租界当局及汉奸政府报刊法制史料选、民国南京政府报刊法制史料选、共产党及民主政府报刊法制史料选以及中华人民共和国建国50年报刊法制史料选等部分。

（三）在每卷的章节格局中，采取以引言、导读分节展开，最后以结语收拢提示的方式，以使本书有利于读者的自学和思考

在撰写“中国报刊法制发展史”各卷正文的过程中，还应当有意识地强调行文中的章目清楚、思路清晰，力求使每一个分卷甚至是每一篇章都自成相对完整的单元，注意前后呼应。每章可以引言开笔，中间按照特

定阶段报刊法制产生发展的社会背景、报刊活动背景、报刊法制产生的动因分析和主要报刊立法活动以及报刊法制的主要内容和特点（进展）的次序，逐一展开论述。章节结束时再用“本章结语”的形式，概述归纳本章的主要内容或主要观点，以便读者收回思绪，抓住重点。

结 语

以上就“中国报刊法制发展史”的研究内容、历史阶段划分以及体系结构等问题，谈了本人一些不很成熟的设想。它们是否科学可行以及有什么不足，敬请同行专家赐教。由于得到学校的支持，该项目已经启动并完成了“古代卷”“现代卷”，出版社已经进入编辑程序，“当代卷”正在撰稿之中。根据和出版社商定的时间安排，全部书稿将在明年 3 月底前交稿，计划在 2005 年 11 月底出版全书。我热诚地期待新闻传播史学界的前辈专家、同行学者和各位朋友给予指导、关心、支持和鼓励。

论日据时期我国台湾地区的报刊法制及其特点[*]

台湾是中国不可分割的固有领土，对台湾地区报刊法制史的研究是中国报刊法制史研究的题中应有之意。自19世纪末台湾被强行割让、日本占据台湾并实行殖民统治，到中国抗日战争胜利、日本把台湾及其附属岛屿归还给中国止的50年，形成了台湾地区历史上的一个独特的历史阶段即日据时期。本文意在对日据时期台湾地区报刊法制的有关情况作一初步探讨，以求教于学者同仁。

一　日人据台前台湾地区报刊法制与祖国大陆报刊法制的渊源关系

回视中国古代报刊法制的发展历程，大体经历了从“事无专名、法无专条到事有专名、法有专条”过程，它们曾“被蕴涵在早期综合性的法律法令制度之中”，逐渐“在综合性的法律法令制度中设有专（章）条”，然后“独立出来，成为以专用名称的专门的报刊法律法制度”①。我

---

* 本文系在中国新闻史学会等主办的“抗日战争与新闻传播学术研讨会”（南京，2005年11月）上宣读交流的论文。原载《抗日战争与新闻传播学术研讨会·抗战广播史研讨会论文集：新闻春秋第五辑》，首都师范大学出版社，2006。

① 方晓红：《〈中国古代报刊法制发展史〉序言二》，南京师范大学出版社，2004，第1页。

们不去说汉朝已经出现邸报，唐朝就已经出现规范邸报抄传活动的法律，在著名的《唐律疏议》中就有了诸如“诸驿使稽程者，一日杖八十，二日加一等，罪止徒一年”、“诸驿使受书，不依题署，诸旨他所者，随所稽留，以行书稽程论，减二等”以及“诸乘驿马辄枉道者，一里杖一百，五里加一等，罪致徒二年，越至他所者，各加一等，经驿不换骑者，杖八十”（《唐律疏议》卷十）等具有法律意义的规定。宋朝《宋会要辑稿》记载在宋朝初年就有“开封府进奏官，止依例供申本府报状，诸州不许申发”、“进奏院所供报状，每五日一写，上枢密院定本供报”以及“诸道进奏官依例供报，系朝廷已行差除指挥及内外常程事得誊报外，应于实封，事涉边机及臣僚章疏，或增加伪妄，并置重法”等规定。明朝崇祯皇帝即位后，立即颁下谕旨称“各衙门章奏，未经御览批红，不许报房抄发，泄漏机密。一概私揭，不许擅行抄传，违者治罪”（孙承泽《春明梦余录》）。至于到了清朝，历代皇帝颁下的与官报、京报以及小报有关的谕旨及朱批就更多了，其中又尤以康熙、雍正、乾隆年间更为集中。清朝《大清会典》中记载康熙初年规定“凡题奏奉旨之事，下科后令该省提塘赴科抄录，封发各将军督抚提镇”，“凡钞刊章奏事件，寄交各省敕书、信印物件以及各部院寻常咨行外省文件，俱交给（提塘）递送”。雍正十二年（1734 年）议准“督抚提镇以下各衙门，有咨呈在京各部院公文，于公文别具印单，将角数及何年月封发之处，一一注明。令提塘随公文投递，各部院查对明白，于原来印单内注明收到日期，发还原衙门，以凭稽考有无抽压遗漏”。乾隆二十一年（1756 年）议准：“各省发递科钞事件，例应责令提塘办理，以杜私钞讹传之弊。嗣后令各提塘公设报房，其应钞事件，亲赴六科钞录，刷印转发各省。所有在京各衙门钞报，总由公报房钞发”，等等，真可以说不胜枚举。

众所周知，从秦汉朝开始，中国就是一个统一的多民族国家，中央政府的政令在全国各个地区（行省）都具有法律效力。因此，无论是汉唐宋元诸朝，还是明清各代皇帝以及中央政府，所制定颁发实施的所有法律法规，理所当然地在包括台湾地区在内的全中国所有地区都具有法效力。纵观中国报刊法制发展的历史轨迹，我们完全可以理直气壮地说中国古代的报刊法制丝毫不落后于后来发展成为西方诸列强的欧洲各国，更是把后来成为轴心国之一的日本远远地抛在后面。正如我国明代著名新闻传播史学专家尹韵公先生所指出的那样："在十五至十八世纪期间，整个欧洲笼罩在疯狂地讨伐宗教异端的恐怖气氛中……人们在相当长的一段时间内没有言论自由、出版自由，甚至思想自由。虽然明朝帝国是高度集权专制的中央政府，但它却没有经历中世纪欧洲那样的残酷与黑暗的过程。即是说，在同一时期新闻出版自由在明朝帝国比在不列颠岛和欧洲大陆要先进得多，进步得多，层次也高得多。"① 尽管在台湾地区的历史上出现过日据时期，但不可否认的事实是早在日据之前，中国政府就在台湾行使主权，台湾同胞与祖国大陆同胞就形成了割不断的精神和文化联系纽带，中国政府制定颁布实施法律的行政行为早已生效。这些就是日据之前台湾地区报刊法制发展的渊源。

二 日据时期台湾报刊法制发展的基本概况

综观日本人从 1895 年通过强迫清政府签订《马关条约》割让台湾并派兵占据台湾，到 1945 年因所发动的侵华战争彻底失败宣布无条件投降，把台湾及其附属岛屿归还中国的这 50 年间，台湾的报刊法制大致经历了如下几个阶段。

（一）日人据台初期直接援用日本国内法律的阶段（1895～1899）

1895 年 4 月 17 日，清政府代表李鸿章和日本政府代表伊藤博文正式签署《马关条约》，条约规定：台湾全岛及其所属岛屿、澎湖列岛等地方的主权，所有城堡、工厂及一切公属物件永远让予日本。6 月 17 日桦山资纪在台湾巡抚衙门举行"始政式"，开始了日本对台湾 50 年的殖民统治。

由于日本据台初期是军人担任台湾总督，且日本帝国议会没有授予台湾总督以制定颁布实施地方性法规的权力，因而日本首任台湾总督桦山资纪还谈不上也无权制定和颁布法律，所以日本台湾总督府主要是援用日本

① 尹韵公：《中国明代新闻传播史》，重庆出版社，1990，第 272 页。

国内已经颁布实施的新闻及报刊法律法规，来管理台湾地区的新闻报刊。据史料记载，日本最早的新闻法令为1869年11月8日公布的《新闻纸印行条例》；接着于1873年颁布了《新闻纸发行条目十八条》；1875年6月20日又公布修订的《新闻纸条例十六条及附则》；再于1875年6月28日公布实施《谗谤律八条》，对发行人与记者科以直接罪责。因为在日本政府于1880年7月17日公布的《刑法》中，已包含对新闻报刊进行管理和违规处罚的条款，所以同时宣布将《新闻纸条例十六条及附则》和《谗谤律八条》废除，自此日本国内经历了没有专门新闻法规的短暂阶段。然而仅仅在三年以后，日本政府又于1883年4月16日公布了修正后的《新闻纸条例》。

在这一阶段中，台湾总督援用的报刊法规主要是日本政府于1883年修正后颁布实施的《新闻纸条例》，此时离日本政府颁布该条例已经过了十二年之久了。该条例规定台湾地区创办报刊，不但要获得许可，还要缴纳保证金；无法缴纳保证金者须立即停刊。据有关文献报道，该条例当初在日本国内实施时，就因为它所规定的创办报刊条件之苛刻和执行手段之严厉，全国共有63家报纸或杂志被迫停刊，因而被史家称之为“新闻扑灭法”①。1896年6月30日，日本帝国议会以“法律第六十三号”公布了《关于施行台湾之法律》即“六三法案”，赋予日本台湾总督拥有在台湾发布与法律具有同等效力的“律令”的权力，即地区立法权，日本台湾总督同时拥有了行政权、军事权和立法权。1899年6月，日本台湾总督同时颁布了《（台湾）著作权法》和《著作权法在台湾之施行令》，标志着日本台湾总督全部援用本土法律法规管理台湾报刊时期的结束，开始了在台湾地区制定颁布实施新闻报刊法规的时期。

（二）日人据台中期采用殖民统治报刊法规的时期（1900～1931）

1900年1月24日，日本台湾总督府颁布《台湾新闻纸条例》、《（台湾）新闻纸发行保证金规则》和《台湾出版规则》等三项法令。它们和上年6月颁布的《（台湾）著作权法》、《著作权法在台湾之施行令》一

① 王天滨：《台湾报业史》，台湾亚太图书出版社，2003，第13页。

样，不但是日本台湾总督获得立法权以后颁布的第一批具有法律效力的法令，而且其苛刻程度远远比日本国内的有关法律严厉，充分体现了日本在台湾实行殖民统治的政治特征。以《台湾新闻纸条例》为例，早在1898年（明治三十一年），日本政府根据即将颁布的日本《宪法》中关于“日本臣民在法律范围内，有言论、著作、印行、集会、结社之自由”的规定，在颁布实施的《修改新闻纸条例》中，尽管仍然维持了保证金制度，但在报刊创办等方面的规定上有较大程度的放宽，最主要的一点是废止了创办报刊许可制，改为申请登记办法，即废止了必须事先得到政府的许可公民才能创办报纸杂志的规定。然而比1898年颁布的日本国内《修改新闻纸条例》已经迟了两年的《台湾新闻纸条例》，不但仍然坚持屡遭新闻界非议的保证金制度，而且顽固地维持了新闻界早已深恶痛绝并且在日本国内已经废止的“创办报刊许可制”，继续压制台湾新闻报刊业的发展。

1917年12月18日，日本台湾总督以“律令第二号”的形式颁布了《台湾新闻纸令》，宣布废止1900年颁布的《台湾新闻纸条例》；同时颁布了《台湾新闻纸令施行日期》和《台新闻纸令施行规则》。这几个律令仍然具有鲜明的殖民统治政治特征，即立法的严厉程度要甚于日本国内的相应法律。仍然以《台湾新闻纸令》为例，其内容几乎完全脱胎于1909年5月由日本帝国议会通过的《（日本）新闻纸法》，要说有所不同或区别，那就是在日本国内实施的《（日本）新闻纸法》明文规定，对公民创办报刊的管理采取申请登记制，而《台湾新闻纸令》则仍然采取了许可制，即仍然坚持公民必须事先得到政府许可才能创办报刊的做法。此后，日本台湾总督就是依据诸如《台湾新闻纸令》、《台湾新闻纸令施行规则》和《台湾新闻纸令施行日期》等律令，统制台湾的新闻报刊界，压制言论和新闻自由，维护日本对台湾的殖民统治。

（三）日人据台末期实施军国主义报刊法规的时期（1931～1945）

在这一阶段中，1936年刚刚上任的台湾总督小林跻造提出了“皇民化”、“工业化”和“南进基地化”的口号。为强行推行日本文化，割断台湾同胞与祖国大陆的文化和精神联系，小林跻造于1937年4月1日下令，强迫台湾所有报纸废止汉文版。“卢沟桥事变”后，日本台湾总督府于8月24日在总督府和各地州厅同时设置临时情报部，尔后又改为情报部，统筹所有的宣传业务，发行台湾总督府临时情报部的《部报》与其他宣传文宣，并联合审查新闻刊载的内容，统制台湾民心思想与内外宣传①。同年9月，日本帝国政府发表《国民精神总动员计划实施要纲》，在台湾加速推行“皇民化运动”。1941年1月10日，日本台湾总督府和日本政府一起，分别在台湾和日本本土同时颁布实施《新闻纸等揭载限制令》，内容主要是限制新闻报道的范围与违反时的处分。同年10月，日本政府又颁布实施《言论、出版、集会、结社等临时取缔法》，对于战争中使人心动摇，或因反对国策招致国论的不统一，或妨碍进行战争者，均加以严厉取缔。1943年4月1日，台湾总督府施行“府令第八十二号”《出版（新闻）事业令》。同年5月21日，台湾总督府又施行“府令第八十二号”《出版（新闻）事业令施行规则》，内容比原来的《台湾新闻纸令》更加严苛。1944年3月1日，台湾总督兼日本驻台湾军司令官安藤利吉宣布将全台湾的6家报纸合并为《台湾新报》1家。1945年8月15日，日本宣布投降，日本在台湾的殖民统治制度随之被终止，台湾总督府制定颁布的所有新闻报刊法规和律令也随之废止。自此台湾进入了一个全新的历史阶段。

三 日据时期台湾地区报刊法制的主要特点

日据时期是台湾地区历史上的一个特殊阶段，日据时期台湾地区报刊法制也是台湾地区报刊法制发展史中的一个特殊阶段。综观日据时期台湾地区报刊法制在不同阶段的发展和法制结果，我们认为主要有以下几个较为明显的特点。

（一）凭借政权，实行新闻统制的特点

综观日据时期的报刊法制，可以明显地看出日本殖民者制定报刊法制的目的不是为了规范和促进报刊发展，而是为了实行新闻统制。以1917

① 台湾总督府：《台湾总督府事务成绩提要》，转引自王天滨《台湾报业史》第31页。

年由台湾总督府颁布的《台湾新闻纸令》为例。首先是在创办报刊的程序上，规定只有在“呈请台湾总督许可”并按规定数目缴纳保证金后，才能在台湾创办新闻纸；其次是在报刊创办者的资格上，规定包括“正被嫌疑中者”等四类人员“不得为发行人”。“甚至台湾总督可以自由心证，认为不适当或被嫌疑者，也无创办新闻纸之权”[①]。再则是报刊的内容上，规定包括“亵渎皇室之尊严，改变国体或紊乱国宪之事项”、“预审中之报告事件内容，及经检察官禁止之有关搜查中或预审中之被告事件，并禁止公开之有关诉讼之辩论事项”、“煽动或庇护罪犯，及赏恤、救护或陷害罪犯与刑事被告人之事项”、“不得公开之官文书、呈文、意见书或请愿书，及未经许可之有关政府之议事事项”、“禁止公开之公会之议事”以及“有关外交、军事及其他秘密事项”等，“都不得揭载于新闻纸上”。最后是在报刊的发行和经售过程上，规定“发行人应在每次新闻纸发行前，检呈其新闻纸二份于台湾总督府，以及其所辖厅州和地方法院检查局各一份”；“经售人应将其代销之新闻纸，于每次发行前，缴纳二份于台湾总督府，各一份于其所辖县市政及地方法院检查局”等等。还有一招就是通过日本政府的御用新闻机构同盟新闻社这个“太上总编辑”来实行新闻统制，规定台湾岛内报纸的所有岛外新闻，都必须来自同盟新闻社。不但如此，同盟新闻社甚至在其发出的新闻稿上指定要发在哪一版面的某一位置，报纸不得更易[②]。日本台湾总督府对新闻统制的严厉程度可见一斑。

（二）民族歧视，实施殖民政策的特点

在日据时期长达50年的时间里，日本台湾当局以殖民统治者自居，以居高临下的殖民意识和观念，鄙视我台湾同胞，侵犯我台湾同胞的基本权利，使台湾同胞不能享受到平等的权利。首先在创办报刊的权利上，由于台湾总督府规定采取“许可制”，所以从日人据台后山下秀实于1896年6月17日创办第一家《台湾新报》开始，直到1929年3月15日，台

① 王天滨：《台湾报业史》，台湾亚太图书出版社，2003，第17页。

② 叶明勋：《光复以来的台湾报业》，转引自王天滨《台湾报业史》第30页。

湾才出现由台湾籍人士出面创办的《昭和新报》，而且还是在日本台湾总督授意下，为了与台湾文化协会以及《台湾民报》相抗衡出版的。这时距日人占据台湾已经34年了。在中国台湾地区，34年间办报的全部是日本人，这充分说明了日本台湾当局执行殖民政策的实际效果。其次在文字和文化政策上，日本人创办的报刊可以全部用日文出版，而中国人创办的报刊则必须辟出规定的版面来刊载日文的内容，甚至在日本东京已经获准发行的《台湾民报》在迁回台湾发行时，还强令该报辟出一定版面来刊载日文内容，作为准许它迁回台湾发行的条件。再则是在法规的具体规定上，明确把台湾地区列入日本殖民地，明显歧视台湾人民。例如1898年日本政府公布修订的《新闻纸条例》，其中一个重大变化就是废止创办报刊的“许可制”而改用申请登记办法，但却规定台湾仍然维持创办报刊的许可制。即使在两年以后即1900年公布的《台湾新闻纸条例》中，也仍然维持了许可制和保证金制度。

（三）文化专制，推行同化政策的特点

在日人据台之前，台湾就出现了多种报刊，1872年3月创刊的上海《申报》、1881年在浙江宁波发行的《甬报》以及1864年在广州发行的《述报》等在祖国大陆出版发行的报刊就传播发行到台湾地区；而1885年，由刘铭传主政台湾巡抚衙门下设的“提房”刻印了台湾地区的《邸钞》，内容包罗万象，举凡人员升迁、科进文武童圣谕，发红榜、设防保台、台湾建省、邮电扩充等均包含在内①。1885年7月，在英国长老教会派遣的传教士巴克礼牧师主持下诞生了台湾第一份定期印刷刊物《台湾府城教会报》，它比《邸钞》更接近报纸形态，可说是台湾近代化报刊的雏形。我们认为，假如没有日本人的侵占，台湾的报刊也会遵循其自身的规律逐渐发展起来。日人据台以后，压制言论自由与新闻事业，尤其严禁台湾民众发行报刊，因为生怕成为台湾民族运动和革命的工具，刺激台胞的民族意识，让台胞受祖国影响。为达此目的，日本台湾总督府首先是采用许可制来严格控制台胞创办报刊；第二是下令台湾的所有报刊废止汉文

① 洪桂己：《台湾报业史的研究》，转引自王天滨《台湾报业史》第4页。

版，使台湾同胞看不到汉文报纸，企图使台湾同胞逐渐淡化对祖国文字的感情，使同胞子弟从小就接受不到祖国文化的熏陶，妄图割断台湾同胞与祖国文化的精神联系；第三是利用操纵的报刊，大肆推行所谓的“皇民化运动”，要求台湾民众改为日本姓名，使用日语，并废除总督府所认定的不良习俗，包括偶像、寺庙，强制台湾民众参拜神社，废止旧历正月仪式等，企图用日本文化来同化台湾地区的中国文化，以维护和巩固日本在台湾地区的殖民统治。

四 结束语

研究日据时期台湾地区的报刊法制发展史有很多难处，其中最直接的困难是史料的缺乏，为此，我曾经专门到国内几大文献收藏单位查找，但由于众所周知的原因所获不多。在本文撰写过程中，从台湾学者王天滨先生的大作《台湾报业史》中引用了不少史料。为节省篇幅不再一一列出。在此谨向王天滨先生表示诚挚的谢意。

论英人据港时期香港地区报刊立法活动的四次转折及内在原因*

香港自古以来就是中国的领土。1842年8月29日英国政府逼迫清政府签订的中英《江宁条约》规定：中国向英国赔款二千一百万银元；割让香港；开放广州、上海等五处为通商口岸；中国抽收进出口货的税率由中英共同议定，不得随时变更①。直到中国政府于1997年7月1日恢复行使主权前，香港一直由英国殖民当局管理。回顾英人据港150年左右时间里报刊法制的发展历程，大致经历了四次比较明显的转折。

一　从沿用中国法律向依照英国法系立法的转折

从18世纪末期起，英国等西方资本主义国家就向中国大量输入鸦片，毒化中国人民，导致中国银价飞涨，财政困难。1838年底，民族英雄林则徐受命赴广东查禁鸦片。次年6月先后在虎门销毁了缴获的鸦片2万多箱计115万余斤。英国政府即于1840年2月决定向中国派遣“东方远征

---

* 本文是国家教育部2005年度哲学社会科学基金课题“我国香港澳门台湾地区报刊法制发展史研究”（项目编号：05JA860006）的系列研究成果之一，发表于《江苏社会科学》2007年第4期。

① 庄义逊主编《香港事典》，上海科学普及出版社，1994，第47页。

军”，发动罪恶的鸦片战争。英军舰队于1841年1月26日强行登上中国领土香港岛。1842年英军继续扩大战争，军舰大炮直逼南京城下，强迫清政府签订了中英《江宁条约》，从此香港成为英国的殖民地。

在英国人占领香港之前，中国政府一直对香港行使主权。历代政府制定颁布实施的所有法律包括出版及规范社会报刊活动等方面的法律，同样在香港具有法律效力。如在清乾隆五年颁行的《大清律例》及后来光绪朝颁行的《大清律例增修统纂集成》中就有诸如“凡造谶纬袄书袄言，及传用惑众者，皆斩”；“各省抄房，在京探听事件，捏造言语，录报各处者，系官革职，军官杖一百，流三千里。该管官不行查出者，交与该部，按次数分别议处”[①] 等具有法律效力的条款。英人在据港后的《义律公告》中曾明确宣布“在未获女皇陛下进一步指示之前，香港岛上的原居民，以及所有居港中国人，均受中国的法律及习惯约束，所有拷打刑罚则除外。”因此在英人占据香港初期“基本上仍是沿用《大清律例》内有关文字出版的法令”[②]。1843年4月后，英国人开始报刊立法活动，其颁布的第一个报刊法例就是《一八四四年监管书籍及报刊印刷及设置印刷机条例》。1886年港英当局又颁布了《一八八六年承印人与出版人条例》。1888年再制定颁布了《一八八八年殖民地书籍注册条例》。关于制定“现行法例的目标”，当时港督罗便臣爵士就认为“并非干预合法报刊的自由运作；相反地，是引导香港报业趋同于英国报业的世界性尊崇地位”[③]。也就是用英国的规则来引导香港的报业，以英人的法律取代中国的法制，开始了从沿用中国法律向依照英国法系立法的转折。

二　从侧重对报刊形式的监管向报刊内容监管的转折

尽管港英当局从1844年起先后颁布实施了《一八四四年监管书籍及报刊印刷及设置印刷机条例》等法规，但这些条例只监管出版物形式注

① 倪延年选编《中国报刊法制发展史：史料卷》，南京师范大学出版社，2006，第43页。
② 梁伟贤、陈文敏主编《传播法新论》，（香港）商务印书馆有限公司，1995，第343页。
③ 梁伟贤、陈文敏主编《传播法新论》，（香港）商务印书馆有限公司，1995，第344页。

册方面的问题，而“没有针对刊物内容作出监管的条款”①。为什么英人此时基本上对报刊的内容处于不监管状态呢？首先是当时的香港已经处于英国的绝对控制之下，英国人在这里建立了隶属于他们的政府，享有独专的行政管理权，一旦发生有可能危及英国人统治的事态，港英当局可以凭借政府机器来保持政局稳定；其次是当时香港的报刊，如《中国之友》、《香港纪录报》、《德臣报》、《孖剌报》等，几乎完全是英国人所创办和经营。英国殖民者对英国人创办的报刊应该是放心的。第三是“首先发展起来的是英文报纸，除个别外，都为商业性”，“行情、航运、广告当然成为最主要内容，原在广州出版的英文报纸也大致类此”。② “换句话说，政治、社会及文化的新闻极少，商业行情和信息占据大部分篇幅。”③尽管从19世纪下半叶开始出现中国人创办的报刊而且这些报刊内容中的“政治新闻及评论，包括政治主张的宣传、对当时满清政府腐败与黑暗的攻击、和后期不同政见的激辩等开始增多。虽然党派报刊在此时期后半段开始涌现，但都是推动维新改革运动的报章，比起后来革命派所创办的报章，批评还算比较温和”④，并没有对英人管治下的香港社会稳定产生明显的冲击，所以港英当局还没必要制定监管报刊内容的条款。

1907年，港英当局制定颁布了《中国刊物（禁制）条例》，规定“任何人在本港印刷或出版刊物作售卖用途，或发行任何手书或印刷的刊物，上述刊物所载内容中有足以引致中国大陆社会不稳定或唆使他人在当地违反刑律者，假若罪名成立，可判处不超过2年监禁，或判处不超过500元罚款”⑤。1914年的《煽乱刊物条例》规定对“存在于任何报刊、书刊或其他文本中的文字、符号图像，直接或间接地透过推论、演绎而表达出”诸如根据1913年《爆炸物品条例》的规定，“任何煽动所引起的暴力行为、谋杀或其他刑事罪行的内容”；“引起对于英皇、英政府、所属殖民地或所属地方的政府的憎恨、蔑视；引起他人恐慌或烦扰，从而获

---

① ③梁伟贤：（新闻与传播法的回顾与前瞻）（论文），转录于：1994～2006，China Academic Joumal Electronic Publishing House. All rights reserved. http：cnki. net，第2页。

② 方汉奇主编《中国新闻事业通史》（第一卷），中国人民大学出版社，1992，第288～289页。

④ 梁伟贤、陈文敏主编《传播法新论》，（香港）商务印书馆有限公司，1995，第47页。

⑤ 梁伟贤、陈文敏主编《传播法新论》，（香港）商务印书馆有限公司，1995，第348页。

得利益或驱使他人不按职责而作出行为或不作出行为”等“意义”者，都被定为“具煽动叛乱性质的内容”[①]。1927年，英人在《一八八六年承印人与出版人条例》基础上制定了《承印人与出版人条例》，又增加了报刊的总编辑也需注册登记等规定。尔后，港英当局又先后于1930年1月、1933年3月以及1934年9月对1927年《承印人与出版人条例》进行了多次修订。如在1930年的修订中就恢复了1927年条例取消的报刊注册保证金制度，并明确规定为港币3000元款额；1934年的修订则进一步扩大了港督会同行政局在管制刊物中的权力[②]。

为什么英人在20世纪初一改原来对报刊内容的宽松管理模式而转为对报刊内容的严格管理呢？这是有深刻的原因的。英国通过鸦片战争迫使中国政府签订了中英《江宁条约》，获得了赔款、割地、开放商埠及和中国政府共同议定关税的特权后，又于1856年借口“亚罗号事件”挑起了第二次鸦片战争。以英法联军为首的侵略军一直打进北京城，大肆抢劫，并且焚毁了“举世名园”圆明园。在列强的炮口下，清政府全权代表奕䜣分别与英法代表签订了中英、中法《北京条约》和批准中英、中法《天津条约》，以及与沙俄签订了《中俄北京条约》，使中国丧失了乌苏里江以东的大片领土。在紧接着的中日甲午战争中大败后，清政府又被迫签订了中日《马关条约》，又把台湾和澎湖列岛割让给了日本。5年以后，帝国主义列强又组织八国联军侵略中国。1901年9月7日，清政府全权代表李鸿章等人又被迫与英、美、俄、德、日、奥、法、意等11个资本主义国家代表在北京签订了《辛丑各国和约》（俗称“辛丑条约”），从政治、经济、军事各方面都扩大和加深了帝国主义对中国的统治，并表明清政府已完全成为帝国主义统治中国的工具[③]。

自中国在鸦片战争中失败并被迫割地赔款以后，中国大地上就开始孕育一场翻天覆地的大变革。小刀会起义、捻军起义、太平天国革命以

① 梁伟贤、陈文敏主编《传播法新论》，（香港）商务印书馆有限公司，1995，第349~350页。

② 梁伟贤、陈文敏主编《传播法新论》，（香港）商务印书馆有限公司，1995，第352~353页。

③ 辞海编辑委员会：《辞海》（1999年版缩印本），上海辞书出版社，2000，第2387页。

及义和团运动等此伏彼起，风起云涌。在政治舞台上，孙中山等民族革命派的目标是要推翻以民族压迫、政治腐败、外交无能、民穷国弱为主要特征的满清政府。为此，孙中山等人于1894年11月在美国檀香山成立了中国第一个资产阶级革命团体兴中会，并在1895年成立的香港兴中会章程中明确提出要“设报馆以开风气”。1900年1月25日，兴中会在香港创办了被誉为“中国革命提倡者之元祖”的《中国日报》。它全力宣传爱国救亡，揭露帝国主义列强对中国的野蛮侵略，抨击清政府的腐败卖国行径；大力宣传反清排满，以“复兴中国”的口号来宣传动员人民起来推翻清朝政府；全力抨击清政府的封建专制统治，宣传资产阶级民族思想；揭露保皇党的真实面目，反击改良派对革命的诬蔑；同时积极宣传义和团反帝爱国运动，声援反清斗争[①]。《中国日报》以后，以推翻满清挽救中国、宣扬民族革命为宗旨的报纸杂志在香港迅速发展起来，主要有1903年12月29日由郑贯公、谭民三等创办的《世界公益报》、1904年3月31日由郑贯公创办的《广东日报》及其附刊《无所谓》(1905年改名为《一声钟》)、1905年创办并由郑贯公任总编辑的《有所谓报》以及1906年2月8日创办声称“以发挥民族为唯一方针”[②] 的《日日新报》等。由于中国大陆政治形势的急剧变化和发展，香港“各式报章或多或少地卷入动荡的漩涡，而报刊出现挑战港府的言论或引起港府外交困窘的事例也时常发生，遂引起港英殖民地政府的关注，并逐渐收紧对新闻及言论自由的限制”。港英当局律政司在立法局通过《中国刊物（禁制）条例》时也承认：“过去一段时间以来，本地出现相当数量的煽动刊物，政府认为这些刊物可能会煽动中国大陆境内的犯罪行为。因此，法例是要防止香港成为犯罪刊物的出版中心，然后转移传播于中国大陆。”港英当局布政司则认为：“近年来，本地报章对于批评满清当局缺乏自制而每每造成港府尴尬局面。”[③] 正是在这种形

① 方汉奇主编《中国新闻事业通史》（第一卷），中国人民大学出版社，1992，第693～697页。

② 方汉奇主编《中国新闻事业编年史》（上），福建人民出版社，2000，第376页。

③ 梁伟贤：《新闻与传播法的回顾与前瞻》（论文），转录于：1994～2006，China Academic Joumal Electronic Publishing House. All rights reserved. http：cnki. net，第347～348页。

势下，英人为了不使在香港出版的革命派报刊破坏港英当局和清政府的关系，不使香港成为反清宣传报刊的出版中心，就必然要强化对报刊内容的监管，这也就是1907年《中国刊物（禁制）条例》出台的直接原因。1900年港英当局出台了《邮政处条例》，其目的是阻截不良刊物通过邮递传送渠道流入香港并在市民间流通。辛亥革命以后，港英当局于1914年制定颁布了《一九一四年煽乱刊物条例》，1927年又出台了《一九二七年承印人与出版人条例》。尽管1927年以后，港英当局对上述法例进行过多次修改，但在主要做法和立法动因等方面则基本保持了稳定。

港英当局制定颁布这些法律的目的是维护自身在香港的利益，并通过对香港地区报刊内容的监管，压制香港地区的进步民主言论，使香港地区不成为资产阶级革命派反清报刊的出版传播中心。因为蒋介石掌控的南京国民政府在本质上也是对内压迫人民、实行专制统治，对外委曲求全，丧权辱国，所以港英当局在蒋介石国民政府成立以后依旧像对待清朝政府那样一往情深，通过各种手段对香港地区报刊内容进行监管，压制香港地区的进步民主言论，力图不使香港成为共产党人及民主进步人士反对国民党封建专制统治和卖国求利丑恶行径的阵地。

三 从维护旧中国政府利益向与新中国政府对抗的转折

1951年，港英当局对1927年的出版法例进行了大幅度的修订后颁布了《一九五一年刊物管制综合条例》。这是一项综合性的法例，同时有五个附件，其中第一个附件是对该条例第4条中涉及的“叛逆或叛乱重刑罪”适用法律条文的规定；第二个附件是“依条例第十六条规定制立之”《一九五一年报纸登记及发行规则》；第三个附件是《一九五一年印刷机（领照营业）规则》；第四个附件是《一九五一年新闻通讯社登记规则》；第五个附件是《一九五一年印刷品（管制）规则》[①]。这些条例或规则，

① 马沅总编译：《香港法律汇编》（1953年版，卷四），华侨日报有限公司，1953，第158～165页。

从报刊内容到报纸登记，从报纸登记到报纸发行；从报刊到印刷报刊的印刷机，从印刷报刊的印刷机又到事关报刊消息来源的新闻通讯社；最后又从对报刊的管制扩展到对所有的印刷品管制。这些法例或规则规定港英当局将管制诱使他人犯叛逆或叛乱重刑罪、任何人从事或意图从事或准备从事或与任何人合谋从事有煽动性的行为，发表任何煽动性的言论，印刷、出版、出售、推销、分发或复印任何煽动性出版物，输入任何煽动性出版物、刑事诽谤罪、蔑视法庭罪以及所谓“不雅”行为的内容，管制诱使他人参与非法社团和发布虚假新闻的内容。规定“任何本地报刊印载禁制内容，一旦罪名成立，法庭可根据律政司的申请，勒令停刊半年或以下。即使案件仍在候审或审理过程中，裁判司也可以应律政司之申请而命令报刊暂时停刊；或不得刊载有关内容。对于违反停刊令而继续印刷、售卖或发行有关被禁内容的刊物，警方可径向裁判司申颁没收充公令，将该报刊所有机器、铅字、用具、纸张、印刷原料、书写物件、书籍簿册、文件或书据等查抄扣留”；“外地刊物若被禁运进口，任何在香港售卖、兜售、发行或持有该等刊物，则作违法处理”；“任何人存放、拥有存放地点钥匙，甚至拥有存放地点使用权或业权者，均可能需要负上述有关违禁刊物的刑责。”法例还授权太平绅士签发搜查令于警方执法；授权邮政处长、工商处长和警务处长拆验或扣留可疑之进口刊物[①]。该条例对报刊监管的力度，香港学者认为“在香港出版法的历史中，最严峻的管制要算1951年立法局所通过的第15号法案《刊物管制综合条例》”，是“一套与英国本土新闻自由发展背道而驰的出版法”[②]。

为什么英人要在1951年出台《一九五一年刊物管制综合条例》呢？首先是新中国的诞生，社会主义国家阵营的力量空前强大，使以英美等为代表的西方资本主义国家极为恐慌，随时担心人民解放军会跨过界河解放香港，因而对新中国抱有强烈的敌对情绪；其次是由美国等西方国家盗用“联合国军”的名义进行的朝鲜战争正在打得激烈，而英国则是美国在这场战争中的主要伙伴，还积极响应并参加对新中国的政治、经济和军事封

① 梁伟贤、陈文敏主编《传播法新论》，商务印书馆（香港）有限公司，1995，第355～357页。

② 梁伟贤、陈文敏主编《传播法新论》，商务印书馆（香港）有限公司，1995，第354页。

锁；第三是由于英国政府的倒行逆施激起中国人民的强烈愤慨，在报刊上对这些丑恶行径进行了严重抗议和强烈谴责，香港的一些进步的和主持公道正义的报刊也对新中国给予了道义上的声援和支持。在这种情况下，港英当局觉得这些报刊的言论对香港居民的人心向背产生了不利于他们统治的作用。正如香港律政司后来所说的，“1951 年成立的法例，实际上是 50 年代初政治与历史现实的产物，特别是中国大陆发生政治巨变，和朝鲜以至远东及东南亚的紧张局势。此时此境，港英政府认定共产主义对于殖民统治具重大威胁，尤其是有关的政治宣传，已到了足以妨害港府施政的地步，遂制定法例加以抑制”①。这就是港英当局颁布《一九五一年刊物管制综合条例》的根本原因。同时也完成了在报刊法制内容上从维护旧中国政府利益向与人民新中国政府公然对抗的转折。

四　从严格监管报刊内容向彻底放松报刊内容监管的转折

1951 年以后，港英当局以《一九五一年刊物管制综合条例》为主要依据，对那些所谓的违法违规报刊进行处罚，以确保香港报业在英国殖民者许可的范围内运行。例如 1952 年 3 月 5 日，香港《文汇报》、《新晚报》和《大公报》全文转载了中国大陆《人民日报》于前一天发表的旨在抗议港英当局在“三・一事件”中动用警力拘捕百余名中国公民，并对其中的 18 人判罪，12 人驱逐出境暴行的评论员文章。港英当局即指控这三家报纸“刊载一项有煽动性的文字，违反《煽乱条例》第 4 条（1）（C）款”即“任何具有煽乱意图的行为，包括发表言论、出版或发行煽动刊物皆属违法”的条款，三家报纸的东家、督印人、承印人和编辑分别被捕，经中央裁判署提堂后转解高等法院审讯。《大公报》在三家报刊中首先被安排提审，成为社会瞩目的“《大公报》案”。该案经高等法院原讼庭初审 15 天，原审法官在初审裁决时引用《一九五一年刊物管制综合条例》，判令该报停刊半年，由此使该案成为香港历史上首宗根据出版

① 梁伟贤、陈文敏主编《传播法新论》，商务印书馆（香港）有限公司，1995，第 373 页。

法例强制报刊停刊的个案[①]。又如 1967 年 8 月 9 日，港英当局以“自行、协助或教唆他人刊登虚构新闻和煽乱性新闻；刊登意图促使警务人员情绪不满的内容；违反《刊物管制综合条例》”等 20 多个罪名，拘控了《香港夜报》、《新午报》以及《田丰日报》三家报刊的督印人和两名承印人。事隔一周以后，律政司署首席检察官以“《刊物管制综合条例》第 4 条 2 款规定：在案件审讯期间，有关报刊不得刊登任何与候审案件罪行本身有关或相关论题的内容。但该三报在 8 月 10 日到 15 日仍继续刊登与有关案件控罪相同之文字及报道”，向中央裁判署申请颁令上述三家报刊暂时停刊。法官在控方律政司署首席检察官陈述完以后，当庭就批准控方所提出之申请，颁令三家报刊由当日起暂时停止出版，直至有关当事人之审讯完结时为止。该案的结果是《新午报》3 名被告因“煽动罪、意图煽动警务人员不满情绪及一项刊登假消息罪等各入狱 3 年；新午报有限公司和南昌印务有限公司则各被判罚 1 万 2 千元”；同时“根据《刊物管制综合条例》第 4 条 1 款规定，法官判令新午报停刊半年”[②]。此外 1967 年 11 月，香港《青年乐团》周报也曾被港英当局以“周报发行人刊登煽动性文字”的罪名，颁下拘捕令，通缉归案。随后检察官即申请将该刊封闭，直到该案结束为止[③]。由此可见，自 1951 年至 1986 年之间的 35 年，港英当局就是根据《刊物管制综合条例》等法例或规则来监管报刊内容，并对所谓的违法报刊予以处罚的。

1986 年 12 月 19 日，港英当局在《政府宪报》刊登了《一九八六年刊物管制综合（修订）修例草案》等，正式向香港市民征询意见。该“修例草案”几乎撤销了原《一九五一年刊物管制综合条例》在报刊内容方面的所有限制。例如：草案第 5 条撤销了原条例第 3 至 6 条关于管制报刊内容的诸如禁止印行若干具有颠覆性特征的内容，查禁报刊和勒令停刊事宜，禁止登载妨害香港治安的刊物进口香港以及禁止恶意发布虚假新闻等条款。又如草案的 6、7、10 条撤销原条例第 7 至 10 条以及第 14 条关

---

① 梁伟贤、陈文敏主编《传播法新论》，商务印书馆（香港）有限公司，1995，第 359 页。

② 梁伟贤、陈文敏主编《传播法新论》，商务印书馆（香港）有限公司，1995，第 363 ~ 364 页。

③ 梁伟贤、陈文敏主编《传播法新论》，商务印书馆（香港）有限公司，1995，第 365 页。

于若干本地报刊注册事宜的条款，包括报刊注册需交付押金，授权注册主任拒绝接受或中止本地报刊注册，授权搜查、查封和没收刊物。再如草案的第 8 至第 9 条以及第 11 至第 19 条关于本地报刊注册事宜的另一些条款，经修订纳入新订条文的内容，包括：呈送报刊备案与作为呈堂证据事宜，提高违法罚金，授权港督会同行政局修订关于非“报刊”法定范围的新附表①等等。由于港英当局建议撤销绝大部分原《刊物管制综合条例》中对印刷媒体、采访及报道自由的各种限制，导致新的《刊物管制综合条例》有名无实也不合时宜，结果整个条例于 1987 年被撤销，代之以《本地报刊注册条例》②。“虚假新闻”的条款在《一九八六年刊物管制综合（修订）修例草案》中被撤销，成为同日征询意见的《一九八六年公安（修订）修例草案》的第 27 条，因引起新闻界和当局的激烈争议，港英当局于 1988 年 12 月宣布撤销该条款。

为什么港英当局在 1986 年要对原来《一九五一年刊物管制综合条例》作根本性的重大修订呢？港英当局的解释是为了“消除重复的内容”③，但我们认为这不是根本的原因。香港学者梁伟贤和陈文敏先生就明确指出：“进入 80 年代，中共实行经济开放改革政策，亚洲局势趋于缓和；特别在 1984 年 12 月 19 日《中英联合声明》签署以后，中、英、港关系已大为改善，在外交层面上，由过去相互设防、彼此猜疑，改变为相互协调合作的关系；在施政层面上，由于一国两制、港人治港的未来构想，则需配合过渡期政治民主化的发展。加上言论及新闻自由对政府管治的可能挑战，在 1997 年后不再对英国或港英政府构成威胁，相反却对中国或香港特区政府构成威胁；上述这些政治结构和政治关系的改变，令到这条具有压抑言论自由的法例显得不合时宜。”④ 就是说，港英当局是在中国改革开放后日益强大起来、中英两国政府“关于香港问题联合声明”已正式签署、香港回归祖国已成定局，而且是在他们作出“言论及新闻

① 梁伟贤、陈文敏主编《传播法新论》，商务印书馆（香港）有限公司，1995，第 376 页。

② 梁伟贤：《新闻与传播法的回顾与前瞻》，转录于：1994 ~ 2006，China Academic Joumal Electronic Publishing House. All rights reserved. hLtp：cnki. net，第 3 页。

③ 梁伟贤、陈文敏主编《传播法新论》，商务印书馆（香港）有限公司，1995，第 372 页。

④ 梁伟贤、陈文敏主编《传播法新论》，商务印书馆（香港）有限公司，1995，第 373 页。

自由对政府管治的可能挑战，在 1997 年后不再对英国或港英政府构成威胁，相反却对中国或香港特区政府构成威胁”的基本判断的前提下，才撤销原来《刊物管制综合条例》中对报刊内容进行限制的绝大部分条款的。联想到末代港督在香港的最后表演以及港英当局 1991 年 6 月匆匆忙忙通过《人权法案条例》的情景，不得不使人猜想港英当局在这件事情背后，似乎还另有所图，即企图为那些忠于并代表大英帝国利益和观念、并且存心在香港回归后和特别行政区政府作对的那些“民主人士”及其违反基本法的言论和行为，提供所谓的“新闻自由和言论自由”的挡箭牌。

我国香港地区报刊法制发展史略*

香港自古以来就是中国的领土。但是由于1841年英国舰队强行登陆香港岛；1842年英国政府又逼迫清政府签订了包括承认“割让香港”等条款的中英《江宁条约》。从那时起，香港就一直在英国殖民当局的管治之下，直到1997年7月1日起中国政府恢复对香港行使主权。由于香港在其发展历程中有这么一段曾经成为英国殖民地历史以及一些众所周知的原因，所以大陆学者对香港地区包括报刊法制在内的新闻（传播）法制的专门研究甚少，香港学者中研究这一专题者也不多。香港回归祖国马上就十周年了，这种情况不能不说是一个遗憾。由于教学研究的机会，本人在近阶段较多地思考了这一问题，认为从古到今的香港地区报刊法制发展史，大致有如下七个发展阶段组成。现将自己的一得之见奉献给学术界同人专家学者，以请求指点斧正。

一　中国政府制定颁布并实施报刊法制的阶段

这一阶段大致从公元前214年秦始皇平定百越、设置南海郡以及番禺

* 本文是教育部2005年度哲学社会科学基金课题“我国香港澳门台湾地区报刊法制发展史研究”（项目编号：05JA86006）的系列成果之一，发表于中国社会科学院新闻与传播研究所主办《新闻与传播研究》，2008年第1期。

县（香港地区即隶属番禺县）开始，直到1841年英国军队强行占据香港前为止。

中国古代的报刊由于其数量和社会影响有限，在产生初期往往和图书一起混管（一直到上世纪末，一些图书馆学著作教材仍然把“图书馆藏书”表述为“图书馆所收藏的各种文献的总和”；“而传统的文献则主要是指印刷形式的图书、期刊、报纸、图片等”①。在这种情况下，历朝皇帝或各级官府颁布的禁书、征书甚至焚书的法令，其对象实际上都包括了原始状态的报刊。因此，无论是公元前213年秦始皇下令焚书，还是汉朝颁布《挟书令》、唐朝设邸以“通奏报，待朝宿”、宋朝进奏院状报和查禁小报、明朝邸报传递和管理塘报的法令等，都经过各级政府以及官僚从京城发布并实施到行政权力所到之地。自公元前213年就明确由广东南海郡番禺县管辖的香港地区当然也不例外。历代政府制定颁布实施的所有法律包括出版及规范社会报刊活动等方面的法律同样在香港具有法律效力，得到有效实施。如早在宋朝，孝宗乾道六年（公元1170年）8月19日诏：“今后妄行传报，如违，依听探传报漏泄法科罪”；孝宗淳熙十五年（公元1188年）闰五月二十日诏：“今后有私撰小报，唱说事端，许人告首，赏钱三百贯文，犯人编管五百里”；“诸听探传报漏泄朝廷机密事，若差除，流二千五百里。主行人有犯加一等，并配千里；非重害者，徒三年，各不以荫论。即传报实封申奏应密文书，并撰造事端眷报惑众者，并以违制论”② 等规定。明朝有“凡铺兵递送公文，昼夜须行三百里，稽留三刻笞二十，每三刻加一等，罪止笞五十。其公文到铺，不问角数多少，须要随即递送，不许等待后来文书，违者铺司笞二十”；“各衙门章奏，未经御览批红，不许报房抄发，泄漏机密。一概私揭，不许擅行抄传，违者治罪”③ 等规定；清朝有“凡造谶纬袄书袄言，及传用惑众者，皆斩”；“各省抄房，在京探听事件，捏造言语，录报各处者，系官革职，军官杖

① 吴慰慈、邵巍编著：《图书馆学概论》，书目文献出版社，1985，第43～67页。

② 倪延年选编：《中国报刊法制发展史：史料卷》，南京师范大学出版社，2006，第20～22页。

③ 倪延年选编：《中国报刊法制发展史：史料卷》，南京师范大学出版社，2006，第25～29页。

一百，流三千里。该管官不行查出者，交与该部，按次数分别议处”[1] 等规定。清朝政府对提塘报房和民间抄报人所发行报纸的约束和限制，则主要集中在：第一禁止传报未经批发的奏章；第二禁止擅自探听写录；第三禁止不实报道；第四禁止伪造题奏和御批[2]。应当说，英国人强占前的香港地区是在中国政府的有效治理下，法制健全，社会稳定，生产发展较快，人民安居乐业。这是香港地区报刊法制发展史的第一个阶段。

二 英人据港初期沿用中国报刊法制的阶段

这一阶段大致是从1841年英国人强行登陆香港岛，进而于1842年通过逼迫清政府签订中英《江宁条约》强占我国香港以后，到英国人于1844年出台《一八四四年监管书籍与报刊印刷及设置印刷机条例》为止。

英军舰队在未得到清政府同意的情况下，于1841年1月26日强行登上中国领土香港岛。1842年8月29日，英国政府又逼迫清政府签署了答应“割让香港”的中英《江宁条约》，从此香港成为英国的殖民地。英人据港初期，英国殖民者还没有按照英国国内实行的普通法体系制定法律。所以当时的香港法律仍包含一个重要的组成部分，即《大清律例》和一些民间习惯。如当时率军占领香港的英国驻华全权钦使兼商务总监义律发布的《义律公告》中就公开宣布“所有香港海陆地方一切人民财产，统归英国管理，暂由商务总监执掌政权，在未获女皇陛下进一步指示之前，香港岛上的原居民，以及所有居港中国人，均受中国的法律及习惯约束，所有拷打刑罚则除外”。因此尽管香港已经在英国的管治下，但最初几年基本上仍是沿用《大清律例》内有关文字出版的法令[3]。1843年4月，英国政府制定了两项对香港具有宪制性文件性质的《英皇制诰》与《皇室训令》以后，港英当局才开始制定颁布有关法例。其中第一个制定颁布实施的就是港英当局1844年第2号法案《一八四四年监管书籍与报刊印刷及设置印刷机条例》（Ordinance to

① 倪延年选编：《中国报刊法制发展史：史料卷》，南京师范大学出版社，2006，第43页。
② 方汉奇主编：《中国新闻事业通史》（第一卷），中国人民大学出版社，1992，第228~231页。
③ 梁伟贤、陈文敏主编：《传播法新论》，商务印书馆（香港）有限公司，1995，第343页。

Regulate the Printing of Books and Papers and Keeping of Printing Press, 1844)。1886年，港英当局对1844年的法案进行修订，后以1886年第16号法案的形式颁布了《一八八六年承印人与出版人条例》（The Printers and Publishers Ordinance, 1886)。尔后又于1888年制定颁布了《一八八八年殖民地书籍注册条例》（The Colonial Books Registration Ordinance, 1888)。当时的港督罗便臣爵士认为，制定“现行法例的目标并非干预合法报刊的自由运作；相反地，是引导香港报业趋同于英国报业的世界性尊崇地位”[①]。说白了，也就是港英当局是要用英国报业的规则来引导作为英国殖民地香港的报业，即以英国人制定的法制取代此前一直沿用的中国法制，结束了英人占据香港以来沿用中国报刊法制的阶段。

三 因报刊尚不威胁殖民统治而仅对其进行形式监管的阶段

这一阶段大致从港英当局出台《一八八四年监管书籍与报刊印刷及设置印刷机条例》开始，到港英当局通过1907年第15号法案《一九〇七年中国刊物（禁制）条例》（另译为《禁制中国出版物条例》）[②] 为止。

尽管港英当局从1844年起先后出台了《一八四四年监管书籍与报刊印刷及设置印刷机条例》、《一八八六年承印人与出版人条例》以及《一八八八年殖民地书籍注册条例》，但这三个条例只监管出版物有没有注册，提供的有关出版及承印人资料是否正确、出版物是否已送交政府保存及编目。制定法例的目的似乎在于确定注册资料的正确性，以方便翻查及有需要时追究。事实上，法例并没有针对刊物的内容作出监管[③]。这一情况的出现，首先是当时香港处于英国的绝对控制之下，英国人在这里享有独专的行政管理权，可以凭借政府机器来保持社会的稳定。其次是在当时香港，英国人具有优先创办报纸杂志的权利，当时的绝大多数香港报刊都是英国人创办的，如《中国之友》是由英商奥斯威尔德在澳门创办后迁

① 梁伟贤、陈文敏主编：《传播法新论》，商务印书馆（香港）有限公司，1995，第344页。
② 马沅总编辑：《香港法律汇编》（1953年版），华侨日报有限公司，1953，第38页。
③ 梁伟贤、陈文敏主编：《传播法新论》，商务印书馆（香港）有限公司，1995，第46页。

往香港出版的；《香港纪录报》的前身是由英国大鸦片商马地臣创办的《广州纪录报》，迁往香港出版后才改为英国怡和洋行所办；《德臣报》的创办人和主笔就是英国出版商肖锐德，参加协办并后来成为该报发行人的德臣也是英国商人；《孖剌报》虽然美国商人茹达和英国商人莫罗合作创办并分任发行人和编辑，但次年就“完全为莫罗所有”。对这些英国人创办的报刊，港英当局当然是用不着监管的。第三是因为“首先发展起来的是英文报纸，除个别外，都为商业性”，“行情、航运、广告当然成为最主要内容”①。香港学者也认为上述法例“之所以没有监管内容的条款，与19世纪上半纪创办的报刊（直接相关），不论是英文还是中文的，都以报道船期和商品行情为主，很少涉及中国及香港时局的发展，换句话说，政治、社会及文化的新闻极少，商业行情和信息占据大部分篇幅”。② 从19世纪下半叶开始出现中国人自己创办的报刊（如王韬主编的香港《循环日报》等），尽管这些报刊内容中的“政治新闻及评论，包括政治主张的宣传、对当时满清政府腐败与黑暗的攻击、和后期不同政见的激辩等开始增多。虽然党派报刊在此时期后半段开始涌现，但都是推动维新改革运动的报章，比起后来革命派所创办的报章，批评还算比较温和”③，而且还没有对香港的社会稳定产生较明显的冲击。另一方面，当时的社会环境，正是百废待举，而报业并未见有挑战殖民地政府官员统治权威的言论，港英政府自然无暇顾及报业之具体运作④，由此形成了港英当局对报刊内容不监管的特殊阶段。

四 为免使香港成为进步报刊中心而强化报刊内容监管的阶段

这一阶段大致从港英当局出台《中国刊物（禁制）条例》开始，到

① 方汉奇主编《中国新闻事业通史》（第一卷），中国人民大学出版社，1992，第288～289页。

② 梁伟贤：《新闻与传播法的回顾与前瞻》，转录于：1994～2006，China Academic Journal Electronic Publislung Housc. All rights reserved. http：cnki. net. 第2页。

③ 梁伟贤、陈文敏主编《传播法新论》，商务印书馆（香港）有限公司，1995，第46页。

④ 梁伟贤、陈文敏主编《传播法新论》，商务印书馆（香港）有限公司，1995，第348页。

港英当局出台被香港学者称为“在香港出版法的历史中，最严峻管制的”《刊物管制综合条例》又译为《中国刊物（禁制）条例》为止。

1907 年，港英当局出台了该年第 15 号法案《中国刊物（禁制）条例》[The Chinese Publications (Prcvcntion) Ordinance，1907]。该条例第 2 条规定：“任何人在本港印刷或出版刊物作售卖用途，或发行任何手书或印刷的刊物，上述刊物所载内容中有足以引致中国大陆社会不稳定或唆使他人在当地违反刑律者，假若罪名成立，可判处不超过 2 年监禁，或判处不超过 500 元罚款。”[①] 辛亥革命以后，港英当局又于 1914 年制定颁布了该年的第 6 号法案《一九一四年煽乱刊物条例》（Seditious Publication Ordi nance，1914.）。同年，港英当局立法局又通过了《煽乱刊物条例》（Seditious Publication Ordi nance）。规定对“存在于任何报刊、书刊或其他文本中的文字、符号图像，直接或间接地透过推论、演绎而表达出”诸如“根据 1913 年《爆炸物品条例》（Explosive Substances Ordinance）的规定，任何煽动所引起的暴力行为、谋杀或其他刑事罪行的内容；游说英皇属下之政府官员、海员、士兵、海军背叛或擅离职守；引起对于英皇、英政府、所属殖民地或所属地方的政府的憎恨、蔑视；引起他人恐慌或烦扰，从而获得利益或驱使他人不按职责而作出行为或不作出行为；鼓动或唆使他人干预司法或法律与秩序之安宁；对公务员或有关人员提出具伤害性的威吓，籍此驱使他们容忍他人或延迟其执行任何与公务有关的行为”的“意义”者，都被定为“具煽动叛乱性质的内容”[②]。1927 年港英当局立法局制定了《承印人与出版人条例》。该条例在继承 1886 年条例规定报刊东主、出版人和承印人必须注册登记的前提下，又增加了报刊的总编辑也需注册登记的规定；同时授权港督会同行政司酌情制定较详细之执行性规例和酌情决定是否暂时或长期“吊销印刷机器牌照”；授权警务处长酌情决定是否签发“印刷机器牌照”；授权裁判司可以酌情决定充公任何没有申领牌照的印刷机器；警务处长和税务官员可以搜查、移走和扣留任何“无牌印刷机械”；警务处长可以决定以任何方式

① 梁伟贤、陈文敏主编：《传播法新论》，商务印书馆（香港）有限公司，1995，第 348 页。

② 梁伟贤、陈文敏主编：《传播法新论》，商务印书馆（香港）有限公司，1995，第 349 ~ 350 页。

处置所没收之机械。1927 年又出台了该年第 25 号法案《承印人与出版人条例》（The Printers and Publishers Ordinance，1927. 又译《印刷业及出版业条例》）。尔后，港英当局又先后于 1930 年 1 月、1933 年 3 月及 1934 年 9 月对 1927 年《承印人与出版人条例》进行了多次修订。如在 1930 年的修订中就恢复了 1927 年条例取消的报刊注册保证金制度，并明确规定为港币 3000 元款额；1934 年的修订者进一步扩大了港督会同行政局在管制刊物中的权力①。上述法例，先是压制香港地区反清报刊舆论的兴起，为清政府遮风挡雨；后来则帮蒋介石国民党政府压制迫害香港地区的民主进步报刊，港英当局扮演了一个近代旧中国历朝政府（从清朝政府到北洋军阀政府，又从北洋军阀政府到蒋介石国民党政府）帮凶的角色。

五　为维护殖民统治而对抗新中国并镇压进步报刊的阶段

这一阶段大致从港英当局通过 1951 年 15 号法案即《一九五一年刊物管制综合条例》开始，到 1986 年建议撤销《刊物管制综合条例》中的有关限制并进而于 1987 年撤销整个条例，代之以《本地报刊注册条例》为止。

1951 年，港英当局在大幅度修订 1927 年《承印人与出版人条例》的基础上出台了该年第 15 号法例《一九五一年刊物管制综合条例》（Control of Publication Consolidation Ordinance，1951）。该条例是一项综合性的法例，主体部分共 19 条，还有五个附件。第一个附件是对该条例第四条规定中涉及的“叛逆或叛乱重刑罪”的适用法律条文的规定；第二个附件是“依条例第十六条规定制立之”《一九五一年报纸登记及发行规则》（Newspapers Registration and Distribution Regulation，1951，共 21 条）；第三个附件是《一九五一年印刷机（领照营业）规则》［Printing Presses（Licensing）Regulation，1951，共 12 条］；第四个附件是《一九五一年新闻通讯社登记规则》（News Agencies Registration Regulations，1951，共 18 条）；第五个附件

① 梁伟贤、陈文敏主编：《传播法新论》，商务印书馆（香港）有限公司，1995，第 352～353 页。

《一九五一年印刷品（管制）规则》[Printed Documents (Control) Regulations, 1951，共15条][①]。港英当局在这些法例或规则中规定，凡属被认定为“诱使他人犯罪的内容”都予以严格的管制。具体包括：叛逆或叛乱重刑罪、1938年第13号法案《煽乱条例》第四条规定的犯罪行为（笔者注：具体规定包括任何人从事或意图从事或准备从事或与任何人合谋从事有煽动性的行为；发表任何煽动性的言论；印刷、出版、出售、推销、分发或复印任何煽动性出版物；输入任何煽动性出版物）、刑事诽谤罪、蔑视法庭罪以及1918年第3号法案《不雅展示条例》所规定的犯罪行为；管制诱使他人参与非法社团的内容；管制虚假新闻的内容。并且明确规定对于上述违法行为，法例将授权当局采取严厉的措施加以禁制。规定“任何本地报刊印载禁制内容，一旦罪名成立，法庭可根据律政司的申请，勒令停刊半年或以下。即使案件仍在候审或审理过程中，裁判司也可以应律政司之申请而命令报刊暂时停刊；或不得刊载有关内容。对于违反停刊令而继续印刷、售卖或发行有关被禁内容的刊物，警方可径向裁判司申领没收充公令，将该报刊所有机器、铅字、用具、纸张、印刷原料、书写物件、书籍簿册、文件或书据等查抄扣留”；“外地刊物若被禁运进口，任何在香港售卖、兜售、发行或持有该等刊物，则作违法处理”；“任何人存放、拥有存放地点钥匙，甚至拥有存放地点使用权或业权者，均可能需要负上述有关违禁刊物的刑责”。法例还授权太平绅士签发搜查令于警方执法；授权邮政处长、工商处长和警务处长拆验或扣留可疑之进口刊物[②]。上述规定，从报刊内容到报纸登记，从报纸登记到报纸发行；从报刊到印刷报刊的印刷机，从印刷报刊的印刷机又到事关报刊消息来源的新闻通讯社；最后又从对报刊管制扩展到对所有的印刷品管制，被香港学者称之为是“一套与英国本土新闻自由发展背道而驰的出版法”[③]。真是文网细密，周纳无遗。港英当局的报刊法制进入了与人民新中国对抗并镇压进步报刊的

① 马沅总编辑：《香港法律汇编》（1953年版），华侨日报有限公司，1953，第158~165页。

② 梁伟贤、陈文敏主编：《传播法新论》，商务印书馆（香港）有限公司，1995，第355~357页。

③ 梁伟贤、陈文敏主编：《传播法新论》，商务印书馆（香港）有限公司，1995，第354页。

阶段。

这一法例出台以后，港英当局就以这些法例为依据，对那些所谓的违法违规报刊进行处罚，维持着香港报业在殖民者法律法规规定范围内的运行。例如1952年3月5日，香港《文汇报》、《新晚报》和《大公报》全文转载了中国大陆《人民日报》于前一天发表的旨在抗议港英当局在"三一事件"中动用警力拘捕百余名中国公民，并对其中的18人判罪，12人驱逐出境暴行的评论员文章。港英当局即指控这三家报纸"刊载一项有煽动性的文字，违反《煽乱条例》第4条（1）（C）款"即"任何具有煽乱意图的行为，包括发表言论、出版或发行煽乱刊物皆属违法"，三家报纸的东家、督印人、承印人和编辑分别被捕，经中央裁判署提堂后转解高等法院审讯。大公报在三家报刊中首先被安排提审，形成了社会瞩目的"大公报案"。该案经高等法院原讼庭初审15天，原审法官在初审裁决时引用《一九五一年刊物管制综合条例》，判令该报停刊半年，由此使该案成为香港历史上首宗根据出版法例强制报刊停刊的个案①。1967年11月，香港《青年乐团》周报也曾被英当局以"周报发行人刊登煽动性文字"的罪名，颁下拘捕令，通缉归案。随后检察官即申请把该刊封闭，直到该案结束为止。② 这一阶段一直到港英当局1986年大幅度修订《一九五一年刊物管制综合条例》并进而于1987年撤销这一条例时结束。

六 为殖民者退港后留下伏笔的彻底放松报刊内容监管的阶段

这一阶段从港英当局大幅度修改《一九五一年刊物管制综合条例》并进而于1987年撤销这一条例开始，到中华人民共和国政府恢复对香港行使主权的1997年7月1日前为止。

---

① 梁伟贤、陈文敏主编：《传播法新论》，商务印书馆（香港）有限公司，1995，第359页。

② 梁伟贤、陈文敏主编：《传播法新论》，商务印书馆（香港）有限公司，1995，第362～365页。

1986年12月，港英当局在《政府宪报》上刊登《一九八六年刊物管制综合（修订）修例草案》（Control of Publication Consolidation（Amendment）Bill，1986)、《一九八六年公安（修订）修例草案》（Pulic Order（Amendment）Bill，1986)；紧接着又刊登《一九八七年报刊注册及发行（修订）规例》[Local Newspaper Registration and Distribution（Amendment）Regulation，1987]和《一九八七年通讯社注册（修订）规例》[News Agencies Registration（Amendment）Regulation，1987]，正式向香港市民征询意见。《一九八六年刊物管制综合（修订）修例草案》的主要修订有：草案第5条撤销了原条例第3至6条关于管制报刊内容的诸如禁止印行若干具有颠覆性特征的内容；查禁报刊和勒令停刊事宜；禁止登载妨害香港治安的刊物进口香港以及禁止恶意发布虚假新闻等条款。草案第6、7、10条撤销原条例第7至10条以及第14条关于若干本地报刊注册事宜的条款，包括报刊注册需交付按金；授权注册主任拒绝接受或中止本地报刊注册；授权注册主任拒绝接受或中止通讯社注册；授权查封印刷机器；授权搜查、查封和没收刊物。草案第8至9条以及第11至19条纳入了新订条文包括：呈送报刊备案与作为呈堂证据事宜；提高违法罚金；授权港督会同行政局修订关于非“报刊”法定范围的新附表①等内容。关于“虚假新闻”的条款也从《一九八六年刊物管制综合（修订）修例草案》中撤销了（成为《一九八六年公安（修订）修例草案》的第27条，因引起新闻界和港英当局的争议，港英当局于1988年12月宣布撤销）。“由于港英当局建议撤销绝大部分载于1951年《刊物管制综合条例》中对印刷媒体、采访及报道自由的各种限制，导致该《刊物管制综合条例》有名无实也不合时宜，结果整个条例于1987年被撤销，代之以《本地报刊注册条例》”②。香港报刊法制由此进入彻底放松对报刊内容进行监管的阶段。

关于建议撤销《一九五一年刊物管制综合条例》中绝大多数监管报刊内容、压制新闻和言论自由条款，港英当局的解释是为了“消除重复的内容”，并列举了诸如该条例关于最严重刑事罪行的有关条款与《紧急规例条

---

① 梁伟贤、陈文敏主编《传播法新论》，商务印书馆（香港）有限公司，1995，第376页。

② 梁伟贤：《新闻与传播法的回顾与前瞻》（论文），转录于：1994~2006，China Academic Journal Electronic Publisling House. All rights reserved. http：cnki. net. 第3页。

例》相类似的条款有重复，该条例中关于与报刊有关的一般刑事罪行与《不良刊物条例》、《刑事程序条例》以及《社团条例》的有关规定重复等例子①。我们认为这并不是根本的原因。有香港学者已经指出："进入 80 年代，中共实行经济开放改革政策，亚洲局势趋于缓和；特别在 1984 年 12 月 19 日《中英联合声明》签署以后，中、英、港关系已大为改善，在外交层面上，由过去相互设防、彼此猜疑，改变为相互协调合作的关系；在施政层面上，由于一国两制、港人治港的未来构想，则需配合过渡期政治民主化的发展。加上言论及新闻自由对政府管治的可能挑战，在 1997 年后不再对英国或港英政府构成威胁，相反却对中国或香港特区政府构成威胁；上述这些政治结构和政治关系的改变，令到这条具有压抑言论自由的法例显得不合时宜。"② 把这段话说得直白一些，就是港英当局不但是在中国改革开放并日益强大起来，关于中国将于 1999 年 7 月 1 日恢复对香港行使主权的中英两国"联合声明"已经签署、香港回归祖国已成定局的情况下，而且是在作出"言论及新闻自由对政府管治的可能挑战，在 1997 年后不再对英国或港英政府构成威胁，相反却对中国或香港特区政府构成威胁"的基本判断前提下，才撤销《一九五一年刊物管制综合条例》中对报刊内容绝大部分限制的。从香港学者的分析，联想到港英当局 1991 年 6 月匆匆忙忙通过《人权法案条例》以及末代港督在殖民统治最后几年的表演中，我们不得不猜想他们在这件事情背后另有目的，即企图为那些忠于大英帝国利益、存心在香港回归后和特别行政区政府作对的所谓"民主人士"及其违反基本法的言论和行为，提供一张"新闻自由和言论自由"的挡箭牌。

七　回归祖国以后充分享有新闻和言论自由的阶段

1997 年 7 月 1 日，中华人民共和国恢复对香港行使主权。早在 1990 年 4 月 4 日经中华人民共和国第七届全国人民代表大会第三次会议通过，

① 梁伟贤、陈文敏主编《传播法新论》，商务印书馆（香港）有限公司，1995，第 372 页。

② 梁伟贤、陈文敏主编《传播法新论》，商务印书馆（香港）有限公司，1995，第 373 页。

1990年4月4日中华人民共和国主席令第26号公布，自1997年7月1日起施行的《中华人民共和国香港特别行政区基本法》，是“规定香港特别行政区实行的制度，以保障国家对香港的基本方针政策的实施”的香港地区的根本大法。“基本法”共九章。其中第三章是“居民的基本权利和义务”，一共有22条。其中明确规定：“香港居民在法律面前一律平等”（第25条）；“香港居民享有言论、新闻、出版的自由，结社、集会、游行、示威的自由，组织和参加工会、罢工的权力和自由”（第27条）；“香港居民的人身自由不受侵犯”（第28条）；“香港居民的住宅和其他房屋不受侵犯”（第29条）；“香港居民的通讯自由和通讯秘密受法律的保护”（第30条）；“香港居民有在香港特别行政区境内迁徙的自由，有移居其他国家和地区的自由”（第31条）；“香港居民有信仰的自由”（第32条）；“香港居民有选择职业的自由”（第33条）；“香港居民有进行学术研究、文学艺术创作和其他文化活动的自由”（第34条）；“香港居民享有香港特别行政区法律保障的其他权利和自由”（第38条）以及“《公民权利和政治权利国际公约》、《经济、社会与文化权利的国际公约》和国际劳工公约适用于香港的有关规定继续有效，通过香港特别行政区的法律予以实施”（第39条），等等①。由此可见，香港回归祖国以后，包括香港的广大新闻工作者在内的香港居民，基本的权力得到充分的法律保障，享有最大限度的新闻和言论自由，成为香港地区报刊法制发展史的一个全新的历史阶段。

结　语

香港回归祖国已经十周年了。十年的实践已经雄辩地证明，一国两制、港人治港的方针是正确的，也是得到绝大多数香港居民拥护的。香港特别行政区政府和广大香港居民尤其是广大新闻及媒体工作者一道，开启了香港报刊法制建设的新纪元。我们完全有理由相信，香港的明天一定会更加美好。

---

① 全国人民代表大会常务委员会法制工作委员会编《中华人民共和国香港特别行政区基本法》，法律出版社，1997，第12～15页。

第四篇

新闻传播实践之史学观照（三）：新闻法制史研究

中国新闻传播法制史研究的历史回顾*

根据历史唯物主义和辩证唯物主义的基本原则，人类社会是先有新闻（供传播的信息内容）和新闻传播活动（新闻从业者借助新闻媒介向受众传播新闻信息的过程），并且发展到一定水平以后形成了相对完整的新闻事业体系。在新闻传播活动的规模和社会影响不断扩大的过程中，自然会和已有的社会系统发生冲突或矛盾。同时，新闻从业人员在从事新闻传播活动过程中也可能受制于政治、经济因素而或有悖于社会利益或公德。为了协调社会系统间的矛盾和规范新闻从业人员在从事新闻传播活动中的行为，社会生活出现了对新闻传播法制的客观需要。社会现实迫使并启发人们思考诸多的问题：为什么会出现新闻活动及新闻事业与社会其他活动及社会其他系统的矛盾？如何协调这些矛盾？用什么形式、内容、程度的措施来规范新闻从业者的新闻活动？这些就成为一些新闻传播法制研究者思考、探索和实践的直接对象和主题，对这些问题认识的不断深化和实践，就构成了中国新闻传播法制研究的历史。根据有关文献记载，我们分别从以下几个阶段来回顾一下中国新闻与传播法制研究的基本历程。

---

* 本文为国家哲学社会科学规划基金 2007 年重点项目“中国新闻法制通史研究”（项目编号：07XWA001）的系列成果之一，本文系“中国新闻史学会 2009 年年会暨新闻传播专题史研究学术研讨会”（南京师范大学，2009 年 6 月）主题发言之一。载《中国新闻史学会 2009 年会暨新闻传播专题史研究学术研讨会论文集》，南京师范大学出版社，2010 年 11 月版。

一 中国古代学者对新闻传播法制的思考和实践

根据中国古代典籍《国语·楚语 下》中的有关记载和厦门大学赵振祥教授的研究成果表明，黄帝姬轩辕之孙颛顼时期（公元前2515～公元前2437年）就曾经采取措施整治过当时社会生活中存在的“神闻传播失序”现象。为什么颛顼会“命南正重司天以属神，命火正黎司地以属民”呢？大概是由于神闻的无序传播，“造成了九黎乱德，民神同位，民渎齐盟”等混乱情形，在思考并认定必须恢复正常秩序的情况下，他才采取了以上措施，并且收到了“使复旧常，无相侵渎”的效果[①]。这实际上就是一个发现、思考、研究和实施的过程。这应该是我国典籍中对新闻传播活动采取措施限制并取得预期效果的最早确切文字记载之一。

《尚书·盘庚》中记载的商代第十九任国王盘庚对奴隶主的训话，黄瑚教授认为是中国新闻传播法制史上“见诸史料的第一个言禁法令”。[②] 孙旭培教授也认为“早在殷商时期就出现了言禁法令”。[③] 为什么要禁止奴隶主们随意发表言论呢？就是作为商朝国王的盘庚认识到了奴隶主散布反对迁都言论对其实施迁都决策的危害，认识到只有禁止那些言论的继续传播，才能实现迁都的目标，所以才宣布禁止奴隶主继续散布不赞成迁都的言论。很显然，这其中实际上就包括了关注、思考、研究、决策和实施的完整过程。

司马迁《史记》中记载，李斯之所以向秦始皇建议焚书，是他看到了“诸生不师今而学古，以非当世，惑乱黔首”和“私学而相与非法教，人闻令下，则各以其学议之。入则心非，出则巷议。夸主以为名，异取以为高，率群下以造谤”的现象，并认为对这种现象如果不加禁止而任其泛滥下去，就会出现“主势降乎上，党与成乎下”的严重后果，所以向秦始皇建议“禁之便”[④]。由此出现了诸如秦朝的《挟书令》等中国新闻

---

① 《国语·楚语 下》，转引自赵振祥《唐前新闻传播史论》，中国文联出版社，2002，第21页。

② 黄瑚：《中国近代新闻法制史论》，复旦大学出版社，1999，第14页。

③ 孙旭培：《新闻传播法学》，复旦大学出版社，2008，第48页。

④ 司马迁：《史记：秦始皇本纪》（卷六），见《二十五史》，上海古籍出版社、上海书店，1986，第30页。

传播法制史上的第一批成文法。

唐朝驿传制度已经比较成熟，对乘驿人员条件的规定和延误驿传的处罚规定都非常严密，这实际上经历了一个长期的实践思考研究总结过程，才产生了如此细密规范的法律规定，只是没有文献对此进行记载罢了。尤其是在《唐律疏议》中关于“造祆书祆言”罪的规定[①]，更是后世历朝法律法令中关于“祆书祆言”罪法律的先声。

曾任南宋时期中书舍人、吏部尚书的周麟之，于高宗绍兴二十六年向皇帝进呈了请求查禁小报的奏折，则是他对“以虚为实，以无为有”小报现象研究并得出“使其然焉，则事涉不密，其不然焉，则何以取信”的结论后，才向皇帝提出了“欲望陛下深诏有司，严立罚赏，痛行禁止”[②] 的对策。

明朝的一些有识之士在对传播新闻和保守国家（朝廷）秘密相互关系的认识上有了更深刻的认识，表现出极其可贵的辩证法思想。其中最为突出的是时任明朝刑部左给事中左懋第和当朝御史祁佳彪，在给崇祯皇帝所上奏章中专门就“应密与可不密”和“不应抄传与不妨抄传”等问题发表了“既合情理，又很中肯”的见解[③]，不仅当时就说服皇帝纠正了一些过激举措，而且对后人仍有一定的借鉴意义。

清朝雍正皇帝为什么要降下圣旨严查刊载虚假端午节新闻消息的小报和报人，并降下“何遇恩、邵南山俱改为应斩，著监侯，秋后处决”的圣旨呢？其原因就是他认识到“似此卑陋之见，谬误之言，远近传闻，安能察其真伪”。[④] 也就是说雍正皇帝认识到这类虚假新闻的传播，混淆人们对事实真相的了解，有损皇帝的形象，不利于他的统治。正是在这种认识的指导下，他才对何遇恩、邵南山及其小报采取了封报、杀人惩处措施。

① 《唐律疏议：贼盗》（卷十八），转引自蒲坚《中国古代法制从钞》（贰），光明日报出版社，2001，第 223 页。

② 周麟之：《论禁小报》，载《海陵集》（卷三）。转引自方汉奇主编《中国新闻事业通史》（第一卷），中国人民大学出版社，1996，第 103 ~ 104 页。

③ 尹韵公：《中国明代新闻传播史》，重庆出版社，1990，第 85 页。

④ 《（雍正朝）东华录》，雍正四年“谕旨”。转引自黄卓明《中国古代报纸探源》，人民日报出版社，1983，第 175 页。

从中华民族的远古时代起一直到清代，先后出现了一些对新闻活动与社会生活相互关系以及采取措施遏制新闻无序或非法传播进行思考和实践的人们。从广义上认识，他们是中国新闻法制研究史上的第一批思考研究和实践者，他们的思考成果或成为向皇上的建议或成为直接付诸治国行为措施。所有这些，都应当是属于中国新闻法制研究的第一批成果。

二 中国近代学者对新闻传播法制的研究

鸦片战争以后，中国进入半殖民地半封建社会阶段，一些有识之士为挽救民族危亡苦苦探索救国救民的道路。魏源、郑观应、梁启超和严复等人著文公开鼓吹政府尽快开放“报禁”；在西方传教士马礼逊等人挑起“言论自由”和“新闻自由”的话题以后，王韬、梁启超以及黄遵宪、张之洞、孙家鼐等人则直接明确地提出了“言论出版自由”和“新闻自由”的要求。

甲午战争后，亡国灭种成为举国上下公认的最大危险。康有为等人组织的“公车上书”无果而终，使人们更加认清了清政府腐败无能和封建顽固的本质。历时百日左右的“戊戌变法”终于发生。1898 年 9 月 24 日，康有为向光绪皇帝进呈了我国第一篇正式呈请皇帝（政府）进行新闻立法的《请定中国报律折》并获得了皇帝的批准。然而，由于封建专制势力的强大和袁世凯的出卖，“戊戌变法”很快失败。尽管“百日维新”失败了，但众多报人谈论、呼吁制定“报律”的要求并未停止，郑观应、汪康年、郑贯公等人受西方资产阶级民主自由新闻法制思潮影响，在与朋友的书信或公开发表的文章中就中国新闻法制立法方面发表的一些观点，对中国近现代新闻法制的诞生起了积极的助产士作用。

1901 年开始的清政府推行“新政”运动，五大臣的出访巡游，系统了解西方主要资本主义国家和明治维新后迅速强大起来的日本的发展情况，回国后向朝廷递呈的关于请首先明定言论、结社、出版和新闻纸律的奏章，客观上反映了五大臣对西方资本主义国家和日本新闻法制进行思考和研究的结果，1906 年颁布的《大清印刷物件专律》和 1908 年 3 月颁布的《大清报律》就是这种思考和研究的直接成果，也是中国近代新闻法制史上第一批成文法。

三 中国现代学者对新闻传播法制的研究

辛亥革命虽然推翻了封建皇帝，建立了资产阶级共和国性质的“中华民国”南京临时政府，但社会性质仍然是自鸦片战争以来就日益加重的半殖民地半封建社会。辛亥革命后成立的“中华民国”南京临时政府向社会宣布，“前清政府颁布一切法令，非经民国政府声明继续有效者，应失其效力”，从而废止了包括《大清报律》在内的清朝所有法令法规。我国包括对新闻法制的研究和实践在内的法制研究实践也进入了一个崭新的阶段。

在进入“中华民国”阶段以后首先对新闻法制研究并付诸实践的，是时任南京临时政府内务部次长的居正和内务部参事林长民等人。大概是鉴于《大清报律》被废止后报刊出版无章可循以及当时上海一些报刊“言论无忌”而影响临时政府施政的实际状况，由林长民拟定了《民国暂行报律》，并于3月4日发向全国“报界各社”，要求“一律遵守”。尽管《民国暂行报律》公布后受到以上海报界促进会为主要代表的新闻界人士的同声反对，时任南京临时政府总统的孙中山先生于3月9日发布通令予以取消，但其在中国新闻法制史上却是非常重要的一个标志。

在这一阶段，对中国新闻法制史的研究逐渐引起新闻学术研究界的关注。虽然据有关文献记载，中国第一代新闻史研究学者姚公鹤于1917年出版的《上海报纸小史》中，还“几乎没有涉及中国新闻传播法制的内容”。但戈公振先生在于1927年出版的《中国报学史》第六章“报界之现状”中，就专设了第十七节“关于报纸之法律”，介绍从清末到民初的新闻法制（当时称为“报律”）情况，并把他当时能收集到的新闻法制史料作为附录，不但使时人耳目一新，也为后人研究中国的新闻法制提供了有益的借鉴和宝贵的史料。戈公振先生不但是中国新闻事业通史研究的开创者，也是中国近代新闻法制史研究的开创者。此后直到中华人民共和国建立前的20多年间，研究中国新闻事业史的著作中多数都涉及中国新闻法制史的内容，但介绍都比较简单。不但未见到研究中国新闻法制史的专著，有关新闻法制史的专题论文也不多见。

四 中国当代学者对新闻传播法制的研究

由于众所周知的原因，中国内地的新闻传播法制史研究曾一度处于停滞状态。我国台湾地区的正中书局于1970年出版了由吕光、潘贤模合著的《中国新闻法概论》。我国台湾地区的新闻史研究者朱传誉所著的《宋代新闻史》专设了第六章《出版事业与出版法》，介绍了宋代文献中关于“禁印卖”、“禁藏书”、“审阅及罚则”、“版权”以及“避讳”等与新闻及传播活动有关规定的记载。①

20世纪80年代初，中国内地的新闻传播法制研究开始恢复，首举恢复新闻传播法制史研究大旗的当推中国人民大学方汉奇先生。他在1981年6月由山西教育出版社出版的《中国近代报刊史》第六章“辛亥革命前后的报刊”中，专列了第二节“报刊出版法律的制订和封建统治者对报刊出版事业的限禁与迫害”，比较全面地介绍了晚清政府的新闻传播法制，并且分析了清朝封建统治者对报刊出版事业限禁活动“倚权弄势、妄断专行”，“深文周纳、随意株连”和“作威肆虐、暴戾凶残”的三大特点②，从而拉开了中国内地新闻界恢复对新闻传播法制史研究的序幕。方汉奇先生后来主编出版的《中国新闻事业通史》和《中国新闻事业编年史》等著作也都包含了新闻传播法制及其历史研究的内容。黄卓明先生在1983年6月由人民日报出版社出版的《中国古代报纸探源》一书中，虽然没有设专篇介绍中国古代的新闻法制情况，但在介绍宋代、明代和清代的古代报纸时尤其是介绍清代的小报时多处引用介绍到封建朝代的新闻法制规定。他应该也是中国改革开放以后较早关注到古代新闻法制的学者之一。

1992年，台湾政治大学新闻研究所出版了由李瞻先生编译的《传播法：判例与说明》。1995年1月，商务印书馆（香港）有限公司出版了由梁伟贤、陈文敏主编的《传播法新论》。在香港和澳门地区回归祖国之

① 朱传誉：《宋代新闻史》，台湾中国学术著作奖助委员会出版，台湾商务印书馆总经销，1967，第179～228页。

② 方汉奇：《中国近代报刊史》，山西教育出版社，1981，第597～599页。

前，香港中文大学新闻与传播学系的梁伟贤和澳门大学的张荣显等学者，也先后发表过一些关于香港、澳门地区新闻与传播法的“回顾与前瞻”或“现状与未来”等方面的论文，成为中国新闻法学研究整体中不可缺少的组成部分。

1990 年 8 月，尹韵公先生的《中国明代新闻传播史》由重庆出版社资助出版，这是他的博士论文。该书在第二章“明代邸报”第一节“邸报的诞生地：通政司及其六科”、第三节“邸报的政治透明度与新闻检查”、第五节“邸报的传递和发行”以及第五章“明代的社会舆论”第二节“舆论与言官制”等多处介绍了明代新闻法制的有关内容[①]。1999 年 6 月，时在中国青年政治学院新闻系任教的李彬先生出版了《唐代文明与新闻传播》。该书在第一章“邸院与驿传”下篇中的“一驿过一驿，驿骑如星流”中，介绍并引用了《唐律疏议》中关于“驿骑传讯”的规定[②]，是国内较早关注到《唐律疏议》中有关新闻法制史料的学者和专著。2008 年 5 月，史媛媛女士出版了《清代前中期新闻传播史》。该书在第三章第三节“清廷对小报的查禁”和第五节“清廷对新闻传播的控制”以及第七章第三节“清统治者的舆论控制”中介绍了清代前中期的新闻法制情况。[③] 要说明一句的是，《中国明代新闻传播史》的作者尹韵公先生、《唐代文明与新闻传播》的作者李彬先生和《清代前中期新闻传播史》的作者史媛媛女士，他们三位都是中国人民大学新闻学院教授方汉奇先生指导培养的博士研究生。

1998 年 3 月，复旦大学黄瑚先生出版了《新闻法规与新闻职业道德》。该书在第六章“中国近代新闻传播法制的历史沿革”中，分别介绍了清末“立宪运动”与“我国新闻立法活动的出现”、“中华民国临时政府和北洋政府时期的新闻立法活动”和“国民党政府时期的新闻立法活动”；而该书第一章“新闻法规基本概念与我国社会主义新闻传播法制建设”的第二节，则介绍了“我国（从 1949 年到 1996 年底前）社会主义

① 尹韵公：《中国明代新闻传播史》，重庆出版社，1990。

② 李彬：《唐代文明与新闻传播》，新华出版社，1999。

③ 史媛媛：《清代前中期新闻传播史》，福建人民出版社，2008。

新闻传播法制建设的发展历程"①，初步勾勒了中国从清末到当代的新闻法制史。1999 年 12 月，南京师范大学顾理平先生出版了《新闻法学》。该书的第二章"新闻立法的历史发展"第三节，介绍了"中国新闻史上的新闻立法"，第四节介绍了"新中国的新闻立法"，实际上构成了从古到今的中国新闻立法简史。②

进入 21 世纪后，关于中国新闻法制史的分散性研究继续推进。2007 年 1 月，中国传媒大学陈徇先生出版了《新闻传播伦理与法规教程》。该书在第八章"中国新闻传播法制历史"中，依次介绍了"清末的新闻法"、"民国时期新闻法"和"新中国的新闻传播法制"③。2008 年 11 月，华中科技大学孙旭培先生出版的《新闻传播法学》，首次设专章介绍了中国新闻法制的发展历史。该书的第三章"中国新闻传播法的历史"分四节，即："清末以前的新闻法制"、"清末的新闻立法"、"中华民国时期的新闻法制"和"中华人民共和国建立以来的新闻法制"，④ 介绍了从殷商到 21 世纪初 3300 多年间中国新闻法制发展的历史。

中国人民大学出版社 2002 年 3 月出版的魏永征先生《新闻传播法教程》和台湾亚太图书出版社 2005 年 5 月出版的王天滨先生的《新闻自由：被打压的台湾媒体第四权》等书中，也涉及新闻法制史的有关内容。而学林出版社 1992 年 12 月出版的由刘哲民先生编的《近现代出版新闻法规汇编》，中国人民大学出版社 1999 年 1 月出版的张之华先生主编的《中国新闻事业史文选：公元 724 ~ 1995 年》以及清华大学出版社 2008 年 6 月出版的由李彬先生主编的《中国新闻社会史文选》等，则在中国新闻法制史料的收集选编上具有特殊的价值。

五　中国当代学者近十年对新闻法制史的研究

毫无疑问，在经历了漫长的学术积淀和众多新闻法制史学者长期不懈

① 黄瑚：《新闻法规与新闻职业道德》，四川人民出版社，1998。

② 顾理平：《新闻法学》，中国广播电视出版社，1999。

③ 陈徇：《新闻传播伦理与法规教程》，中国传媒大学出版社，2007。

④ 孙旭培：《新闻传播法学》，复旦大学出版社，2008。

的努力探索后，中国的新闻法制史研究在21世纪前得到了长足的发展，取得了丰硕的成果。但要特别说明的一点是，上述研究专著中对中国新闻法制史的研究，从整体上来讲还是零星的、不系统的、因而表现在这些专著中共同特点是，有关新闻法制史的内容只是整部专著的一部分，甚至只是铺垫或作为背景知识的部分，而且这些专著也不是专门的中国新闻法制史专著，这不能不说是一种缺憾。而在时代的车轮即将驰进21世纪的前夕，中国新闻法制史研究出现了历史性的飞跃，产生出了具有里程碑意义的标志性成果。

1999年8月，上海复旦大学黄瑚先生出版了《中国近代新闻法制史论》。这是他的博士论文。作者的导师丁淦林教授为本书作序。该书不但是“文化大革命”以后出版的第一部研究中国新闻传播法制史的研究专著，而且也是中国学术界出版的第一部研究中国新闻传播法制史的专著，因为这篇博士论文是“研究中国新闻传播法制史的最早的一篇”[①]。要特别说明的是，尽管黄瑚先生的专著称作《中国近代新闻法制史论》，但在叙述中国新闻法制的起源时，却认为见之于《尚书·盘庚》篇中的商朝第十九代国王盘庚对奴隶主的训话是中国“见诸史料的第一个言禁法令”，从而把中国新闻法制的起源时间至晚确定在盘庚迁都（公元前1300年）之前，这是一个重大的突破。这一观点也被孙旭培等学者在论文和专著中采用。

2005年7月，上海复旦大学陈建云先生出版了《中国当代新闻传播法制史论》。该书共包括六章，分别叙述“新中国新闻传播法制的历史渊源”、“新中国新闻传播法建设的有益尝试与基本停顿”、“新时期新闻传播法制建设的逐步展开”（上中下）以及“新闻法制建设历程回顾与立法前瞻”[②]，叙述了从中华人民共和国成立的1949年10月1日到公元21世纪初期中国新闻法制发展的历史和特点。这也是第一部关于中国当代新闻法制历史研究的学术专著。要特别指出的是，本书作者陈建云先生和《中国近代新闻法制史论》的作者黄瑚先生一样，都是丁淦林教授的博士

① 丁淦林：《〈中国近代新闻法制史论〉序》，载黄瑚《中国近代新闻法制史论》，复旦大学出版社，1999，第1~2页。

② 陈建云：《中国当代新闻传播法制史论》，山东人民出版社，2005。

研究生。正是在丁淦林先生的指导下，他的两位博士研究生先后致力于中国新闻法制史的研究。两位博士研究生的博士学位论文即黄瑚先生的《中国近代新闻传播法制史论》和陈建云先生的《中国当代新闻传播法制史论》一起，构成了一部完整的从古到今的“中国新闻传播法制史论”。

2007 年 6 月，上海社会科学院马光仁先生的《中国近代新闻法制史》正式出版。“全书凡七章十九节，先以时间为经，讨论清末近代新闻传播法制的萌芽、初步形成，民国初年新闻传播法制建设的曲折进程，南京国民政府时期新闻传播法制的形成与发展，然后从不同区域切入，分别讨论殖民地（包括租界、日伪占领区、台湾港澳地区）、革命根据地的新闻传播法制特点”，“条块结合，比较系统地、完整地梳理了近代中国新闻传播法制状况，研究了不同时期、不同区域新闻传播法制的内容特点。”①

在广播电视和网络媒体出现前，报刊一直是新闻传播的主要媒体。旨在规范报刊新闻传播活动的法律法令，在广播电视以及网络传播新闻法制产生之前也一直是新闻法制的主体内容。然而，正如方汉奇先生所说的（自 1984 年有人提出制定新闻法以来），“新闻法的研究已经开展了近 20 年，已有不少这方面的研究成果问世，但迄今还缺少一部从历史的角度审视中国新闻法制发展轨迹的专著”。② 2004 年 6 月，南京师范大学出版社出版了倪延年的《中国古代报刊法制发展史》。2006 年 1 月，又出版了《中国报刊法制发展史》（古代卷、现代卷、当代卷和史料卷）。上述两种著作分别获得了江苏省第九届和第十届哲学社会科学优秀成果三等奖。2009 年 12 月，南京师范大学出版社又将出版倪延年的《中国报刊法制发展史》（台港澳卷），这是他主持的教育部 2005 年度规划基金人文社会科学研究项目“中国台湾香港澳门地区报刊法制发展史研究”的最终成果，由此完成了我国第一套在时间上横跨自盘庚时期到公元 20 世纪末，在空间上覆盖了中国大陆及台湾、香港和澳门地区的共 6 本计 240 多万字的中国报刊法制发展史系列著作。

---

① 熊月之：《〈中国近代新闻法制史〉序二》，载马光仁：《中国近代新闻法制史》，上海社会科学院出版社，2007。

② 方汉奇：《〈中国报刊法制发展史〉总序》，载倪延年《中国报刊法制发展史》（古代卷、现代卷、当代卷、史料卷），南京师范大学出版社，2004，第 1 ~ 2 页。

论中国古代新闻法制起源于“颛顼时期”*

据研究，人类社会的新闻传播活动，早在远古时代就已经产生了。先秦时代的新闻传播活动，已经有了文字记载的直接证据。中国是世界上最先有报纸的国家，也是最先有新闻事业的国家。[①] 笔者认为，从某种意义上讲，中国也应当是世界上最先有新闻法制的国家。而探讨和确定中国新闻法制起源于何时，则是中国新闻法制史研究的基本问题。

一　关于中国新闻法制起源的主要观点

目前，国内出版的论及中国新闻法制起源的著作主要有上海复旦大学新闻学院教授黄瑚先生的《中国近代新闻法制史论》、上海社会科学院新闻研究所马光仁先生的《中国近代新闻法制史》以及南京师范大学新闻与传播学院教授倪延年先生的《中国古代报刊法制发展史》，上述著作对中国新闻法制的起源时间持有不完全相同的观点。

---

* 本文为国家哲学社会科学规划基金2007年度重点项目“中国新闻法制通史研究”（项目编号：07AXW－001）的系列研究成果之一，发表于《湖南大众传媒职业技术学院学报》2011年第1期。

① 方汉奇主编《中国新闻事业通史》（第一卷），中国人民大学出版社，1996，第18～21页。

（一）黄瑚先生的“盘庚迁殷时期说”

上海复旦大学新闻学院教授黄瑚先生在《中国近代新闻法制史论》中提出中国古代新闻法制起源时间的“盘庚迁殷时期说”。黄瑚先生认为：“古代社会的统治者为了维护其专制统治，在法律上不仅把一切侵犯君主专制统治的行为宣布为非法，而且还实行以言论、思想、文字论罪的文化专制制度，制订了无数钳制与镇压言论、出版的法律规定。这些法律规定，不仅使中国古代社会始终处于万马齐喑之境地，而且还像幽灵一样在中国近代社会乃至现代社会里徘徊不去，并构成了中国近代新闻法制的一个重要渊源。”“最早出现的是‘言禁’法令，即以思想、言论论罪的有关法律、法令规定。见诸史料的第一个‘言禁’法令，可能产生于公元前14世纪的盘庚迁殷时代。当时，商代第十九任国王盘庚决定将国都迁移到一个叫‘殷’的地方（今河南安阳小屯村）。贵族们住在那里感到不舒服，说了许多不满的话。由于众议纷然，盘庚不得不下令禁绝一切非议。”[①] 作者接着引用了《尚书·盘庚》中对这一事件的记载：“王命众悉至于庭。王若曰：‘格汝众，予告汝训，汝猷黜乃心，无傲从康。……汝不和吉言于百姓，惟汝自生毒。乃败祸奸宄，以自灾于厥身。乃既先恶于民，乃奉其恫，汝悔身何及？相时俭民，犹胥顾于箴言。其发有逸口，矧予制乃短长之命。汝曷弗告朕，而胥动以浮言，恐沉于众？……凡尔众其惟致告：自今至于后日，各恭尔事，齐乃位，度乃口。罚及尔身，弗可悔。’”[②] 这是对中国古代新闻法制起源时间的第一种观点。

（二）马光仁先生的“北宋—南宋时期”即“宋朝”说

上海社会科学院新闻研究所马光仁先生在其《中国近代新闻法制史》中提出中国古代新闻法制起源时间的“宋朝说”。马先生认为：“在文字产生之前，新闻信息交流的方式主要是口头语言。文字产生以后，先手写后印刷，即言论出版活动。统治者为了巩固自己的统治地位，对于不利于

---

① 黄瑚：《中国近代新闻法制史论》，复旦大学出版社，1999，第14页。

② 《白文十三经·尚书》，上海古籍出版社，1983，第22页。

自己统治的新闻传播，采取种种措施加以限制或禁止。随着社会的发展，统制新闻信息传播的手段和措施越来越严厉，越来越细化，逐渐以文字形式固定下来，成为新闻出版的法律法规。”“新闻法与新闻纸是孪生兄弟。中国最早的新闻纸称之为‘邸报’。……在唐朝，由于‘邸报’刚刚出现，对社会的影响有限，统治阶级对它的管理是比较宽松的。到宋朝情况发生了很大变化，一方面中国的雕版印刷业获得了长足的发展，在技术上也有了很大的提高。……另一方面，北宋期间，北方少数民族入侵中原，统治阶级内部出现不同派别，‘邸报’就成为他们了解政治动态、争取同情者的工具。因此，‘邸报’编辑者就根据自己的需要选择材料，有时就编造假的信息，广传四方。到了北宋末年，国事日非，关心国家前途的人越来越多，了解国事动态成为他们的迫切需要，所以便出现了非官方传播新闻信息的小报。到了南宋，小报更加盛行，小报的内容除摘抄官报，大都是编辑人雇人采写，或根据自已的意图杜撰的。统治者越来越感到报刊的发行，特别是小报的出现对自己的威胁，于是便采取种种措施加以严格管理。”这些措施包括“建立统一管理体制，实行定本制度”；“明确规定‘禁载’内容”；“严禁民间办报”；“实行联保制度”及“管理日严，处罚日重”；等等。”① 虽然在上述引文中，马光仁先生没有明确说明中国古代新闻法制起源于“宋朝时期”，但从他所说的“北宋期间”、“到了北宋末年”及“到了南宋”等时间概念中，大致可以认定马光仁先生是持中国古代新闻法制起源于“北宋－南宋时期”即“宋朝说”观点的。

（三）倪延年先生的“始于商周盘庚时期的‘言禁’制度”说

南京师范大学新闻与传播学院教授倪延年先生在《中国古代报刊法制发展史》中提出中国报刊法制“始于商周盘庚时期的‘言禁’制度”，“兴于秦汉时期的‘书禁’制度”，“成形于汉唐时期的‘驿传’制度”的观点。他认为：“报刊法制是为了适应社会统治者规范化管理社会成员的报刊活动的需要而产生的”，“报刊法制直接源于社会统治者对社会报刊活动及报刊进行法制化管理的需要”；“社会经济发展到较高的水平，

① 马光仁：《中国近代新闻法制史》，上海社会科学院出版社，2007，第17～29页。

为中国报刊及报刊法制的起源奠定了物质基础，在经历了春秋战国、楚汉之争等近千年的社会动荡之后到唐朝中期，已出现通过法制手段使社会报刊活动及报刊规范化运行的需要”，而“统一的政治、经济、文化环境为古代报刊法制的萌芽创造了一个内在的发展动因”；“中国现代报刊法制是在一定的社会历史条件下，在近代报刊法制的基础上发展起来的；中国近代报刊法制同样是一定社会条件的产物，不可能突然出现，依然有其发展基础。这个基础就是中国古代报刊法制。甚至古代报刊法制的形成，也有其一定的基础，只不过作为它的发展基础的事物还没有转化到具备报刊法制的条件罢了。因此，中国古代报刊法制是一种雏形的或原始形态的报刊法制，而中国古代报刊法制发展的基础，就是中国报刊法制的滥觞之处”。中国古代新闻传播媒介在经历了语言、新闻信和新闻书阶段的发展后，最早成为社会化大众新闻传播媒介的就是新闻性报刊（包括官报和民间报纸），并一直延续到近代新闻报刊产生之前。由此可以认为，中国古代新闻法制的主体实际上就是中国古代报刊法制，倪先生所称中国古代报刊法制“始于商周盘庚时期的‘言禁’制度”，实际上也就是认定中国古代新闻法制“肇始”于“商周盘庚时期的‘言禁’制度”①。只不过和黄瑚先生的表述相比，他的表述是一个过程，即从“肇始”到“兴盛”，再到“完成”，经历了从商周到汉唐近2300年左右的缓慢发展演变过程。

可能还有一些专著或论文阐述过中国古代新闻法制的起源时间，因笔者囿于所见文献，故不能多作介绍，请同行专家赐教为幸。

二　关于中国古代新闻法制起源于“颛顼时期”的学术基点

综上所说，目前学术界对中国古代新闻法制的起源时间大致有“盘庚迁殷时期说”、横跨“北宋－南宋”的“宋朝说”和“始于商周盘庚时期的‘言禁’制度说”等三种观点。笔者认为，中国古代新闻法制大

① 倪延年：《中国古代报刊法制发展史》，南京师范大学出版社，2004，第74～90页。

致在公元前 2515 ~ 公元前 2437 年间的“玄帝姬颛顼”时期就开始“起源”了，距今大约 4500 年。

（一）柏杨关于“颛顼时期”的历史记载

柏杨先生在所撰《中国历史年表》中称，中华民族的发展过程在经历了“神话时代”后，进入到“传说时代”，并认为“较之神话时代，传说时代的史料有容易被人们接受的真实感。中国的传说时代即黄帝王朝，包括 7 位君主，和一些可信可疑的片段故事”。[①] 柏杨先生认为中华民族的“传说时代”开始于公元前 2698 年的黄帝姬轩辕时期。他原系有熊部落酋长，后代神农部落酋长榆罔为中国元首（共主），尊称黄帝。他与苗族酋长蚩尤大战于涿鹿之野（山西运城蚩尤村），蚩尤作大雾，姬轩辕作指南车，遂擒蚩尤。用云做官名。用甲子以纪年，并发明器具、舟车、货币、衣裳，教民耕种。其妻嫘祖教民种桑养蚕。仓颉发明象形文字，为中国方块字之始。姬轩辕在位 111 年，寿 152 岁，卒于桥山（今陕西黄陵），时在公元前 2598 年。黄帝死后，己挚继任中国元首（共主）。己挚为黄帝姬轩辕之子，金天部落酋长，在黄帝后嗣位为中国元首，尊称“少昊”，建都曲阜。用鸟名为官名。少昊己挚在位 83 年，于公元前 2515 年去世。少吴己挚死后，由其子姬颛顼（黄帝姬轩辕之孙）继任中国元首。姬颛顼原为高阳部落酋长，继少昊为中国元首（共主）后，尊称“玄帝”。姬颛顼于公元前 2437 年去世，在位 78 年。[②]

（二）左丘明对“颛顼时期使复旧常”的记载

“相传为春秋左丘明撰，或认为成书于战国时”的国别体史书《国语》，“所载史实上起西周穆王征犬戎，下迄韩、赵、魏灭智伯（公元前 453 年）。以记言为主，兼以记事，分别记载周、鲁、齐、晋、郑、楚、吴、越八国史事，而尤详于晋国史事，书中保留有关西周早期及其以后一些先王资料，又有许多反映一定社会现象之远古传说，记载了春秋时期社

① 柏杨：《中国历史年表》，海南出版社，2006，第 5 页。

② 柏杨：《中国历史年表》，海南出版社，2006，第 6 页。

会生产的主要成就。史料极为丰富”①。《国语》卷十八《楚语·下》载：

昭王问于观射父，曰：周书所谓重黎实使天地不通者，何也？

对曰：非此之谓也。古者，民神不杂，民之精爽不携贰者，而又能齐肃衷正。其知能上下比义。其圣能光远宣朗。其明能光照之。其聪能听彻之。如是则明神降之。在男曰觋。在女曰巫。是使制神之处位次主。而为之牲器时服。而后使先圣之后之有先烈。而能知山川之号、高祖之主、宗庙之事、昭穆之世、齐敬之勤、礼节之宜、威仪之列、容貌之崇、忠信之质、礼洁之服，而敬恭明神者以为之祝，使名姓之后能知四时之生。牺牲之物、玉帛之类、采服之仪、彝器之量、次主之度、屏射之位、坛场之所、上下之神、氏姓之所出，而心率旧典者为之宗。于是乎有天地神民类官之官，谓之五官。各司其序不相乱也。民是以能有忠信，神是以能有明德。民神异业也，敬而不渎，故神降之嘉生。民以物享，祸灾不至，求用不匮。

及少昊之衰也。九黎乱德，民神杂糅，不可方物。夫人作享，家为巫史。无有要质。民匮于祀而不知其福，烝享无度。民神同位，民渎齐盟，无有严威。神狎民则，不蠲其为。嘉生不降，无物以享，灾祸荐臻，莫尽其气。

颛顼受之，乃命南正重司天以属神，命火正黎司地以属民，使复旧常，无相侵渎，是谓绝地天通。其后三苗复九黎之德，尧复育重黎之后不忘旧者，使复典之。以至于夏商故重黎氏世叙天地而别其分主者也，其在周程伯休父其后也。当宣王时失其官守而为司马氏宠神其祖，以取威于民。

曰：重实上天，黎实下地，遭世之乱而莫之能御也。不然夫天地成而不变，何比之有。子期祀平王，祭以牛俎于王。②

左丘明在上面这段文字中记载的是楚昭王就“周书所谓重黎实使天

① 赵国璋、潘树广主编《文献学辞典》，江西教育出版社，1991，第527页。

② 《文渊阁本钦定四库全书》（影印本），上海古籍出版社，1987。

地不通者”（即《周书》中所说“重黎实使天地不通”）一事向观射父求教的一段对话。笔者认为，左丘明在这段文字中向我们讲述了三个景象：

第一个是在“少昊之衰”前“民神异业”、“敬而不渎”、“神降之嘉生”的景象。《国语》中称“古者，民神不杂，民之精爽不懦贰者，而又能齐肃衷正。……民以物享，祸灾不至，求用不匮。”这段话的意思大致是说，在那遥远的从前，部落人民和天上神仙各行其道，人民对部落首领的权威和信任坚信不疑，并能约束自己，恭敬神仙和部落首领。因而“其知能上下比义，其圣能光远宣朗，其明能光照之，其聪能听彻之”，所以圣明之神就以觋（男）巫（女）降临人间。觋和巫按照神仙的地位次第让人们供奉。每到祭神时，人们就备好牺牲酒菜，供神享用。神仙则使先辈国君之后人获得超人智慧和圣明，成为对“山川之号、高祖之主、宗庙之事、昭穆之世、齐敬之勤、礼节之宜、威仪之列、容貌之崇、忠信之质、礼洁之服而敬恭，明神者以为之祝，使名姓之后能知四时之生。牺牲之物、玉帛之类、采服之仪、彝器之量、次主之度、屏射之位、坛场之所、上下之神、氏姓之所出”等世间万事万物无所不知的圣贤，并诚挚地奉先人之制为宗法。于是就有了掌管天、地、神、民以及世间山水树草等各类事物的官长，人们称之为“五官”。五官各司其责，互不干扰，使社会井井有条。因此人民有忠信，天神有明德。人民从事着和神仙不同的职业（劳作和生活），对天神心存敬重而不亵渎，神也就把美好事物降临人间。人民的物质生活有保障，又少有人祸天灾，所需要的东西都不缺乏，社会安定富足，一派吉祥景象。

第二个是“少昊之衰”时“民神杂糅”、“民神同位”的乱象。《国语》中说“及少昊之衰也。九黎乱德，民神杂糅，不可方物。……嘉生不降，无物以享，灾祸荐臻，莫尽其气”。这段话的意思大致是说，到了少昊为中国元首（共主）的末期，就出现了衰亡的景象。人民道德秩序混乱，凡人和天神交织，失去了规矩和程式。人人都争相超额享受物质条件，家家都可以声称某某人得到神旨成了“巫史”，社会都失去了天规天条的约束，人民因匮乏于祭祀和对神仙心存感激而感受不到幸福，愈加追求物质的无度享受。人民和天神同位（“古者”是王神合一、王神同位，即只有部落首领或男觋女巫才能与天神沟通，以显示君权神授的威严）。

人民随意亵渎部落间的盟约（“古者”由部落首领结成的部落盟约具有不可亵渎和违反的神圣性，但“少昊之衰”“乱象”环境里的人民则可以随意诋毁部落首领间的盟约），部落首领们失去了应有的威严。天神受到猥狎，人民失去准则，整个社会完全乱套。神不再把美好的生活和事物降临人间，人民的物质生活出现困难，各种灾祸纷沓而至，少昊王气之终的末日已不远了。

第三个是“颛顼使复旧常”的景象。《国语》中称“颛顼受之，乃命南正重司天以属神，命火正黎司地以属民，使复旧常，无相侵渎，是谓绝地天通。……子期祀平王，祭以牛俎于王。”这段话的意思大致是说，（少昊死了）其子姬颛顼在继任中原之国元首（中国共主）（即“颛顼受之”）后，就立即宣布任命“南正重”为“司天”官（即男觋女巫），统一掌管部落的祭祀天神和与天神交往的所有事务，只有他（即得到部落首领认可的男觋女巫）才能在特定的场合如神庙祭坛代表部落举行或主持部落祭祀天神的活动。宣布任命“火正黎”为“司地”官，统一掌管部落的各类日常事务，以形成部落人民生产劳动生活的正常秩序，使部落的社会氛围恢复到“少昊之衰”前的那种“民神不杂，民之精爽不懈贰者，而又能齐肃衷正”，“民神异业也，敬而不渎，故神降之嘉生。民以物享，祸灾不至，求用不匮”的正常的人神秩序状态。“人民”和“天神”不再“杂糅”，天神和部落（除男觋女巫之外的）人们之间从此“无相侵渎”，割断了“人民”和“天神”进行自由精神交往的途径，这就是所谓的“绝地天通”。后来的“三苗”、“尧”以至于“夏商”等朝的中国元首（共主）都“不忘旧者，使复典之”，并成为定规，由此才保持“天地成而不变”。假如不这样，就会出现“遭世之乱而莫之能御也”的“乱象”。除此外没有更好的治国之法了。

（三）赵振祥关于远古“神闻”发展成为当今“神话”之观点

赵振祥先生认为，“我们研究远古社会新闻的传播状况就应当从神话开始”。因为“神话并不是在某一天就出现并定型成今天这个样子的，而是由最初一些具有新闻性质的重大的社会事件通过传播、增饰、发展、积淀而成了我们今天看到的神话。”“原始社会的神话分成两大类，一类是自发的神话……还有一类是带有人为策划性质的神话，这类神话在其产生或传播过程中明显地带有伪饰的性质，尤其是一些比较晚近的带有传说性质的人物神话，像关于后稷等等的人物神话，更是如此。这些人物神话……最初也是有一个新闻底本在的，这一底本相当于我们现在的人物新闻——因为如果它不是以一种新闻的形态作底本，那么这种人物神话是不可能在传播中得到放大的。这种新闻底本通过增饰而渐变为一种‘神闻’，并获得越来越强的神秘文化独具的传播能量，最终发展而成为后来的人物神话。”“人物神话的传播与原始人的思维方式密切相关。原始人的思维方式是一种不求甚解的巫术的思维方式。”“这种思维方式是基于一种对神秘的顶礼膜拜，在这种思维方式之下，一些巫师就会在他们的信徒那里获得充分的心灵空间去制造假新闻或者说是假秘闻。”“在初民社会，甚至在进入到文明社会相当长的一段时间里，巫师这种自造‘神闻’的现象都广泛存在着。”“这些‘神闻’的传播最初不会太广，但随着时间的推移和在传播过程中不断得到附会、丰富，这些‘神闻’会渐传渐远，由‘神闻’而变成‘神话’，由‘当代的神话’演变为‘祖先的神话’，最初的‘神闻’就是这样一步一步变成了‘传说’，变成了‘历史’，但是这些‘传说’和‘历史’最初都是由新闻的形态演变而来的。”① 这就是说，在原始的新闻传播活动之前，曾经存在过“神闻”传播的阶段，“神闻”在传播过程中经过增饰、附会成了“神话”。现今流传于世的“神话”大多反映的是各个民族在原始社会时期中“发生”的重大事件，像部落战争、洪水灾害、天地开辟、人类起源，等等。就目前中国神话故事主角认识，《新书·益壤》中“黄帝伐炎帝于涿鹿”的事发生于公元前2698～公元前2598年；《国语·楚语下》中“颛顼使复旧常”则是发生在公元前2515～公元前2437年；《山海经·海内经》中“鲧九年治水未成被杀”的事发生在公元前2287年②等等。按照赵振祥先生的观点，早在黄帝、颛顼和尧帝时期，当时社会生活中就已经出现了以“神闻”面目出现的“新闻”及其传播活动。“神闻”是赵振祥先生因其

① 赵振祥：《唐前新闻传播史论》，中国文联出版社，2002，第17～19页。

② 柏杨：《中国历史年表》，海南出版社，2006，第6～7页。

内容主角及其活动的神秘性而创造的一个概念，是关于“神仙”或“神的活动”的“传闻”。因此笔者认为，“神闻”应该具有后世“新闻”的属性，只不过“传闻”的“主角”是“神仙”罢了。

三 中国古代新闻法制起源于“颛顼时期说”之判定

新闻法制是以规范社会新闻传播活动为目的和价值的专门性法制。只要社会生活中已经出现新闻传播活动，已经产生了新闻法制的母体即一般意义上的法律制度，而且在历史典籍记载中可以感受到古代新闻法制“因子”存在，就可以说中国古代新闻法制已经开始“起源”了。综合有关文献记载和前人的研究成果，笔者认为，中国古代新闻法制在颛顼时期已经开始起源了。换言之，颛顼时期已经具备了中国古代新闻法制开始“起源”的基本条件。

（一）“颛顼时期”已出现了早期原始的新闻传播活动

中国古代原始的新闻传播活动产生于何时？这是判定中国古代新闻法制最早起源时间的逻辑起点之一。有学者认为：“从理论上推断，从人类社会伊始，从人成为社会的人伊始，人与人之间就有了信息交流的需要，新闻就已经出现了。”① 也有学者认为，人类一出现，也就是原始社会里，为了求得生存和发展，在劳动中必然结成相互依存的关系。这种关系决定人与人之间要互相传递新情况，交流信息。笔者认为上述观点包括了虽有联系但有区别的两种情况。

第一种情况是“人类社会伊始”或是“人类一出现”时，也即人类社会刚刚开始时出现的“互相传递新情况、交流信息”的现象。笔者认为，这是初级阶段的原始人（也即恩格斯在《从猿到人》中所指的“在形成中的人”）在“为了求得生存和发展”的初级劳动中进行的“信息交流”。“当时还没有语言”，所以从严格意义上讲还不具备完整的新闻传播

① 赵振祥：《唐前新闻传播史论》，中国文联出版社，2002，第12页。

活动诸要素，因而还难以把这一阶段的信息传递划入“原始新闻和新闻传播”的范畴。因为“新闻传播是一种较高层次的社会活动，不能与低层次的动物生存本能等量齐观。”根据考古研究，“完全形成的人”即古人类学上所称的“新人”或“真人”，出现于距今4万~1.4万年间的旧石器时代后期，那么，在此之前出现的原始状态新闻传播活动就不具备基本的社会条件。因此认为“人类一出现就在群体中生活，他们聚在一起劳动，必然要进行信息交流，新闻（及新闻传播活动）就这样产生了”的观点是缺乏科学性的。

第二种情况是学者描述的“在狩猎时，哪个山头或草滩发现了羊群或野鹿，发现者就要告诉其他人。当时还没有语言，就发出一种声音或作出一种手势，使其他人明白发生了什么，于是大家协同围捕。如果哪个山窝出现了老虎，发现者就要发出另一种手势或信号，要他们注意警戒或躲藏。这中间就发生了原始‘新闻’和新闻传播”。[①] 笔者认为上述过程具有人类社会成员使用自身拥有的新闻传播媒介手段进行“最早的新闻传播”的性质。这个过程大致是：羊群或野鹿乃至老虎的“发现者”把他获知的新闻信息（“在哪个山头或草滩发现了羊群或野鹿”或者是在“哪个山窝出现了老虎”），通过使用自身所拥有的新闻媒介（发出一种声音——初级阶段的口头语言，或做出一种手势——初级阶段的肢体语言）“告诉其他人”，并“使其他人明白了什么”；“其他人”在接受了“发现者”所传播的新闻信息后，就参加“协同围捕”行动或提醒尚未发现老虎的其他人们“注意警戒或躲藏”；结果或是取得了狩猎成功，或是保护了部落成员的安全。在这一过程中，“先发现者”获知了“新近发生的新闻事实”，即可供捕猎的“羊群或野鹿”或可能危及部落其他成员安全的“老虎”的有关信息，然后通过使用特定的传播媒介——初级阶段的口语媒介（声音）或肢体语言媒介（手势），向“其他人”传播这一“新闻”。“其他人”接受了“先发现者”使用新闻传播媒介（声音或手势）传播的“新闻”后，或调整自己的原定计划加入围捕羊群或野鹿的行列，或对老虎加强警戒以免遭老虎伤害，从而使“先发现者”的“新闻传播

① 邝云妙：《新闻写作教程》，广东高等教育出版社，1986，第1页。

活动”收到了“新闻传播效果”。对照“五要素”理论，这一过程已经具备了新闻活动中的“传播者”（羊群或野鹿以及老虎的“先发现者”）、“传播内容”（羊群或野鹿以及老虎出现的“事实”），“传播媒介”（“先发现者”使用的初级阶段口头语言和肢体语言），“受众”（接受“羊群或野鹿以及老虎在附近出现”新闻信息的“其他人”），“传播效果”（受传者接受传播后调整了原定判断）。据此可以认为，原始社会后期的原始人凭借自身的初级阶段新闻传播媒介，对新近发生的“羊群或野鹿以及老虎何时在何地出现”等事实信息的传播，具备了新闻传播活动的主要特征，可以视作中国远古新闻传播活动的起源。

专家认为，中国古代的新闻传播活动是与“完全形成的人”同时产生的。此时的人类，“清晰的有声语言正在形成，已从血缘群婚向外婚制转化，社交活动逐渐扩大，最原始的宗教和艺术开始出现，标志着新闻传播条件的成熟”[①]。就是说，只有原始社会发展到大约在距今的 1.4 万年前，人类社会中才有可能出现原始的新闻传播活动。“颛顼时期”在公元前 25 世纪左右（公元前 2515 ~ 公元前 2437 年），即使从公元前 2515 年算起，至今也不过 4500 多年。“完全形成的人”即“新人”或“真人”此时已经出现了近 1 万年。既然在 1.4 万年前就“标志着新闻传播条件的成熟”，那么，在“新闻传播条件的成熟”，“清晰的有声语言正在形成，已从血缘群婚向外婚制转化，社交活动逐渐扩大，最原始的宗教和艺术开始出现”时期的“新人”即“真人”出现了 1 万年以后的“颛顼时期”（公元前 2515 ~ 公元前 2437 年）存在早期原始的新闻传播活动应当是完全有可能的。

（二）“颛顼时期”已出现了早期原始的法律制度

中国法制史学术界对中国法律起源的时间，大致有起源于“商朝”、“夏朝”及“黄帝舜帝时期”等不同观点。持“法律起源于商”观点的代表学者有程树德、杨鸿烈和陈顾远等人，他们都是在中华民国时期出版的有关学术著作中阐述自己的观点的。[②] 如程树德先生在其《中国法制

① 方汉奇主编《中国新闻事业通史》（第一卷），中国人民大学出版社，1996，第 20 页。

② 李交发、唐自斌主编《中国法制史》，湖南大学出版社、湖南人民出版社，2001，第 3 ~ 4 页。

史》中认为，“殷时有法律，已无可疑。”[①] 杨鸿烈先生则在其《中国法制发达史》中肯定地说“中国法律起源于殷代”[②]。陈顾远先生也在其《中国法制史》中认为，“中国法制史之页，惟有断自殷代。”[③] 新中国的法史学界提出了“夏朝说”的观点。《中国大百科全书·法学卷》认为：“根据历史文献的记载，一般认为中国到夏朝（公元前21世纪至公元前6世纪）便完成了由原始社会到阶级社会的过渡。随着氏族制度的解体、国家的形成，法也就产生了。”[④]

进入新世纪以后，法史学界提出了“中国法律起源于原始社会末期，即黄帝至尧舜时代”的观点。这一观点包括四个层次的涵义：一是认为“没有军队、宪兵和警察，没有贵族、国王、总督、地方官和法官，没有监狱、没有诉讼”的原始社会是指在没有出现私有制、没有出现阶级和阶级矛盾激化前的原始社会，即原始社会的初期和中期。当原始社会发展到末期，即当“阶级矛盾客观上达到不能调和”时，不仅产生了国家，也产生了法律。二是认为在中国历史上，大致在黄帝尧舜时期以前是一个无私有制、无阶级、无法律的原始社会；黄帝尧舜时期已经属于私有制出现、阶级矛盾难以调和、法律产生的原始社会末期。[⑤] 三是认为在国家与法律（产生时间的先后）上，不是先有国家后有法律；也不是国家和法律同时出现；而是先产生法律，后出现国家。其理论依据之一就是恩格斯所说的“在社会发展某个很早的阶段，产生了这样一种需要，把每天重复着的生产、分配和交换产品的行为，用一个共同规则概括起来，设法使个人服从生产和交换的一般条件。这个规则首先表现为习惯，后来便成了法律。随着法律的产生，就必然产生出以维护法律为职责的机关——公共权力，即国家。”[⑥] 四是根据《商君书·更法》中“伏羲神农教而不诛，黄帝尧舜诛而不怒”和《商君书·画策》中“故黄帝作君臣上下之义、

① 程树德：《中国法制史》，商务印书馆，1928，第28页。

② 杨鸿烈：《中国法制发达史》，商务印书馆，1934，第10页。

③ 陈顾远：《中国法制史》，商务印书馆，1934，第10页。

④ 《中国大百科全书·法学卷》，中国大百科全书出版社，1984，第83页。

⑤ 李交发、唐自斌主编《中国法制史》，湖南大学出版社、湖南人民出版社，2001，第4页。

⑥ 《马克思恩格斯选集》（第2卷），人民出版社，1972，第538~539页。

父子兄弟之礼、夫妇妃匹之合；内行刀锯，外用甲兵”的记载，认定“黄帝时期是中国古代法律起源的初期”。至尧舜时期，见诸《尚书》、《史记》、《竹书纪年》、《新语》等书的史料可谓比比皆是，而且已经证实的考古文化资料也印证了这一点。笔者对这一观点持赞成的态度，即认为中国古代法律起源于黄帝时期，基本成形于尧舜时期。既然有专家认为中国古代法制在黄帝时期（公元前2698年~公元前2598年）就已经开始“起源”，那么在又过了（少昊已挚在位）83年的颛顼时期，笔者说中国古代法制已经起源应该是更无疑义的了。

早在“黄帝姬轩辕时代”（公元前27世纪~公元前26世纪，公元前2698~公元前2598年），中国就已经出现古代法律的雏形。《商君书·更法》载：“伏羲神农教而不诛，黄帝尧舜诛而不怒。”这是说伏羲和神农对犯有“应诛”之罪的人民采用教化而不用诛杀方式进行统治；而黄帝和舜尧“诛杀”人民前，还心平气和地向他宣布所犯罪行使其服罪后再“诛”。伏羲和神农认定应“诛”之人的前提是认定其有“罪”，而能判定其是否有罪的标准是法律。这说明伏羲神农和黄帝舜尧时期就已出现判定是否犯应“诛”罪行的法律。到了黄帝舜尧时期不仅已经有了原始的法律，那些犯罪之人还能得到黄帝舜尧等部落首领对法律的解释和对所犯罪行的说明。《商君书·画策》记载：“故黄帝作君臣上下之义，父子兄弟之礼，夫妇妃匹之合；内行刀锯，外用甲兵，故时变也。”[①] 则表明在黄帝时代已有了较完整的法律制度体系，有规定公权力的“君臣上下之义”，有规定私权力的“父子兄弟之礼”，有规定家庭规则的“夫妇妃匹之合”，有规定国内运行秩序的“刀锯”（指代刑法、监狱等国家机器）之规，也有规定（明确）对敌国（部落）使用“甲兵”的基本法律。商鞅认为这是适应时代变化发展的需要（“故时变也”）。伏羲神农时期有了原始的法律，黄帝尧舜时期已经形成原始法律的体系，这些都为中国古代新闻法制在“颛顼时期”起源提供了丰富的营养和合适的土壤，奠定了法律制度方面的基础。

---

① 商鞅：《商君书·更法》、《商君书·画策》，见《钦定四库全书》，（文渊阁本）（影印本），上海古籍出版社，1987。

（三）"颛顼使复旧常"中蕴涵的古代新闻法制因子分析

据《国语》记载，"少昊之衰"前"民神异业也，敬而不渎，故神降之嘉生。民以物享，祸灾不至，求用不匮"，而到了（及）"少昊之衰"，就出现了"九黎乱德，民神杂糅，不可方物。夫人作享，家为巫史。无有要质，民匮于祀而不知其福，烝享无度，民神同位，民渎齐盟，无有严威。神狎民则，不蠲其为"的"乱象"。这种"乱象"导致的直接后果就是"嘉生不降，无物以享，灾祸荐臻，莫尽其气"。赵振祥先生认为，"在人类社会早期，拥有知识和通神的巫术，或者说被丰富的'神闻'所包装，也就拥有了走上神坛同时也走上政坛的资本"；"巫师们自造'神闻'是为了攫取权力，或者说是为了攫取神权，而早期的在巫术迷雾笼罩下的新闻传播活动也确实为建立和巩固神权起到了至关重要的作用"；"一个平民可以通过自造'神闻'而当上巫师，一个无名的巫师也可以靠着自造'神闻'而走上神坛，甚至掌握神权，也就同时掌握政权"。颛顼既是部落首领，又是部落首席大巫师。为了消除"少昊之衰"的"乱象"，颛顼"进行了一次大规模宗教上的正本清源"。他"命南正重司天以属神，命火正黎司地以属民"，目的是"绝地天通"，使民神"无相侵渎"使复旧常；"杜绝'神闻'的泛滥现象"，"重新确立巫的垄断地位"。[①] 笔者认为，从颛顼的措施和措辞中可以明显地感受到中国古代最原始新闻法制的因子。颛顼作为部落的首席大巫师，利用手中的权力，通过任命官员（南正重和火正黎）、明确官员职责（南正重司天，火正黎司地）和官员职责界限的界定（司天以属神，司地以属民），意在控制普通百姓和下层巫师自造和传播"神闻"的活动，实现"绝地天通"，遏制"神闻"泛滥，维护部落首领威严，达到恢复"民神异业"、民"敬（神）而不渎（神）"、民神"无相侵渎"的有序状态的目的。这正是新闻法制目的、功能和目标的具体反映。为此，笔者认为颛顼"使复旧常"的过程中实际上已经蕴涵了中国古代新闻法制"因子"，并由此进一步认为，中国古代新闻法制在颛顼时期就已经开始"起源"了。

---

① 赵振祥：《唐前新闻传播史论》，中国文联出版社，2002，第21页。

结 语

所谓“起源”，《现代汉语词典》（修订版）定义为：“（1）开始发生。如：秦腔［起源］于陕西。世界上一切知识无不［起源］于劳动。（2）事物发生的根源：生命的［起源］。”① 可知“起源”是仅仅“开始发生”，是“事物发生的根源”。与“起源”直接相邻的阶段是“形成”。“形成”是指“通过发展变化而成为具有某种特点的事物，或是出现某种情形或局面。如：［形成］鲜明的对比”。② 即事物在“形成”状态就“成为具有某种特点的事物”或“出现某种情形或局面”。与“形成”相邻的阶段是“成熟”。“成熟”是指“（1）植物的果实等完全长成，泛指生物体发育到完备的阶段。（2）发展到完善的程度，如：我的意见还不［成熟］。条件［成熟］了”。③“起源”→“形成”→“成熟”构成了中国古代新闻法制发展历程的理论范式，而“起源”则是其完整过程中的第一个环节。建国前有中国法史学者认为“中国古代法律起源于商朝”；建国后有法史学者认为“中国古代法律起源于夏朝”；进入21世纪后有法史学者认为“中国古代法律起源于黄帝尧舜时代”。笔者认为，其差异如此悬殊的原因之一，就是对中国古代法制“起源”时“形态”认定标准的差异。据考古研究，殷商时期已经有施行的中国古代法律，夏朝被法史学界公认为是奴隶制国家和法律正式产生的时期，而舜尧时代已具有比黄帝时期“更加齐备”的法律制度。这些都是中国古代法律“起源”后发展了漫长时间后才达到的水平。有专家认为舜尧时代的法律制度已经“制定了法律，确定了罪名，出现了司法官，产生了审判的方法等，足以

① 中国社会科学院语言研究所词典编辑室编《现代汉语词典》（修订版），商务印书馆，1996，第1001页。

② 中国社会科学院语言研究所词典编辑室编《现代汉语词典》（修订版），商务印书馆，1996，第1409页。

③ 中国社会科学院语言研究所词典编辑室编《现代汉语词典》（修订版），商务印书馆，1996，第159页。

证明当时法律已经产生，而且相比黄帝时期齐备”,[①] 那就是中国古代法制“形成”时期的形态了。因此笔者赞成“中国古代法律起源于黄帝舜尧时代”的观点。假如以蕴涵有中国古代新闻法制“因子”的文献记载为起点，那么根据《国语·楚语 下》中关于颛顼“使复旧常”的记载以及相关研究成果，说中国古代新闻法制起源于黄帝时代和舜尧时代之间的“颛顼时期”，似乎也可以成为一家之说。不妥之处，敬请海内外学术界同行方家不吝赐教。

① 李交发、唐自斌主编：《中国法制史》，湖南大学出版社、湖南人民出版社，2001，第5页。

论孙中山先生的新闻民主和法制思想*

公元2011年是辛亥革命100周年。在辛亥革命后的这一百年间，中国经历了翻天覆地的变化。尤其是中共十一届三中全会以后的三十多年间，中国共产党人领导全国人民坚持实事求是、解放思想、对内搞活、对外开放的基本方针，以经济建设为中心，凝心聚力搞建设，一心一意谋发展，中国的综合国力有了迅速增强，人民生活水平不断提高。与此同时，积极推进社会主义政治、文化和管理体制改革，大力推进包括社会主义新闻民主和新闻法制在内的社会主义民主法制建设，取得了举世瞩目的进步。笔者认为，作为“中国近代伟大的民主革命家”孙中山先生民主革命事业的继承者，在今天积极推进社会主义政治和民主法制建设的社会环境下，纪念伟大的辛亥革命100周年，研究孙中山先生的新闻民主和法制思想，从中汲取对中国特色的社会主义新闻民主和法制建设积极的营养，不但具有重要的学术意义，而且具有重要的现实意义。

一 关于孙中山新闻民主和法制思想的文献表述

为了研究孙中山的新闻民主和法制思想，笔者比较认真地查阅了由中

* 本文系国家哲学社会科学规划基金重点项目“中国新闻法制发展史研究”（项目编号：07AXW001）的系列成果之一，发表于《现代传播：中国传媒大学学报》2011年第9期；中国人民大学书报资料中心《复印报刊资料：新闻与传播》2011年第12期全文收录。

国社会科学院近代史研究所、中山大学孙中山研究中心以及广东省社会科学院联合编辑，孙中山先生夫人宋庆龄先生题名，中华书局出版的《孙中山全集》和其他文献。大致有如下文献与孙中山新闻民主和法制思想的表述直接相关。

(一)《咨复参议院弹劾吕志伊违法文》(1912年3月3日)

该文称："接二月二十八日来咨，自系为尊重立法权、保障言论自由起见，诚无可非难之理。惟查法律最重方式，苟方式一有不备，即不能发生效力。此次司法次长吕志伊所发之函，系私人书信，在法律上无施行之效力，不能认为正式公文。该私函所述，仅系发表个人之意思，并无行为。在法律上亦无徒据个人之意思，不问其有无行为遽认为有效之理。来咨以'欲施行'三字断之，未免重视意思而忽略行为矣。贵院议员刘成禺现仍在参议院照常发言，身体言论毫无阻碍，据此即不能断定吕志伊有不法干涉之行为。既无不法干涉之行为，则来咨所指蔑视议院、蹂躏民权之事实皆不成立矣。来咨对于议员刘成禺出言不慎一事，谓'即令有之，亦不过偶尔失慎，不能指为违宪之确据。'今吕志伊用私人信函转托请示办法于副总统，亦有如来咨所谓出言偶尔失慎之嫌，本总统何能为之讳。抑共和民国之下，立法权固当倍加尊重，而行政权亦不宜轻蔑。司法次长系民国之望，遽尔因其私函之意思，弹劾不职，恐非民国之宜。美国百年以来，议院弹劾行政官不过数次，诚互相尊重维持之至意。当兹民国初定，常人亦不能无过激之意思，其未见于行为者，自不必深求，亦不能以其为司法次长而遽据'欲施行'三字加等深文也。此咨。"①

(二)《内务部规定暂行报律通告各都督电文》(1912年3月4日)

该文称："武昌黎副总统、各省都督鉴：民国完全统一，前清政府颁布一切法令，非经民国政府声明继续有效者，应失其效力。而民国报律，又未遽行编定颁布。兹特定暂行报律三章，即希报界各社一律遵守：(1) 新

① 孙中山：《咨复参议院弹劾吕志伊违法文》(1912年3月3日)，载《孙中山全集》(第二卷)，中华书局，1982，第168~169页。

闻杂志已出版及今后出版者，其发行及编辑人姓名，须向本部呈明注册，或就近地方高级官厅呈明，咨部注册。兹定自令到之日起，截止阴历四月初一止，在此限期内，其已出版之新闻杂志各社，须将本社发行及编辑员姓名呈明注册，否则不准其发行。（2）流言煽惑，关于共和国体有破坏弊害者，除停止其出版外，其发行人、编辑人并坐以应得之罪。（3）调查失实，污毁个人名誉者，被污毁人得要求更正。要求更正而不履行时，经被污毁人提出诉讼、讯明，得酌量科罚。以上三条仰希转令新闻杂志各社，一体遵守。俟《民国报律》公布时，即行停止。”①

（三）《上海中国报界俱进会关于拒绝暂行报律的通电》（1912年3月6日）

该文称：“南京孙大总统鉴：接内务部电，详定暂行报律三章。今统一政府未立，民选国会未开，内务部擅定报律，侵夺立法之权。且云煽惑关于共和国体，有破坏弊害者，坐以应得之罪。政府丧失权利，报纸监督并非破坏共和。今杀人行劫之律尚未定而先定报律，是欲袭满清专制之故智，钳制舆论，报界全体万难承认，除通电各埠外，请转知照。”②

（四）《（孙中山）复报界俱进会及上海各报电》（1912年3月6日）

该文称：“民国一切法律，须经参议院议决发布，乃生效力。此次内务部所颁暂行报律三章，未经参议院决议，应作无效。除令该部知照外，特此复闻。”③

（五）《（大总统）令内务部取消暂行报律文》（1912年3月7日）

该文称：“昨据上海报界俱进会及各报馆电称：‘接内务部电，详定

① 《内务部规定暂行报律通告各省都督电文》（1912年3月4日），载《临时政府公报》第32号，1912年3月8日出版。

② 《上海中国报界俱进会关于拒绝暂行报律的通电》（1912年3月6日），载上海《申报》1912年3月6日。

③ 孙中山：《复报界俱进会及上海各报电》（1912年3月6日），载《孙中山全集》（第二卷），中华书局，1982，第191页。

暂行报律三章，报界全体万难承认，请转饬部知照’等语。案言论自由，各国宪法所重。善从恶改，古人以为常师。自非专制淫威，从无故事摧抑者。该部所布暂行报律，虽出补偏救弊之苦心，实昧先后缓急之要序，使议者疑满清钳制舆论之恶政复见于今，甚无谓也。又：民国一切法律，皆当由参议院议决宣布，乃为有效。该部所布暂行报律，既未经参议院议决，自无法律之效力。不得以暂行两字，谓可从权办理。寻绎三章条文，或为出版法所必载，或为宪法所应稽，无取特立报律，反形裂缺。民国此后应否设置报律及如何订立之处，当俟国民会议议决，勿遽亟亟可也。除电复上海各报外，合行令仰该部知照。此令。”①

（六）《中华民国临时约法》（1912 年 3 月 11 日）

《中华民国临时约法》于 1912 年 3 月 11 日经中华民国南京临时政府参议院通过后，按照民国政府的立法程序，由中华民国临时大总统孙中山正式发布。其中第五条规定“中华民国人民，一律平等，无种族，阶级，宗教之区别”。第六条规定“人民得享有左（下）列之自由权：一、人民之身体，非依法律，不得逮捕、拘禁、审问、处罚；二、人民之家宅，非依法律，不得侵入或搜索；三、人民有保有财产及营业之自由；四、人民有言论、著作、刊行及集会、结社之自由；五、人民有书信秘密之自由；六、人民有居住迁徙之自由；七、人民有信教之自由”。第十五条规定“本章所载人民之权利，有认为增进公益，维持治安，或非常紧急必要时，得以法律限制之”。②

（七）《大总统通令开放疍户惰民等许其一体享有公权私权文》（1912 年 3 月 17 日）

该文称：“天赋人权，胥属平等。自专制者设为种种无理之法制，以凌轹斯民，而自张其毒焰，于是人民之阶级以生。前清沿数千年专制之秕

① 孙中山：《令内务部取消暂行报律文》（1912 年 3 月 7 日），载《孙中山全集》（第二卷），中华书局，1982，第 198 ~ 199 页。

② 《中华民国临时约法》（1912 年 3 月 11 日）。转引自邱远猷、张希坡《中华民国开国法制史：辛亥革命法律制度研究》，首都师范大学出版社，1997，第 368 页。

政，变本加厉，抑又甚焉。若闽、粤之疍民，浙之惰民，豫之丐户，及所谓发功臣暨披甲家为奴，即俗所谓义民者，又若薙发者并优倡隶卒等，均有特别限制，使不得与平民齿。一人蒙垢，辱及子孙，岂容此等苟令久存，为民国玷！为此特申令示，凡以上所述各种人民，对于国家社会之一切权利，公权若选举、参政等，私权若居住、言论、出版、集会、信教之自由等，均许一体享有，毋稍歧异，以重人权，而彰公理。该部接到此令之后，即行通饬所属一体遵照，并出示晓谕该省军民人等，咸喻此意。此令。"①

（八）《（大总统）令交通部核办报界公会请减邮费文》（1912年3月17日）

该文称："兹据上海日报公会呈称：军兴以后，种种困难情形，请减轻邮电费以维报界等情前来。查报纸代表舆论，监督社会，厥功甚巨。此次民国开创，南北统一，尤赖报界同心协力，竭诚赞助。兹据呈称军兴以后困难情形，均属实况，若不设法维持，势将相继歇业。合将原呈发交该部，仰即酌核办理可也。此令。"② 临时政府交通部经过交涉协商后向孙中山汇报说："邮电费重，报价因之增加，直接为报纸发达之障碍，间接为开通社会之阻力。但民国各省报馆林立，每年邮电费其数颇巨，若悉照该公会所请求如数减少，则邮局电局所受损失太多。报界困难固宜体恤，而邮电营业前途亦不可不预为维持，以防竭蹶。兹经本部邮电两司共同商定，嗣后凡关于报界之电费，照现时通行价目减轻四分之一，邮费减轻二分之一。庶商困得以稍苏，而邮电两政亦不至大受影响。"③

由于时间和其他条件的局限，除了上述文献外，可能还会有少量与孙中山新闻民主和法制思想相关的文献遗漏，但重要或主要文献应不会有大的遗漏。我们也正是在这样的基础上来探析孙中山的新闻民主和法制思想的基本内涵。

---

① 孙中山：《大总统通令开放疍户惰民等许其一体享有公权私权文》（1912年3月17日），载《孙中山全集》（第二卷），中华书局，1982，第244页。

② 孙中山：《令交通部核办报界公会请减邮费文》（1912年3月17日），载《孙中山全集》（第二卷），中华书局，1982，第244页。

③ 《交通部复大总统核减邮电费办法呈》，载《临时政府公报》第51号，1912年3月29日出版。

二 孙中山新闻民主和法制思想的基本内涵

从上述文献中可以看出，与孙中山新闻民主和法制思想表述直接相关的文献主要集中在民国成立之初的1912年3月即他担任中华民国临时大总统期间，其中又以解决当时轰动全国的"《民国暂行报律》风波"这一事件为主线。下面，我们就立足于有关文献，来探析孙中山先生新闻民主和法制思想的基本内涵。纵览上述文献，我们认为，孙中山的新闻民主和法制思想具有丰富的内涵，而且形成了比较完备的内容体系。这一内容体系主要包括以下方面内容。

(一) 以言论自由为基础的新闻自由是中华民国国民基本私权的思想

孙中山的建国目标如他所说，"中国革命之目的，系欲建立共和政府，效法美国，除此之外，无论何项政体皆不宜于中国"[①]，即在中国仿照美国的资产阶级共和政体创建中华民国。美国资产阶级共和政体的显著特征之一就是以言论自由为基础的新闻自由得到充分尊重。这也是孙中山的新闻法制思想的基本内容。首先他在《令内务部取消暂行报律文》中明确表示"言论自由，各国宪法所重"，就是说"言论自由"的原则在西方各资产阶级共和国宪法中都得到充分尊重，所以中华民国政府也充分尊重公民的"言论自由权利"，这是理论原则。其次在实践上，孙中山签署公布实施的《中华民国临时约法》第五条明确规定"中华民国人民，一律平等，无种族，阶级，宗教之区别"；第六条规定"人民得享有左(下)列之自由权：一、人民之身体，非依法律，不得逮捕、拘禁、审问、处罚；二、人民之家宅，非依法律，不得侵入或搜索；三、人民有保有财产及营业之自由；四、人民有言论、著作、刊行及集会、结社之自由；五、人民有书信秘密之自由；六、人民有居住迁徙之自由；七、人民

① 孙中山：《在巴黎的谈话》(1911年11月21日至23日)，载《孙中山全集》(第一卷)，中华书局，1981，第563页。

有信教之自由”，而这些“人民之权利”，只有在“有认为增进公益，维持治安，或非常紧急必要时”，才“得以法律限制之”（第十五条）。一方面向世界各国和全国人民昭示了中华民国政府坚决维护国民包括言论自由在内的基本自由权利的鲜明态度。另一方面昭告社会，人民享有的这些自由权利，只有在为了“增进公益，维持治安，或非常紧急必要时”才能“依法律限制之”。这里说得很明确，一是只有在上述特殊情况下才能“限制”而不可随意“限制”公民的基本权利；二是即使“必须”限制，也“必须”依法即依照法律程序或依照法律规定才能“限制”，而不是某一个官员有权随意“限制”。再一方面是对于在旧时代长期遭受歧视压迫的特殊群体，孙中山根据《中华民国临时约法》中关于“中华民国公民一律平等”的条款，发布特别通令规定“闽、粤之疍民，浙之惰民，豫之丐户，及所谓发功臣暨披甲家为奴，即俗所谓义民者，又若薙发者并优倡隶卒等”，“各种人民，对于国家社会之一切权利，公权若选举、参政等，私权若居住、言论、出版、集会、信教之自由等，均许一体享有，毋稍歧异，以重人权，而彰公理”，充分表现出孙中山新闻法制思想中充分尊重国民享有的以言论自由为基础的民主新闻法制思想，这是孙中山新闻民主和法制思想的基本内涵之一。

（二）“民主国”和“专制国”不以“是否订立报律”区分的思想

在临时政府内务部制定颁布《民国暂行报律》三章后，遭到以上海中国报界俱进会和上海各大新闻报纸为主体的中国新闻界的强烈反对。章太炎（字炳麟）于3月7日在他主持的《大共和日报》上发表社评《却还内务部所定报律议》，上海各大新闻报纸破例在同日同时刊载这篇社评，对南京临时政府造成了很大的政治和舆论压力。章太炎在该篇社评中称：“民主国本无报律。观美法诸国，对于杂志新闻，只以条件从事，无所谓报律者。亡清诸吏，自知秕政宏多，遭人指摘，汲汲施行报律，以为壅遏舆论之阶。今民国政府初成，杀人行劫诸事，皆未继续前清法令，声明有效，而独皇皇指定报律，岂欲蹈恶政府之覆辙乎？”[①] 即是说民主国

① 章太炎：《却还内务部所定报律议》，载上海《大共和日报》，1912年3月7日。

家都没有报律（新闻法制），推而论之即是有报律（新闻法制）的国家就不是“民主国”。照此推理，因为民国南京临时政府内务部制定颁布施行了《民国暂行报律》，那中华民国就不是“民主国”了。对此孙中山在《令内务部取消暂行报律文》中公开表示：“民国此后应否设置报律及如何订立之处，当俟国民会议议决。”明确表示是否订立报律并不是“民主国”和“专制国”的本质区别。即使订立了报律，只要立法宗旨正确（出于“补偏救弊”之心），立法程序规范（经参议院议决后由总统公布施行），中华民国仍然是“民主国”；但若政府实施的是“钳制舆论之恶政”，即使不订报律也算不得“民主国”。有人依据孙中山《令内务部取消暂行报律文》中有“无取特立报律”一言，认为“制定报律的行为，实与以孙中山为代表的资产阶级革命派的基本理念是相违背的”。[①] 我们认为，孙中山这里所说的“无取特立报律”，不是指中华民国“无取特立报律”，而是指《民国暂行报律》中所列举的三条“或为出版法所必载，或为宪法所应稽”，而“无取特立报律”，因为仅仅把这三条列为报律“反形裂缺”。我们进一步认为，孙中山之所以明令取消《民国暂行报律》，不是因为他认为“无取特立报律”，而是因为内务部制定颁布《民国暂行报律》的行为，一是没有经过参议院议决，使得《民国暂行报律》不具有法律效力，二是“实昧先后缓急之要序，使议者疑满清钳制舆论之恶政复见于今”，给临时政府造成了“甚无谓”的政治和舆论压力。为了打消“议者”的“疑虑”，向社会各界昭示中华民国是“民主国”，所以才明令取消了“暂行报律”。孙中山说得很明白，“民国此后应否设置报律及如何订立之处，当俟国民会议议决”。所谓“当俟国民会议议决”就是应当等待国民会议议决。假如“国会议决”不订立报律，民国政府当然执行国民会议的决议而不订立报律；但如果“国会议决”订立报律以及明确如何订立报律，临时政府也执行国会的议决，按照法定程序订立《中华民国报律》。根据“国会议决”，临时政府即使订立了报律也仍然是“民主国”，而不因为它订立了报律就成了“专制国”。因为订或不订报律，既不取决于临时大总统孙中山，也不取决于

① 黄瑚：《中国近代新闻法制史论》，复旦大学出版社，1999，第117页。

章太炎等人，而是完全取决于拥有国家立法权的“国会”之“议决”，这完全符合资产阶级共和政体的运作体制和机制，另一方面也充分表现出作为临时大总统的孙中山先生所秉持的充分尊重民主和彻底依法治国的思想观念和精神。

（三）政府订立新闻法制应以“补偏救弊”为主旨的思想

民主国家应该不应该订立报律，这个问题从孙中山的上述文献中得到了解答。那么，民主国家应该订立什么样的报律？或者说民主国家订立报律的宗旨应该是什么呢？这个问题孙中山在其新闻民主和法制思想中也有清楚的表述。孙中山在《令内务部取消暂行报律文》中虽然明令内务部取消了所颁行的《民国暂行报律》，但却同时认为内务部制定颁行报律的行为是“出（于）补偏救弊之苦心”。“补偏救弊”虽然只有寥寥四字，却蕴含了深刻的含义。仔细解读后我们可以体会到在孙中山的新闻民主和法制思想里，政府订立新闻法制的宗旨应该是“补偏救弊”。这是因为：一方面，新闻媒介作为一种“社会公器”，理应成为社会公平正义的“守望者”，新闻记者更应该秉承“铁肩担道义，妙手著文章”的优良传统忠实履行自己的社会责任，作社会发展进步的积极力量。另一方面也应该承认，社会新闻媒体作为一种社会存在，在其运行过程中可能会受到各种各样社会的、人为的、经济的、政治的以及其他方面因素的干扰，而出现各种“偏差”和“弊端”。政府以什么态度和立场对待新闻媒体及新闻活动中出现的“偏差”和“弊端”，就决定了政府订立新闻法制的宗旨。孙中山认为，对新闻媒体在运作过程中出现的“偏差”和“弊端”，民国政府应以“补偏”和“救弊”的态度和立场，即从爱护新闻媒体声誉，保护新闻媒体利益和维护新闻媒体新闻自由、言论独立的善意态度出发进行管理和规范。作为国家和政府，为了维持社会生活秩序的正常运行和各方利益的和谐发展，必须要通过制定法律等手段进行社会管理，其区别仅仅在于以什么宗旨来制定实施法律。在这个问题面前，孙中山主张国家制定实施新闻法制应该以“补偏救弊”为宗旨，即一是为了“补充”新闻媒体及其新闻活动中的不足，二是为了“补救”新闻媒体及其新闻活动造成的社会伤害，但根本是为了新闻媒体的健康发展和社会民众的和谐相处，而不是如清朝政府那样为了维护其封建专制统治而“钳制舆论”。孙中山关于“补偏救弊”的新闻立法思想，是其“人本”思想的具体体现，闪耀着民主主义的灿烂光辉。

（四）新闻法制应该形成完整体系和立法应分轻重缓急的思想

孙中山在《令内务部取消暂行报律文》明确表示“寻绎三章条文，或为出版法所必载，或为宪法所应稽，无取特立报律，反形裂缺”。在这段文字中，我们可以体会到孙中山对“中华民国”完整新闻法制体系的构想。首先是孙中山提出了完整的新闻法制体系应该包含的三个法律层次。其中最高的层次是“宪法”，就是即将由民国临时政府参议院通过并由“临时大总统”孙中山公布施行的《中华民国临时约法》，这既是国家法律体系中的顶层，也是国家新闻法制体系的最高层次。新闻法制的订立过程及内容都必须符合“宪法”基本精神。《中华民国临时约法》关于“中华民国人民，一律平等，无种族，阶级，宗教之区别”和“人民有言论、著作、刊行及集会、结社之自由”的规定必须也应当在中华民国的新闻法制中得到忠实体现。第二个层次是在“宪法”即《中华民国临时约法》下面的“出版法”，这是规范包括新闻报纸的出版发行活动在内的所有出版发行活动的基本法律。在“出版法”中不但应该规定国民的出版自由权利，还应规定国民在出版发行方面的义务；不但要规定新闻报纸的出版发行规范，还要规定图书的出版发行规范、杂志（期刊）的出版发行规范、小册子的出版发行规范以及非纸质媒介的出版发行规范等等。第三个层次才是“出版法”之下的“新闻法”（即“报律”）。“新闻法”（“报律”）必须在“宪法”基本原则和“出版法”的综合性条款下，具体规定以新闻报纸为主体的新闻媒体的运行规则，规范的对象明确而又单一，就是也仅仅是新闻媒体及其新闻传播活动，而不涉及新闻媒体及其新闻传播活动以外的其他社会活动。由此可见，孙中山设想中的中华民国新闻法制体系是一个包括“中华民国宪法”、“出版法”和“新闻法”在内的多层次的法律制度体系，而不仅仅是一个“新闻法”。在制定新闻法制的次序上，应该是先制定公布国家大法“宪法”即《中华民国临时约法》，然后制定公布施行“新闻法”的上位类法《中华民国出版法》，最后才是制定公布《中华民国新闻法》。因为临时政府内务部在制定公布“报律”时，作为国家大法的《中华民国临时约法》还没有公布实施，“出版法”的制定还没有提上议事日程，在这种情况下匆匆制定发布“新闻法”即《民国暂行报律》”，一方面是《民国暂行报律》的内容难以和即将公布实施的《中华民国临时约法》和还未提上立法议程的“中华民国出版法”的内容相对接——必须是“新闻法”服从“出版法”；“新闻法”和“出版法”都服从于“宪法”；另一方面也使公布施行的《民国暂行报律》失去了法理依据——在“新闻法”的序言中应该标明“根据宪法的某一条款”和“出版法的哪些条文”规定制定新闻法；同时也打乱了民国南京临时政府关于先“临时约法”，再“出版法”，最后“新闻法”的立法次序，即孙中山所说的“实昧先后缓急之要序”，因此下令取消了内务部公布的《民国暂行报律》。孙中山先生关于应当构建一个完整的新闻法制体系和立法活动应当遵照先顶层设计再逐级延伸，并区别轻重缓急的新闻法制思想，在当今仍然具有重要的借鉴意义。

（五）新闻法制必须按照法定程序产生才具有法律效力的思想

资产阶级共和政体实行三权分立，各司其职，互相制约，共同完成管理国家事务，保证国家正常运行的目标。法律的产生一般是国会决定制立法律，授权有关部门或人员草拟相关法律草案；法律草案完成后提交国会；经国会讨论通过后呈请总统签发公布，然后在规定的时间产生法律效力。这是一个完整的立法程序。在这一程序中，国家元首（即总统）拥有的是公布法律的权力，国会拥有的是讨论通过法律的权力，而政府部门拥有的是根据授权草拟法律草案和法律公布实施后依法行政的权力。不经过国会议决立法，不经过国会讨论通过和不经过总统签署公布的法律不具备法律效力，这是资产阶级共和政体运行的基本法则之一。正是根据这一基本法则，孙中山妥善处理了由临时政府内务部制定公布施行《民国暂行报律》引起的那场舆论风波。孙中山先是在 1912 年 3 月 6 日发出的《复报界俱进会及上海各报电》中明确表示“民国一切法律，须经参议院议决发布，乃生效力。此次内务部所颁暂行报律三章，未经参议院决议，应作无效”。尔后又在《令内务部取消暂行报律文》中训令内务部“民国一切法律，皆当由参议院议决宣布，乃为有效。该部所布暂行报律，既未经参议院议决，自无法律之效力。不得以暂行两字，谓可从权办理”。孙中山在这些文件中明确表示，内务部公布施行的《民国暂行报律》因为“未经参议院决议，应作无效”和“既未经参议院议决，自无法律之效力”，从立法程序不完备的角度否决了《民国暂行报律》的合法性，并严肃指出“不得以暂行两字，谓可从权办理”，没有任何商量的余地。关于法律产生效力必须经过完备立法程序性的必然性关系，孙中山在《咨复参议院弹劾吕志伊违法文》中也特别阐述了“法律生效必须符合法定程序”的思想，认为“惟查法律最重方式，苟方式一有不备，即不能发生效力”。也就是说，法律的制定公布和生效的每一个环节都必须符合法定程序，只要其中某一个环节不符合法定程序，这项法律就不能发生效力。也正是因为这个原因，孙中山鉴于临时政府内务部制定公布的《民国暂行报律》没有经过参议院议决就仓促公布施行，违反立法程序，尽管他也认为内务部是出于“补偏救弊”之心，但还是令内务部“取消”了已经公布施行的“暂行报律”。孙中山身体力行地尊重法定程序并严格依法办事的思想，至今仍然具有积极的借鉴意义。

（六）国家应该支持新闻媒体维持正常运行的思想

在孙中山的演讲、答记者问及给报纸的题词中，多次肯定了新闻媒体在争取资产阶级民主革命胜利过程中的重要贡献，并期望报界诸公同人在往后的建国中继续出力。如他在1912年3月17日下发《令交通部核办报界公会请减邮费文》中明确表示“报纸代表舆论，监督社会，厥功甚巨。此次民国开创，南北统一，尤赖报界同心协力，竭诚赞助”。孙中山于1912年4月12日的《致武汉报界联合会函》中称“此次民国成立，舆论之势力与军队之势力相辅而行，故曾不数月，遂竟全功。我报界诸公鼓吹宣导于前，尤望指引维持于后，俾我国民得所指南，是则文所属望于报界诸公者”。[①] 再如孙中山于1912年4月16日的《在上海（民立报）之答

① 孙中山：《致武汉报界联合会函》（1912年4月12日），载《孙中山全集》（第二卷），中华书局，1982，第336页。

词》中称“此次革命事业，数十年间，屡起屡仆，而卒睹成于今日者，实报纸鼓吹之力。报纸所以能居鼓吹之地位者，因能以一种之理想普及与人人之心中。其初虽有不正当之舆论淆惑是非，而报馆记者卒抱定真理，一往不渝，并牺牲一切精神、地位、财产、名誉，使吾所抱之真理屹不为动，作中流之砥柱。……惟知报纸有此等力量，则此后建设，关于政见政论，仍当独抱一真理，出全力以赴之，此所望于社中诸君子也”。[①] 既然新闻媒体在资产阶级民主革命争取胜利的过程中做出过重大贡献，而且在以后建国中还望新闻媒体继续为之鼓吹，所以当新闻媒体在经济上遇到困难时，孙中山就明确主张政府应当支持新闻媒体渡过难关。他于1912年3月17日在《令交通部核办报界公会请减邮费文》中明确表示“兹据呈称军兴以后困难情形，均属实况，若不设法维持，势将相继歇业”[②]，明确要求交通部对新闻媒体予以支持。根据临时大总统孙中山的训令，临时政府交通部“邮电两司共同商定，嗣后凡关于报界之电费，照现时通行价目减轻四分之一，邮费减轻二分之一”[③]。孙中山主张政府应该支持新闻媒体维持正常运行的思想实际上包含了两个方面，一是新闻媒体在以往的新闻传播活动中为资产阶级民主革命的胜利作出了重要贡献，二是由于战争对新闻报纸（大概包括诸如纸张价格的上涨等新闻纸成本的提高和新闻纸发行量因战争的影响下滑等）的影响，使曾经为资产阶级民主革命奋力呼喊的新闻媒体处于一时的困难之中，在这种情况下，孙中山关于“政府应该支持新闻媒体维持正常运行”的新闻民主思想和积极实践，一方面有利于当时社会新闻事业的生存和恢复发展，同时对当今完全市场经济环境下如何处理政府支持新闻事业发展，也有一定的借鉴意义。

（七）新闻立法活动应遵循“善从恶改”原则的思想

孙中山在《令内务部取消暂行报律文》中称“善从恶改，古人以

① 孙中山：《在上海〈民立报〉之答词》（1912年4月16日），载《孙中山全集》（第二卷），中华书局，1982，第337页。

② 孙中山：《令交通部核办报界公会请减邮电费文》（1912年3月17日），载《孙中山全集》（第二卷），中华书局，1982，第245页。

③ 《交通部复大总统核减报界邮电费办法呈》，原载《临时政府公报》第51号，1912年3月29日出版。

为常师”。也就是说，无论是国家、政府，还是个人，对待自己的过失都应该抱有“善从恶改”的态度，才能使原来的好事更好，使坏事变成好事。无数事实已经证明，任何国家或政府都有可能出现差错。尤其是在实行了几千年封建专制统治，经过辛亥武装起义才推翻清朝封建专制统治建立的中华民国南京临时政府，因为没有国际上现成的经验可以学习参考，所以也就难免出现一些差错。民国南京临时政府内务部制定颁行《民国暂行报律》的过程也因其程序上的不完备和时机不适当而出现差错。如何对待政府工作中出现的差错，孙中山提出了“善从恶改”的指导思想，并且认真地付诸实践。在临时政府内务部制定颁布《民国暂行报律》受到上海中国报界俱进会以及上海各大新闻媒体的一致反对时，尽管孙中山认为内政部制定颁行《民园暂行报律》是出于“补偏救弊之心”而非“满清钳制舆论之恶政复见于今”，但因为内务部在制定颁布《民国暂行报律》的程序上没有经过民国参议院的议决，实际上存在“昧先后缓急之要序”的过失。也正因为内务部这次的颁行《民国暂行报律》过程中存在的过失，并且已经成为章太炎在《却还内务部所定报律议》文中拒绝“民国暂行报律”的重要理由之一[①]，孙中山秉持“善从恶改”的新闻立法思想，断然取消了已经公布实施的《民国暂行报律》，明确宣告“民国一切法律，皆当由参议院议决宣布，乃为有效。该部所布暂行报律，既未经参议院议决，自无法律之效力”。不但明确《民国暂行报律》“自无法律效力”，而且申明内务部“不得以暂行两字，谓可从权办理”。也就是必须立即废止，不能借任何理由拖延施行。一个政府只要对待民众呼声抱有“善从恶改”的态度，就一定能够最大限度地吸收人民群众的合理化建议，改正工作中存在的不足，不损害人民群众的利益，得到人民群众的拥护，从而使政权更加巩固。这也从另一个方面体现了孙中山先生民主革命家的博大胸怀和知误即纠的勇气。

① 章太炎在《却还内务部所定报律议》中说：“当知报界中人非不愿遵守绳墨，惟内务部既无作法造律之权，而所定者，又有偏党模糊之失。若贸然遵守斯令，是对于官吏则许其侵权，而对于自身则任人陵践，虽欲委曲迁就，势有不能。”

（八）依据“行为”而不是依据“意思”判定有罪的思想

在现代汉语中，“行为”一般是指“受思想支配而表现为外面的活动”。[①] 而“意思”则有“意见、愿望”等涵义。[②] 所谓“应该依据行为而不是依据意思判定有罪的思想”是特指孙中山在认定言论危害方面以事实为第一性的思想。这一思想突出地表现在孙中山《咨复参议院弹劾吕志伊违法文》（1912 年 3 月 3 日）一文中。在这一文献中，孙中山对参议院以“尊重立法权、保障言论自由”为理由弹劾时任南京临时政府司法部次长的吕志伊[③]在一封给副总统黎元洪的私人信函中对时任临时政府参议院议员的刘成禺[④]的一些言论和行为表示了不满。此信外泄后成为参议院向临时大总统孙中山弹劾吕志伊的理由。对此，孙中山在咨复参议院的公文中表示：“此次法次长吕志伊所发之函，系私人书信，在法律上无施行之效力，不能认为正式公文。该私函所述，仅系发表个人之意思，并无行为。在法律上亦无徒据个人之意思，不问其有无行为遽认为有效之理。来咨以‘欲施行’三字断之，未免重视‘意思’而忽略‘行为’矣。贵院议员刘成禺现仍在参议院照常发言，身体言论毫无阻碍，据此即不能断定吕志伊有不法干涉之行为。既无不法干涉之行为，则来咨所指蔑视议院、蹂躏民权之事实皆不成立矣。”孙中山首先指出，即使是司法次长吕志伊，个人的书信也不是法律，不具备法律的效力，所以不能认定为是司法部的正式公文。其次指出吕志伊仅仅是在个人信函中发表自己对刘成禺的意见，并没有采取实际的行为。第三是指出没有法律规定只要根据个人表达的口头或书面的意见，而不问这个人是否采取实际行为，就认为

① 《现代汉语词典》2002 年增补本，商务印书馆，2003，第 1049 页。

② 《现代汉语词典》2002 年增补本，商务印书馆，2003，第 1495 页。

③ 吕志伊（1881～1940）。云南思茅人。1904 年赴日本留学，次年参加中国同盟会，被选为评议部评议。1906 年被推为同盟会云南主盟人。1908 年与杨振鸿等发起云南独立会。1910 年赴上海任《民立报》主笔。1911 年 4 月参加广州起义，负责撰拟法令等工作，同时加入南社。7 月与宋教仁、陈其美等组织中部同盟会，被推举为候补干事。1912 年 1 月南京临时政府成立，任司法部次长，3 月辞职。

④ 刘成禺（1876～1953）。湖北武昌人。1901 年加入兴中会。1902 年与李书城等在东京刊行《湖北学生界》。1904 年春赴美人加州大学，兼任《大同日报》总编辑。1911 年冬回国，加入南社。1912 年 1 月南京临时参议院成立，任参议院湖北省参议员。

该人的口头或书面意见产生了实际效果。第四是指出参议院的来咨以“欲施行”的说法就认定吕志伊的私人信函对参议院的立法权和参议员刘成禺的言论自由权造成了伤害，难免是过分看重了吕志伊私人信函中表达的“意见，愿望”而忽视了是否实施了实际“行为”这一根本。最后，孙中山明确指出，既然被称作受到吕志伊书信内容伤害的“参议员刘成禺现仍在参议院照常发言，身体言论毫无阻碍”，那就不能断定吕志伊对刘成禺有“不法干涉行为”。既然吕志伊没有不法干涉行为，那么参议院在来文中指责吕志伊的所谓“蔑视议院、蹂躏民权”的事实就都不成立。既然这些理由不能成立，那么，参议院对吕志伊的弹劾也就失去了依据和理由。孙中山的该篇复文，层层剖析，字字落实，分析在理，令人信服，通篇贯穿着以“事实为第一性”的新闻民主和法制思想。

结　语

由“中国近代伟大的民主革命家”孙中山领导的辛亥革命是中国历史上具有无可替代意义的一场深刻革命。它推翻了中国历史上最后一个封建王朝，迫使最后一个皇帝宣布“逊位”，建立起了中国历史上第一个资产阶级共和国性质的中央政府中华民国南京临时政府，公布了具有宪法性质的《中华民国临时约法》，从这些意义上认识，可以说辛亥革命取得了胜利，达到了预定的革命目标。作为“中国近代伟大的民主革命家”孙中山的新闻民主和法制思想既十分丰富，又非常宝贵。它是中国资产阶级革命者在学习西方资产阶级革命理论、思考中国资产阶级革命实际问题、在中国进行资产阶级革命实践的思想结晶，不但对于当时中华民国临时政府的新闻政策和法制建设具有重要的指导作用，而且对于后来的中国新闻法制建设也具有重要的积极意义。

论中国社会近代化进程中新闻法制嬗变的历程和标志*

从 1842 年鸦片战争结束到 1912 年元旦中华民国成立，中国经历了从古代社会向近代社会的演变，社会性质经历了从纯粹封建社会到半殖民地半封建社会的演变，国家政治制度则经历了从封建君主专制向资产阶级民主共和政体的演进。同样，中国新闻法制也经历了从古代新闻法制向近代新闻法制的嬗变。

一　中国社会近代化进程中的新闻法制嬗变历程

中国社会阶段从古代社会向近代社会的演进过程大致可分为肇始、酝酿、曲折发展和被动推进四个阶段。几乎结伴而行的是中国古代新闻法制也完成了它的近代化嬗变，脱胎成为中国近代新闻法制。

（一）中国社会近代化演进肇始阶段的新闻法制

这一阶段从西方主要资本主义国家完成工业革命生产力过剩，寻求拓展海外市场和原材料来源并把矛头对准中国的 19 世纪初开始，到中英第

* 本文系国家哲学社会科学规划基金重点项目“中国新闻法制发展史研究”（项目编号：07AXW001）的研究成果，发表于《现代传播：中国传媒大学学报》2012 年第 7 期。

一次鸦片战争爆发前的1840年。

1. 中国社会近代化演进肇始阶段的主要标志

1807年5月12日，来中国传教及办报的英国传教士马礼逊乘坐英国"三叉戟"号货船从伦敦启程来中国，9月8日（八月初七）抵达广州。因为朝廷严禁外国传教士传教和办报，马礼逊只好和后来抵达中国的英国传教士米怜及中国刻工梁亚发从广州出发前往马来半岛的马六甲，于1815年8月5日创办"历史上的第一份近代化的中文刊物"——《察世俗每月统记传》。该刊以阐发基督教为宗旨，主要刊载宣传教义的文章，也有少量的新闻报道和新知识介绍。1832年发刊于广州的《中国丛报》[①]内容开始改变，不再纯粹阐发教义，"多为英人在华的商务广告，对于中国文字及华人生活，有极精密之研究"[②]。而1833年由马礼逊、郭士腊主编的《东西洋考每月统记传》（月刊）表现得更为明显。尽管署名为"爱汉者纂"，但却公开宣称"是为维护广州和澳门的外国公众利益而开办的。它的出版意图，就是要使中国人认识我们的工艺、科学和道义，从而清除他们那种高傲和排外的观念"。

1834年1月出版的《东西洋考每月统记传》发表《新闻纸略论》一文。称新闻纸"初系官府自出示之，而国内所有不吉等事不肯引入之。后则各国人人自可告官而能得准印新闻纸，但间有要先送官府看各章所载何意，不准理论百官之政事。又有的不须如此，各可随自意论诸事，但不犯律法之事也。……于道光七年……其理论各事更为随意，于例无禁"[③]。该文的发表既是西方出版和言论自由思想在中国传播的开始，也可看做中国社会近代化进程的肇始——因为近代社会或古代社会的本质区别就是专制或民主。

2. 中国社会近代化演进肇始阶段的新闻法制

在马礼逊抵达中国广州后的1810年，清廷发布谕旨称"如有洋人秘

① 戈公振：《中国报学史》，中国新闻出版社，1985，第70页。（称"译意《中国文库》"。）

② 贺忠、罗筑娟：《行走在宗教与世俗之间——中国最早的中文报纸〈东西洋考每月统记传〉》，《新闻爱好者》2009年8月（下半月版），第72~73页。

③ 佚名：《新闻纸略论》，载《东西洋每月统记传》，1834年1月。

密印刷书籍，或设立传教机关，希图惑众，及有满汉人等受洋人委派传扬其教，及改称名字，扰乱治安者，应严为防范，为首者立斩”[①]，禁止外人从事传教和出版活动。经康熙、雍正和乾隆三朝编定成型的《大清律例》“卷二十三”《贼盗 上》中的“造袄书袄言”条就是针对“妄布邪言、书写张贴”、“坊肆市卖淫词小说”及“各省抄房在京探听事件，捏造言语，录报各处”等与新闻活动相关行为的处罚规则。戈公振认为“古无报纸专律也，惟律例尔。读光绪二十七年所刊行之《大清律例增修统纂集成》，有‘造袄书袄言’条例于刑律盗贼类。乾隆间之伪造奏折案，光绪间之《苏报》案，判决时均应用之。是最初有关报纸之法律也。”[②]

（二）中国社会近代化演变进程酝酿阶段新闻法制嬗变的起步

这一阶段从中国在第一次鸦片战争中失败，被迫在1842年和英国签订丧权辱国的《江宁条约》开始，到1895年清政府在甲午战争中失败，被迫和日本签订《马关条约》为止。

1. 中国社会近代化演变进程酝酿阶段的主要标志

清政府在第一次鸦片战争中被英国军队打败后，派出代表耆英、伊里布被迫与英国政府代表璞鼎查签订了《江宁条约》（俗称“中英南京条约”）。该条约主要内容：①中国向英国赔款二千一百万银元；②割让香港；③开放广州、福州、厦门、宁波、上海等五处为通商口岸；④中国抽收进出口货的税率由中英共同议定，不得随便变更；⑤废除公行制度，允许英商与华商自由贸易。[③] 西方列强由此打开了中国的门户，中国由封建社会逐步沦为半殖民地半封建社会。

自鸦片战争及签订“南京条约”后，中国进入了被迫“走出古代政治模式、进入近代世界秩序”的发展阶段。1861年1月，朝廷批准恭亲王奕䜣奏请设立“总理各国事务衙门”，清政府启动标榜“求富致强”，实质却是以维护其统治为目的“洋务运动”。北洋水师全军覆灭标志洋务

---

① 麦沾恩：《中华最早的布道者：梁发》。载《近代史资料》1979年第2期，第147页。

② 戈公振：《中国报学史》，中国新闻出版社，1985，第258页。

③ “南京条约”条，载《中国历史大辞典》，上海辞书出版杜，2000，第2115页。

运动的彻底失败。

1851 年，太平天国农民起义。起因是“清政府对列强妥协投降，对人民加重压迫剥削，社会矛盾激化”，主要领导人洪秀全、杨秀清、洪仁玕等人有意无意或多或少接受了西方传教士关于“上帝拯救人类”“人人生来平等”思想，创立“拜上帝会”组织民众举行反清农民起义，并建都南京，对中国社会的近代化具有积极意义。

2. 中国社会近代化进程酝酿阶段中自由民主思想的传播

随着鸦片战争结束后的西风渐劲，一些思想解放的先驱们开始通过不同形式宣扬西方的资本主义思想观念，其中最为集中的是新闻出版及言论自由思想。

最早的是清末思想家魏源。他在《海国图志》卷三十四《英吉利广述（上)》一文中称“所谓新闻纸者，初出于意大里亚国，后各国皆出。遇事之新奇及有关系者，皆许刻印散售，各国无禁”；英国“刊印逐日新闻纸以论国政。如各官宪政事有失，许百姓议之。故人恐受责于清议也”①。强调“各国皆出”新闻纸，且“刻印散售”新闻纸“各国无禁”及“如各官宪政事有失，许百姓议之”，意向国人们传播新闻出版及言论自由和舆论监督的思想。

早期资产阶级改良主义思想家王韬于 1883 年 5 月出版了文集《弢园文录外编》。其中《论各省会城宜设新报馆》一文提出清政府应当允许各省省会城市设立新报馆，并应当允许报纸“指陈时事，无所忌讳”，“言之者无罪，闻之者足以戒”；允许“采访新报之人得入衙观审，尽录两造供词及榜掠之状”。《论日报渐行于中土》一文则介绍：“西国之为日报主笔者，必精其选，非绝伦超群者不得预其列。今日云蒸霞蔚，持论蜂起，无一不为庶人之清议。其立论一秉公平，其居心务期诚正。如英国之泰晤士，人仰之几如泰山北斗，国家有大事，皆视其所言以为准则，盖主笔之所持衡，人心之所趋向也。”②。其浓厚的新闻民主思想跃然纸上。

资产阶级改良主义早期思想家陈炽于 1893 年撰成《庸书》（内、外)

① 魏源：《海国图志》卷三十四，1842（清道光二十二年）古微堂木活字本，第 24 页。

② 王韬：《弢园文录外编》卷七，转引自张之华主编《中国新闻事业史文选》（公元 724 年～1995 年)，中国人民大学出版社，1999，第 6～7 页。

百篇。其中《报馆》一文指出“唐宋以下……忌讳猥多，刑戮不免，所谓言者无罪，闻者足戒，昔有其语，今无其事”，清廷在报纸创办上采取“于己民则禁之，于他国则听之”的奴才政策，要求清政府“晓谕民间，准其自设资本”，并“官助其成”；报纸主笔则需“公明谅直，三年无过，地方官史据实保荐，予以出身，其或颠倒事非，不知自爱，亦宜檄令易人”。[①] 明确提出了“开放报禁”诉求，具有鲜明的民主色彩。

资产阶级改良主义早期思想家郑观应收录在《盛世危言》中的《日报》一文中全面介绍了西方新闻自由思想。第一是新闻言论自由思想。即“泰西各国上议院、下议院，各省、各府、各县议政局、商务局，各衙门大小案件，及分驻各国通使、领事，岁报新艺商务情形，及献替之谟，兴革之事，其君相举动之是非，议员辩论之高下，内外工商之衰旺，悉听报馆照录登报”。第二是舆论监督思想。泰西报纸“主笔触类引伸，撰为论说，使知议员之优劣，政事之从违”，“出报既多，阅报者亦广……闻见多而议论正，得失著而褒贬严。论政者之有所刺讥，现柄政者之有所申辩，是非众著，隐阖胥彰。一切不法之徒，亦不敢嗣行无忌矣”。第三是保障新闻权思想。“大小官员苟有过失，必直言无讳。不准各官与报馆为难。如有无端诋毁勒诈财贿者，只准其禀明上司，委员公断，以存三代之公”，“如谓当道挟恨审断不公，准其登报以告天下，庶公论不稍宽假”。第四是新闻道德思想。“执笔者尤须毫无私曲，暗托者则婉谢之，纳贿者则峻拒之。胸中不染一尘，惟澄观天下得失是非，自抒伟论。倘有徇私受贿，颠倒是非，借公事以报私仇，借巧词以纾积忿，逞坚白异同之辨，乱斯民之视听者，则迹同秽史，罪等莠民，可援例告官惩治”。第五是法治新闻思想。“我各省当道亦宜妥订章程，设法保护，札饬有体面之绅士，倡办以开风气”；“中国现在无报律，而报馆主笔良莠不一，恐如以上所言，当道因噎废食，则外国报颠倒是非，任意毁谤，华人竟无华报与之争辩也。故将英国、日本报律译呈盛杏荪京卿，奉请选定颁行，准人

① 陈炽：《报馆》，转引自张之华主编《中国新闻社会史文选》（公元 724 年～1995 年），中国人民大学出版社，1999，第 10～11 页。

开设，俾官商各有所遵守”[①]。

上述对新闻自由和舆论监督思想的宣传，有利于人们视野的开阔和思想的开化，在推动中国社会近代化进程方面具有积极意义。

3. 中国社会近代化演进酝酿阶段新闻法制嬗变的尝试

清咸丰元年（1851 年），江西巡抚张芾鉴于邸钞只在官员间传阅，且众多朝政大事不予发抄，致使“各省大吏”对朝政大事“无从闻知”；而民间《京报》又“内容简略，寄递迟延，且价贵不易得”，遂向皇帝奏请“刊刻邸报，发交各省”。奏章递上去后杳无回音。时隔两年后，张芾再次奏请“刊刻邸钞”。咸丰三年十二月（1854 年 1 月）咸丰皇帝发布上谕称“丙申，张芾奏请刊刻邸钞，发交各省等语，识见错谬，可笑之至”，“所有刊刻邸钞，乃民间私设报房，转相递送，与内阁衙门无涉”，“张芾于陈奏事件，屡经严旨斥责，仍不知敬畏，复逞臆见，率行渎请，实属谬妄，著传旨严行申饬。”[②]

太平天国后期重要领导人之一洪仁玕在《资政新篇》“法法类”篇中向天朝政府建议“设新闻馆以收民心公议及各省郡县货价低昂、事势常变”，“兴……新闻馆以报时事常变、物价低昂”，新闻纸“只须实写，勿着一字浮文，倘有……伪造新闻者，轻者罚，重者罪”，新闻纸“或本处刊卖，则每日一篇，远者一礼拜一篇，越省则一月一卷，注明某处某人某月某日刊刻，该钱若干，以便远近采买”，“准卖新闻篇或（设）暗柜”，“兴各省新闻官……官职不受众官节制，亦不节制众官，即赏罚亦不准众官褒贬。专收十八省及万方新闻篇有招牌图记者，以资圣鉴”。[③] 这些建议在中国新闻法制近代化嬗变过程中具有积极的意义。

（三）中国社会近代化演进曲折发展阶段的新闻法制嬗变

这一阶段从甲午战争失败后 1895 年爆发的“公车上书”开始，到

---

① 郑观应：《盛世危言·日报上》，转引自李彬主编《中国新闻社会史文选》，清华大学出版社，2008，第 26~27 页。

② 黄卓明：《中国古代报纸探源》，人民日报出版社，1983，第 123 页。

③ 洪仁玕：《资政新篇》，转引自张之华主编《中国新闻事业史文选》（公元 724 年~1995 年），中国人民大学出版社，1999，第 5~6 页。

1906 年清政府宣布“仿行宪政”前为止的 10 年左右时间。

1. 中国社会近代化曲折发展阶段的主要标志

中国在甲午战争中失败，清廷代表李鸿章于 1895 年 4 月 17 日与日本签订了规定“中国承认朝鲜完全无缺之独立自主，中国割让台湾全岛及所有附属各岛屿、澎湖列岛和辽东半岛给日本”等内容的《马关条约》，加深加快了中国殖民地化，亡国灭种的危险迫在眉睫。

1895 年 5 月 2 日，康有为等联合 18 省举人举行“公车上书”。8 月 17 日，康有为在北京创办《万国公报》（后改为《中外纪闻》）。后又在上海创办强学会上海分会机关报《强学报》，所宣传的变法开放思想产生了重要影响。

1898 年 6 月 11 日，光绪皇帝下诏“明定国是”，标志维新变法正式启动。然后接连发出数十道谕令，在推行废八股、改试策论，废各省书院寺庙改办学堂等“除旧”措施的同时，大力推行办学堂，奖励新著作、新发明，设立译局，编译书籍；准许自由开设报馆，组织学会；广开言路，提倡上书言事等“布新”举措，在中国社会近代化进程中具有极其重要的意义。

义和团运动在清廷和西方列强联合镇压下失败。清政府代表奕劻、李鸿章于 1901 年 9 月 7 日被迫与英、美、俄、德、日等 11 国签订《辛丑议定书》（又称“辛丑条约”），规定中国赔款白银四亿五千万两，分三十九年还清；将东交民巷划为使馆界，界内由各国驻兵管理，中国人概不准居住；拆毁大沽炮台及京师至海通道之各炮台，外国军队驻扎北京及从北京到山海关沿线的十二个重要地区等等，[①] 中国彻底地沦为半殖民地半封建社会。

“辛丑条约”的签订使清朝皇帝完全失去执政的自信心。为挽救灭亡，清廷于 1901 年 1 月 29 日发布“变法”上谕，要求“军机大臣、大学士、六部九卿、出使各国大臣、各省督抚，各就现在情形，参酌中西政要”，“各举所知，各抒己见”。4 月成立“督办政务处”。1905 年设立

---

① 辞海编辑委员会编纂：《辞海》（第六版缩印本），上海世纪出版股份有限公司、上海辞书出版社，2010，第 2108 页。

“考察政治馆”，并派遣五大臣“分赴东西各洋”考察政治。

1905年8月20日，孙中山、黄兴、宋教仁等领导的“中国同盟会”在日本东京宣告成立。孙中山在同盟会机关报《民报》的《发刊词》中提出“民族主义、民权主义、民生主义”（即“三民主义”）的政治纲领，在中国社会近代化进程中具有里程碑式的意义。

1906年9月1日，清政府发布“仿行宪政”上谕，将“变法”从经济、文化、民法、刑法等领域推进到政体改革领域，标志着中国社会近代化的步伐又向前迈进了一大步。

2. 中国社会近代化演变进程曲折发展阶段的新闻法制嬗变

尽管中国社会近代化的步子已于1842年后正式启动，但是清朝政府在新闻法制开始近代化嬗变的同时仍在进行旨在维护其统治的传统新闻立法活动。

(1) 清廷朝政新闻传播管理开始出现松动

光绪二十九年（1903年），四川学政吴郁生向朝廷奏请“广刻邸钞”，称“简易办法，莫如广刻邸钞。”不久，政务处大臣奕劻、孙家鼐等“奉旨议复”称：“嗣后凡有内外各衙门奏定各摺件，拟由军机处抄送政务处。其非事关慎密，即发交报房刊行，日出一编，月成一册。传观既速，最易流通。则现行政要，外间均可得知。”[①] 皇帝御批“著依议”，表明清廷的朝政新闻传播向社会化推进了一步。

光绪三十年（1904年），御史黄昌年奏“拟请政务处妥拟办法，凡政务处、练兵处、学务处及银行、铁路、电报一切举行要政，或揭署前，或发阁钞，或刊刻告示”。皇帝批转政务处。政务处“奉旨议复”称“嗣后具奏摺件，除事关慎密及通例核复之件毋庸抄送外，所有创改章程及议定事件，皆于奉旨后咨送政务处，陆续发刊，以广传布。凡军机处于京外摺件，向系明发谕旨及有办法者，概交发钞”[②]。清廷朝着新闻社会化传播又推进了一步。

① 吴郁生奏请朝廷“广刻邸钞”折及清廷政务处“议复”，转引自戈公振《中国报学史》，中国新闻出版社，1985，第40页。

② 黄昌年奏请朝廷“广刻邸钞”折及清廷政务处“议复”，转引自戈公振《中国报学史》，中国新闻出版社，1985，第40页。

（2）中国新闻法制启动近代化嬗变进程

光绪帝在1898年8月17日时任清政府总理大学堂大臣孙家鼐所上《奏遵议上海时务报改为官报折》御批中称“报馆之设，所以宣国是而达民情，必应亟为倡办”；“天津、上海、湖北、广东等处报馆，凡有报单，均着该督抚咨送都察院及大学堂各一册，择其有关时务者，由大学堂一律呈览”；“至各报体例，自应胪陈利弊，开扩见闻为主。中外时事，均许据实倡言，不必意存忌讳，用副朝廷明目达聪、勤求治理之至意。”①

光绪二十四年（1898年）8月9日，光绪帝就康有为上《恭谢天恩条陈办报事宜摺》颁下“上谕”称：“报馆之设，义在发明国是，宣达民情”，各报“所著论说，总以昌明大义、抉去壅弊为要义，不必拘牵忌讳，至多窒碍”。②同日，光绪帝就康有为《恭谢天恩 条陈办报事宜摺》所附《请定中国报律折》颁下“上谕”称：“泰西律例，专有报律一门，应由康有为详细译出，参以中国情形，定为报律，送交孙家鼐呈览。”③

1898年8月26日，光绪帝应梁启超之请发布“上谕”宣布“书籍报纸一律免税”。④ 1898年9月12日，光绪帝应翰林院侍讲学士瑞洵之请发布“上谕”称“报馆之设，原期开风气而扩见闻，该学士所称现商约同志，于京城创设报馆，翻译新报，为上海官报之续等语，即著瑞洵创办，以为之倡”，“著顺天府尹、五城御史切实劝办，以期一律举行”。⑤

光绪帝的上述“上谕”中具有鲜明的西方资产阶级民主、自由和人

① 《德宗景皇帝实录》卷四二一，转引自方汉奇主编《中国新闻事业编年史》（上），福建人民出版社，2000，第139页。

② 《德宗景皇帝实录》卷四二二，转引自方汉奇主编《中国新闻事业编年史》（上），福建人民出版社，2000，第141页。

③ 康有为：《请定中国报律折》（1898年8月9日），转引自倪延年编《中国报刊法制发展史·史料卷》，南京师范大学出版社，2006，第51页。

④ 《德宗景皇帝实录》卷四二三，转引自方汉奇主编《中国新闻事业编年史》（上），福建人民出版社，2000，第148页。

⑤ 《德宗景皇帝实录》卷四二五，转引自方汉奇主编《中国新闻事业编年史》（上），福建人民出版社，2000，第150页。

权思想要素，与封建君主专制统制思想是背道而驰的，由此成为中国新闻法制近代化嬗变的历史起点。

（3）戊戌变法失败使新闻法制近代化进程跌入低谷

1898 年 9 月 21 日，清廷颁布“慈禧垂帘听政之诏”；23 日光绪帝被幽禁于瀛台，“戊戌变法”宣告失败。清廷颁令各省搜捕“结党营私、莠言乱政”的康有为、梁启超等维新志士，标志着政治形势大逆转。尔后，清廷以“上谕”、“懿旨”及“命令”等形式进行了一系列与“百日维新”时期光绪皇帝“开放报禁”谕旨精神根本对立的新闻立法活动。

1898 年 9 月 26 日，清廷发布“上谕”称：“嗣后凡有言责之员，自当各抒谠论，以达民隐而宣国是。其余不应奏事人员，概不准擅送封章，以符定制。《时务官报》无裨治体，徒惑人心，并著即行裁撤。”①

1898 年 10 月 9 日，清廷发布“上谕”称“近闻天津、上海、汉口各处，仍复报馆林立，肆口逞说，捏造谣言，惑世诬民，罔知顾忌。亟应设法禁止。著各该督抚，饬属认真查禁。其馆中主笔之人，皆斯文败类，不顾廉耻，即饬地方官严行访拿，从重惩治，以息邪说而靖人心”②。

1900 年 2 月 14 日清廷颁下“上谕”称：“前因康有为、梁启超罪大恶极，叠经谕令海疆各督抚，悬赏购线、严密缉拿，迄今尚未弋获”。“该逆犯等开设报馆，发卖报章，必在华界，但使购阅无人，该逆等自无所施其伎俩，并著各该督抚逐处严查，如有购阅前项报章者，一体严拿惩办。”③

1905 年 5 月 8 日，清廷军机处致函各省督抚称“近闻南中各省书坊报馆，有寄售悖逆各书。如《新广东》、《新湖南》、《浙江潮》、《新民丛报》、《新小说》……等种种名目，骇人听闻，丧心病狂，殊堪痛恨”，“务希密饬各属，体察情形，严行查禁。但使内地无销售之路，士林无购

① 《德宗景皇帝实录》卷四二七，转引自方汉奇主编《中国新闻事业编年史》（上），福建人民出版社，2000，第 153 页。

② 《德宗景皇帝实录》卷四二八，转引自方汉奇主编《中国新闻事业缩年史》（上），福建人民出版社，2000，第 155 页。

③ 《德宗景皇帝实录》卷四五八，转引自方汉奇主编《中国新闻事业缩年史》（上），福建人民出版社，2000，第 169 页。

阅之人"[①]。

上述"上谕"与光绪帝在"百日维新"期间所发"上谕"主旨是背道而驰的，中国新闻法制又跌入封建专制桎梏的旧态。

（4）中国新闻法制近代化的先声：清廷制颁新闻相关法制

1899年8月6日，清廷电报总局制定颁行《电报总局传递新闻电报减收半价章程》十条，宣布自"光绪二十五年七月初一日，即西历一千八百九十九年八月六号起，中国电局准各日报发递刊登日报之新闻电报"。

1902年，清廷颁布《钦定学堂章程》规定"各学堂学生，不准离经叛道，妄发狂言怪论，以及著书妄谈，刊布报章"，"不得私充报馆主笔或访事员"以及"不准私自购阅稗官小说、谬报逆书"[②]。

1906年5月30日，清廷广东南海县令虞汝钧颁行的《南海县自订报律八条》，是中国第一个以县级政府主官名义颁布的地方新闻法规。

1906年7月，清廷颁布由商部、巡警部和学部"会同鉴定"的《大清印刷物件专律》，其中第三章是关于新闻出版品的专章。

（四）中国社会近代化演进被动推进阶段的新闻法制嬗变

这一阶段大致从1906年清政府宣布"仿行宪政"到辛亥年间的反清武昌起义爆发、中华民国临时政府成立前的数年间。

1. 中国社会近代化演进被动推进阶段的主要标志

1906年9月1日清廷发布"仿行宪政"上谕，宣布立宪原则是"大权统于朝廷，庶政公诸舆论"，且"目前规制未备，民智未开"，立宪只能慢慢来。11月16日，清政府颁布官制上谕，把"大理寺"改为"大理院"专掌审判；把"刑部"改为"法部"专任司法行政。同年12月4日颁布《大理院审判编制法》。

1907年8月，清政府将"考察政治馆"改为"宪政编查馆"。同年9月再派汪大燮、达寿、于式枚分别赴英日德考察宪政。9月20日，慈禧太后颁下懿旨宣布筹建"资政院以立议院基础"。10月19日，清政府下

① 转引自戈公振《中国报学史》，中国新闻出版社，1985，第139~140页。

② 张百熙：《进呈学堂章程折》，转引自方汉奇主编《中国新闻事业编年史》（上），福建人民出版社，2000，第214页。

令“着各省督抚均在省会速设咨议局”。12 月 14 日，清政府颁行《各级审判厅试办章程》。

1908 年 7 月 22 日，清政府颁布《咨议局章程》及《咨议局议院选举章程》，要求各省督抚于年内一律办齐。8 月 27 日，清政府宣布 1908 ~ 1916 年为“预备立宪”期。同日公布《钦定宪法大纲》及《议院未开前逐年应行筹备事宜清单》，将立宪预备期确定为 9 年。

1909 年 1 月 28 日，清政府颁布《府厅州县地方自治章程》；2 月 6 日又颁布《城镇乡地方自治章程》，准备在（府、厅、州）县及（城、镇）乡两级实行地方自治。8 月 23 日，清政府颁布《资政院院章》，并着手筹备成立资政院的有关事宜。

1910 年 2 月 7 日，清政府公布施行《法院编制法》，为司法独立和司法与行政分离提供了更为完整坚实的法律依据。9 月正式成立资政院。12 月，清政府公布《大清刑律》总则、分则及暂行章程，自 1912 年实施。

1911 年 5 月 8 日清政府组建新内阁，撤销军机处和旧内阁，内阁以总理大臣为首。10 月 10 日湖北武汉爆发了“辛亥武昌起义”。11 月 3 日清政府资政院通过《宪法重大信条十九条》。

2. 中国新闻法制在社会近代化被动推进阶段的嬗变

中国新闻法制近代化嬗变是在清朝统治的特定背景下进行的，尽管西风强劲，民主潮流不可阻挡，但仍有人试图修补和延续旧有朝政新闻传播体系。

（1）*以修补朝政新闻传播体系为目的的传统立法走到了尽头*

光绪三十二年（1906 年）12 月 15 日，清廷御史赵炳麟向朝廷进言称：“朝廷立法行政，公诸国人，拟请参用东西各国官报体例，设立官报”。皇帝御批“考察政治馆知道”，考察政治馆转政务处“议处”。1907 年 4 月，政务处“奉旨议复”称“今学部、农工商部暨南北洋、山东、陕西等处已有官报刊行。惟关于一部一省之事，极应兼综条贯，汇集通国政治事宜，由馆派员专办一报，以归众流，启发群治。……取东西各报敏速之意，先办日报一种，一俟抄送日多，流布浸广，再行查照前次奏案，择其尤要，编辑月报，一体印行，以期周备”。4 月 17 日，皇帝颁下“依议”的圣旨，标志着政务处所提由考察政治馆创办近代化朝廷官报的建议得到了皇帝的批准。4 月 23 日，清廷设立官报局。10 月 26 日清政府

《政治官报》创刊。清廷及朝廷命官们修补旧有邸钞系统弊端的努力在收到效果的同时也走到了尽头。

（2）清廷被动推进近代新闻法制嬗变进程

1906年10月16日，清廷巡警部“札饬”京师巡警总厅制颁《报章应守规则》九条，并令各报“一体遵守”。

1907年1月8日，两广总督周馥颁布的“自订报律三条”，是中国第一个以省级地方政府主官名义制定颁布的地区性新闻法规。9月5日，清廷民政部公布施行光绪皇帝批准“依议”的《报馆暂行条规》十条。12月，清廷电报总局颁行修订后的《电报总局传递新闻电报减收半价章程》。

1908年3月14日，清廷民政部奉皇帝“依议”圣旨颁布由民政部会同法部“订拟”草案、遵旨“饬下”宪政编查馆考核，后由宪政编查馆进呈皇帝御览，再由皇帝颁下“依议”圣旨，最后由民政部“通饬各省一体遵行”的《大清报律》。

1909年4月（清宣统元年三月），清廷电报总局颁布在1907年《电报总局传递新闻电报减收半价章程》基础上修订的《电报总局重订收发电报办法及减价章程》。

1911年1月29日（宣统二年十二月二十九日），清廷民政部“遵旨”把经过修订并改名为《钦定报律》的新版新闻法“通行各省、一体遵照”。

二　中国社会及新闻法制近代化的主要标志

由各省代表会议选举的孙中山于1912年元旦宣誓就任“临时大总统”，并于3月11日签署公布《中华民国临时约法》，标志着中国正式进入近代社会阶段；而同年3月4日南京临时政府内务部颁布《民国暂行报律》三章，则标志着中国新闻法制正式进入近代新闻法制阶段。

（一）中国社会近代化的主要标志

我们认为中国近代社会阶段与古代社会阶段相比较，应具有如下几个标志性特征。

国家政体应当是民主共和政体而不再是封建君主专制政体，国家元首应当是公民选举的国家总统而不再是世袭的封建皇帝和王室——公民享有选择社会管理者的政治权利。

政府应当维护国家主权和领土完整，公民也有权维护国家主权和领土完整——媒体可以公开宣传维护国家主权。

国家应当尊重和保护公民言论、行动、居住、迁徙及宗教等基本自由，而不再是封建专制统治下的“君叫臣死，臣不得不死”的权力集中垄断——公民享有基本自由和人权。

初步构建起以开放和互通为特征的社会经济结构，而不再是以自给自足的农村小农家庭化生产为主体的社会经济结构——开放为近代新闻业的存在和发展提供客观需要。

应当充分利用最新的科学技术成果更新生产手段以提高社会生产效率，国家应举办代表科学技术发展水平的近代机器制造等大型工业企业——出现采用现代技术出版发行的单页、连续、铅印、彩图的近代新闻纸。

国家应当依照法定程序制定管理社会生活的法律法令，政府应该依照法律管理社会生活——依照公布施行的法律法令治理社会及新闻活动，法律面前人人平等。

公民必须在法律范围内享有或行使法律赋予的各种权利；但公民即使违反法律，政府也必须以人道的手段予以惩处——废除诸如斩首、杖刑等血腥野蛮的惩处手段。

（二）中国新闻法制近代化的主要标志

清末新闻法制除“维护皇帝（权）”的封建专制特征外，基本完成了近代化嬗变。具体标志有以下几点。

1. 近代化色彩的新闻法制体系

从清廷1900年宣布“施行新政”到1911年，清政府构建起了由宪法、综合法律、专门法和相关法相配合，全国法律和地方法规相呼应的完整但不完善的新闻法制体系。

1. 决定新闻法制性质的根本大法：《钦定宪法大纲》和《宪法重大信条十九条》。

2. 新闻法的上位类法：《大清印刷物件专律》和《著作权章程》。

3. 专门的新闻法:《报馆暂行条规》、《大清报律》及《钦定报律》。

4. 地方新闻法规:京师巡警总厅《报章应守规则》、两广总督周馥《自订报律三条》及广东南海县令虞汝俊《自订报律八条》。

5. 与新闻活动相关的法令法规:《电报总局传递新闻电报减收半价章程》、《重订收发电报办法及减价章程》及《违警律》等。

2. 近代化色彩的新闻法制内容

(1) 在新闻法制字面上承认国民享有基本人权的民主思想

从清廷1900年被迫宣布"施行新政",到辛亥革命爆发的1911年产生的新闻法制中,已经表现出鲜明色彩的资产阶级自由、民主、人权等思想因子。如《钦定宪法大纲》规定"臣民在法律范围以内,所有言论、著作、出版、及集会、结社等事,均准其自由";《大清报律》和《钦定报律》中规定"年满二十岁以上之本国人",只要"无精神病者"和"未经处监禁以上刑者"都可以充当新闻报纸的"发行人、编辑人及印刷人"等条款,至少在字面上赋予了臣民享有"言论、著作、出版、及集会、结社"等"自由"。

(2) 体现保护国民工作权利和成果权益的基本观念

《大清报律》和《钦定报律》规定报纸记载失实应予更正,但"更正及辩误书函,如措辞有悖法律或未书姓名、住址者,毋庸照登"是对新闻从业者工作权力的保护;而"凡论说、纪事,确系该报创有者,得注明不许转登字样,他报即不得互相抄袭"。对"更正书、辩误书"内容的限制和报纸"不得互相抄袭"则是对新闻人工作权利和著作成果权益的保护。

(3) 包含新闻电报和报刊邮政发行等体现近代科技的内容

1899年,清廷电报总局制定颁行《电报总局传递新闻电报减收半价章程》,中国新闻法制由此增加对"新闻电报"管理的内容。《大清报律》规定"其未经按律呈报接有知照者,邮政局概不递送,轮船、火车亦不为运寄"。新闻电报和邮政发行的内容,使得清末新闻法制的近代色彩更加明显。

3. 惩处体系的近代化色彩

新闻法制的功能主要就是向社会成员昭示"必须怎么做"以及"不这样做将要承担什么样的责任",以维护正常的新闻活动秩序。

(1) 传统刑律中对报人的惩处措施

清朝末期的新闻法制实际是传统封建刑律（如光绪年间重新刊刻的《大清律例增修统纂集成》）和近代法律法令（包括《大清新刑律》及《大清报律》和《钦定报律》）的双轨制运作。因此除了依照具有近代色彩法制管理新闻活动，传统刑律中的惩处措施仍然被执行着。这类惩处措施主要包括："杖（刑）"、"遣返原籍"、"流放"、"斩首"、"削籍为奴"、"照例议处治罪"，等等。

(2) 对报人惩处措施的近代化

清末出现的诸如《大清报律》等新闻法制授权官府依据有关法令对新闻从业者在新闻活动中的违法行为主体给予处罚。这一类处罚措施主要有"禁止从业"、"监禁"、"罚金监禁并科"、"照刑律治罪"，等等。

(3) 对报馆惩处措施的近代化

封建专制统治下臣民没有办报权，所以就没有民间报馆，因而新闻法制中就没有对报馆处罚的内容。清末出现了民办报纸，也就出现了民办报馆。《大清报律》和《钦定报律》对报馆的处罚措施主要有"罚锾或罚金"、"暂停发行"、"永远禁止发行"、"没收"、"不为邮递发电"、"撤销著作权"，等等。

4. 文本形式的近代化特征

清末中国新闻法制在文本表述形式上经历了一个蜕变。仔细分析清末新闻法制在近代化嬗变过程中的法令文本，就可发现经历了如下阶段。

(1) 沿用中国古代法令文本形式阶段

这一阶段大致从有法律文本流传至今的唐朝开始一直到清末。中国古代新闻法令法规的文本表述形式特征主要有三：一是法令条款以"一"为条款起首；二是每一条都冠以"一"起首，以"一"到底；三是没有近代法令中表示"次第"性质的前缀"第"。清朝政府在光绪二十七年(1901年）刊行的《大清律例增修统纂集成》中"造袄书袄言"条即是采取这种表述形式：

造袄书袄言

凡造谶纬袄书袄言，及传用惑众者，皆斩。（监侯，被惑人不坐。不及众者，流三千里，合依量情分坐。）若（他人造传）私有袄书，隐藏不送官者，杖一百，徒三年。

条律：

一、凡妄布邪言书写张贴，煽惑人心，为首者，斩，立决。……

一、凡坊肆市卖一应淫词小说，在内交与八旗都统、都察院、顺天府，在外交督抚等，转行所属官弁严禁，务搜板书，尽行销毁。……

一、各省抄房，在京探听事件，捏造言语，录报各处者，系官革职，军民杖一百，流三千里。

1906 年 10 月 16 日（清光绪三十二年八月二十九日）京师巡警总厅奉清廷巡警部命令订立并颁行的《报章应守规则》仍然沿用了上述表述形式：

一、不得诋毁宫廷；

一、不得妄议朝政；

一、不得妨害治安；

一、不得败坏风俗；

一、凡关外交内政之件，如经该管衙门传谕报馆秘密者，该报馆不得揭载……

（2）模仿西方法令文本表述形式阶段

1906 年清廷制颁的《大清印刷物件专律》是中国历史上第一个具有近代色彩的“出版法”，西风渐进的氛围已对《大清印刷物件专律》的文本表述形式产生了些许影响：

在整体文本结构方面模仿了西方资本主义国家法令法规表述形式中的“篇”“章”结构；整部法律由法律标题、颁布时间及官府衙门和正文组成。正文作为一“篇”又分六“章”；每章中以“数”来表示条款次序，虽采“章”“条”形式而“章”内的“条”却未用“第”字开头，数序后也没用“条”字表示单位；每章中独立计条，使法令缺少整体感；把属于“附则”的说明性文字列为“第六章”并和正文连续排序；在提到清朝最高统治者（如“皇朝”及“朱批”等）处采用另起行来表示皇帝至高无上。

（3）形成近代新闻法制文本表述格式阶段

由清廷民政部颁行的《大清报律》彻底完成了向近代新闻法制文本表述形式的演变：“正文和附则相照应”，正文为主体且必备，附则为周全而补充。条文结构层次清晰，正文以“条”为单元，“条”下再分“款”，且在其他条款中予以呼应。条目结构采用“第”字开头，“数”序居中，“条”字收尾的格式；“款”中信息点则用近代标点符号予以表述。如：

> 第一条　凡开设报馆发行报纸者，应开具下列各款，于发行二十日以前，呈由该管地方官衙门申报本省督抚，咨明民政部存案。
>
> 一、名称；
>
> 二、体例；
>
> 三、发行人；
>
> 四、编辑人及印刷人之姓名、履历及住址；
>
> 五、发行所及印刷所之名称、地址。

上述的“第一条”是法令第一层次单位标识“条”；“一”、“二”、“三”、“四”、“五”是第二层次单位“款”；“四”中的“编辑人”和“印刷人”之“姓名、履历及住址”等则是“款”中的次级信息单元，完全具备近代法律文本语言和文本格式的规范特征。

三　结语

中国社会向近代化演进是艰难曲折又不可避免的过程；中国新闻法制向近代化嬗变也是一个不以人们意志为转移的历史进程。假如没有倭寇在明朝中叶对沿海地区骚扰抢掠导致朝廷“封海”，中国社会近代化演变可能会提前；中国新闻法制的近代化嬗变也可能更早——至少康乾雍三朝禁绝小报、编《四库全书》时的文化专制及19世纪初还禁止外国人办报等情况就可能不会出现。

后记　从“前马年”到“今马年”

公元2014年是农历“马年”。借用“前天”、“昨天”和“今天”之说，把1990年“马年”称为“前马年”，把2002年马年称为“昨马年”，把2014年马年称为“今马年”，故有《从“前马年”到“今马年”》的标题。只要是活生生的马，不管是骏马还是驽马，只要它真的走过，总会留下足迹，或深，或浅，或大，或小。这本《新闻传播理论与实践之史学观照》，就是我这驽马从“前马年”到“今马年”间留下的足迹。

策马起步“前马年”

农历“庚午”年公元1990年6月下旬，在镇江参加江苏省高校图书馆期刊工作研究会暨江苏高校图书馆首届期刊工作研讨会期间，和好友吴强商定合著《中国现代报刊发展史》。会议结束后即如约开始收集资料，起步研究中国现代报刊发展史。1991年底完成初稿。1993年12月，时任中国新闻史学会会长的中国人民大学新闻学院教授、博士生导师、国务院学科评议组（新闻传播学科）召集人方汉奇先生作序，著名教育家、南京大学原校长匡亚明先生题签的《中国现代报刊发展史》由南京大学出版社出版。

1996年下半年开始组织编撰《中国报刊史志》。由于合作方原因，共10卷近千万字的《中国报刊史志》终未能出版，深感对不起共同奋斗的同行朋友。1998 年，撰成《知识传播学》书稿，1999 年由南京师范大学出版社出版。2000 年 10 月，《知识传播学》获“江苏省普通高等学校第三届人文社会科学研究成果：图书情报文献学专著”三等奖。2001 年申请获批江苏省哲学社会科学研究“十五”规划基金项目“知识传播与知识经济互动关系研究”。

跃马走进“昨马年”。

公元 2002 年是农历“壬午”年。9 月 30 日，《南京政治学院学报》第 5 期发表《论中国古代报刊法制的发展轨迹及特点》，这是本人在核心期刊上第一次发表研究报刊法制史的文章；10 月 25 日，江苏省教育厅发出苏教社政〔2002〕31 号《关于公布 2002 年度高校人文社会科学基金项目评审结果的通知》，“中国报刊法制发展历程及规律研究”（项目编号：02SJB860002）获准立项，获 0.6 万元经费资助，是本人在中国报刊法制史研究方面获准的首个项目；11 月 5 日，以《论中国清中叶至清末时期的报刊法制》一文参加中国新闻史学会主办、暨南大学新闻与传播学院承办的“中国新闻改革学术研讨会暨新闻史学会年会”，这是第一次参加中国新闻史学会主办的学术会议；11 月 8 日，学校举行“南京师范大学出版资助金”申请项目评审会议，《中国报刊法制发展史》入选《随园文库》，由学校出版资助金全额资助出版。

2004 年 4 月，以论文《论“中国报刊法制发展史”的研究内容、历史阶段及体系结构等问题》参加中国新闻史学会主办、河南大学新闻与传播学院承办的“中国新闻史学会 2004 年年会暨全国新闻传播史教学学术研讨会”。学会换届，本人成为特邀个人理事。6 月，《中国古代报刊法制发展史》列入《随园文库》出版。

2005 年 12 月，获批教育部人文社会科学研究一般项目“中国港澳台地区报刊法制发展史研究”（项目编号：05JA860006），获 5 万元经费资助。11 月，以论文《论日据时期我国台湾地区的报刊法制及其特点》参加中国新闻史学会、南京大学新闻传播学院、南京师范大学新闻与传播学院和南京政治学院军事新闻系等主办的“抗日战争与新闻传播学术研讨会”。12 月，《中国古代报刊法制发展史》获“江苏省第九届（2003 ~ 2004）哲学社会科学优秀成果”三等奖。

2006年1月,《中国报刊法制发展史》(四卷本)由南京师范大学出版社出版。3月,中国新闻史学会在中国人民大学召开出版座谈会,赵玉明会长主持会议,方汉奇先生及部分在京常务理事参加会议。4月,《新闻与传播研究》发表《论我国台湾地区新闻事业的起源时间》一文,这是本人在国家级权威专业刊物上发表的第一篇新闻史研究文章。

2007年4月,经校学位委员会评审表决成为新闻学博导。6月,获批国家社科基金重点项目"中国新闻法制发展史研究"(项目编号:07AXW001),获16万元经费资助。7月,以论文《论华文世界的传播伦理及其教育的方法》赴台湾政治大学参加中国新闻史学会等主办的"第五届世界华文传媒和华夏文明传播国际学术研讨会"。12月,《中国报刊法制发展史》(四卷本)获江苏省第十届哲学社会科学优秀成果三等奖。

2008年,"中国新闻法制通史"启动研究及编纂工作。本人主编"古代卷";王继先主编"近代卷";薛传会主编"当代卷";张晓锋主编"港澳台卷";王桂平负责"年表卷";李歌负责"索引卷";"史料卷一"和"史料卷二"由各分卷主编收集史料,由我选编。4月,以论文《中国红色新闻法制史略》参加由中国新闻史学会等主办的"中国红色新闻事业的理论与实践(1921~1949年)高层论坛"并作大会报告。9月,第一位博士生刘泱育入学。

2009年6月,在中国新闻史学会主办、南京师范大学承办的"2009年中国新闻史学会年会及新闻传播专题史研究学术研讨会"上作"中国新闻传播法制史研究的历史回顾"主旨报告。8月,以论文《论海外华文报刊发展与中国政治生态关系之演变》赴新加坡南洋理工大学参加中国新闻史学会等主办的第六届世界华文传媒与华夏文明国际学术研讨会。10月,以论文《延安时期红色新闻事业与新民主主义新闻法制的建设发展》参加中国新闻史学会主办、西北大学承办的"延安时期文化建设与延安红色新闻传播事业学术研讨会"并作大会报告。

2010年5月,"研究馆员"转评为"教授"。10月,以论文《论我国少数民族新闻史研究的发展历程及趋向》赴西藏民族学院参加"第二届中国少数民族地区信息传播与社会发展论坛"并作大会报告。11月,教育部项目"中国港澳台地区报刊法制发展史研究"最终成果《中国报刊法制发展史：台港澳卷》（上下）由南京师范大学出版社出版，中国新闻史学会在北京大学召开出版座谈会，程曼丽会长主持会议，名誉会长赵玉明先生及部分在京常务理事参加。

2011 年 6 月，博士生刘泱育的博士论文《方汉奇 60 年新闻史学道路研究》通过盲审和答辩，获博士学位，就职于南京财经大学。7 月，以论文《论“〈民国暂行报律〉风波”研究的若干问题》应邀参加安徽大学中国报刊与社会历史研究所主办的“第三届中国报刊与社会历史研究学术研讨会”，并作大会报告。8 月，以论文《论中国新闻媒体对外传播观念演变的阶段特征：以〈民报〉、〈救国时报〉和〈人民日报〉（海外版）为例》参加由中国新闻史学会举办、河北大学承办的“第七届世界华文传媒与华夏文明国际学术研讨会”并作大会主旨报告。

2012 年 2 月，国家社科基金重点项目“中国新闻法制发展史研究”最终成果《中国新闻法制通史》（8 卷本）通过鉴定结项。5 月，刘泱育博士论文《方汉奇 60 年新闻史学道路研究》被评为“2012 年南京师范大学优秀博士学位论文”。6 月，与南京师范大学出版社签订《中国新闻法制通史》（八卷本）出版合同。11 月，“民国新闻史研究（1895 ~ 1949）”获准立项为江苏省社科基金重点项目（项目编号：12TQA001），获 6 万元经费资助。

2013 年 3 月，《中国报刊法制发展史》（5 卷本）被教育部授予“第二届高等学校科学研究优秀成果奖：新闻学与传播学著作”二等奖（教社科政字〔2013〕第 257 号）。6 月获准立项国家社会科学基金重点项目“中华民国新闻史研究”（项目编号：13AXW003），获 30 万元经费资助。博士生关梅博士论文《论胡道静的新闻实践和新闻学研究》通过盲审和答辩，获博士学位，回江苏师范大学任教。7 月，以论文《论当代中国在国际传播中的底气和尺度诸问题》参加中国新闻史学会等主办、黑龙江大学新闻传播学院承办的“华夏气度与国际传播：第八届世界华文传媒与华夏文明国际学术研讨会”，并作大会报告。10 月，筹备主持召开国家重点项目“中华民国新闻史”项目组成员和特约撰稿人会议。10 月，《中国新闻法制史》由南京师范大学出版社出版。11 月，领衔组队参加 2013 年度国家社科基金重大项目（第二批）投标成功，获准立项国家社科基金重大项目“中华民国新闻史”（项目编号：13&ZD154），获80万元经费资助。

驻马回望“今马年”

公元2014年即农历“甲午”年。5月8日上午，以论文《民国新闻史研究的三个“假设”》在中国新闻史学会、南京师范大学主办的“首届民国新闻史高层论坛”上作主旨报告。主编的会议论文集《民国新闻史研究：2014》由南京师范大学出版社会前出版。5月8日下午，参加学校社会科学处组织的“国家社会科学基金重大项目中华民国新闻史开题报告会”，代表项目组全体同人向专家组（组长：赵玉明，成员：程曼丽、黄瑚、李彬、丁柏铨）作开题报告，启动国家社科基金重大项目“中华民国新闻史”研究。5月9日上午，先参加“南京师范大学民国新闻史研究所”揭牌、民国新闻史研究所兼职研究员聘任仪式；后主持“中华民国新闻史”项目组核心成员会议，审定项目阶段性成果《民国新闻专题史研究丛书》的分册章节目录。6月，博士生曹爱民博士学位论文《民国新闻人黄天鹏研究》通过盲审、答辩，获博士学位，就职于浙江财经大学。7月，以论文《关于民国新闻史的起源、阶段及评价等问题》应邀参加中国人民大学新闻学院主办的“全球化时代中西方媒体文化比较研究”论坛并作会议报告。10月，以论文《试论“中国广播电视史学”的几个基本问题》应邀参加中国传媒大学主办的“广播电视史学：机遇与挑战学术研讨会”并作大会主题报告。11月，以论文《论民国时期的新闻史研究成果叙述体系》应邀参加中国新闻史学会主办、暨南大学承办的“中国新闻史学会2014年年会暨新闻传播专题史研究学术研讨会”并作分论坛报告。学会换届继续当选为个人理事。

2000年10月，首部个人文集《期刊学思辩与探索文集》（38篇）由中国文联出版社出版；2002年12月，第二部个人文集《图书馆学理论与实践探索文集》（36篇）由中国文史出版社出版。这些年的文章有近40篇共40多万字，为将该书稿控制在学院规定的22万字左右，《新闻传播理论与实践之史学观照》暂不收录“民国新闻史研究”的近20篇论文。本人深知水平有限，之所以还将其汇集出版，一是为总结自观，聊以自慰；二是向同行请教，以利提高；三是向学院献礼，表达对学院的敬意。也献给曾经帮助、指点、鼓励过我的亲人和朋友——真的，非常、非常感谢！尤其要感谢的是在本文集的编辑校对工作中，责任编辑张建中先生以精湛的编辑艺术和高度敬业精神为本文集的出版付出了辛勤卓越的劳动，特致以诚挚的敬意和谢忱。

是为后记。

倪延年
甲午年腊月初十日（元月 29 日）初稿
公元二〇一五年七月二十六日定稿
南京秦淮河西龙凤花园隽凤园寒舍吾醉斋

图书在版编目(CIP)数据

新闻传播理论与实践之史学观照/倪延年著. —北京：社会科学文献出版社，2015.8
（新闻传播史探索文丛）
ISBN 978-7-5097-7875-3

Ⅰ.①新… Ⅱ.①倪… Ⅲ.①新闻事业史-中国-文集
Ⅳ.①G219.29-53

中国版本图书馆CIP数据核字（2015）第173289号

·新闻传播史探索文丛·
新闻传播理论与实践之史学观照

著　　者／倪延年

出 版 人／谢寿光
项目统筹／王　绯
责任编辑／张建中

出　　版／社会科学文献出版社·社会政法分社（010）59367156
地址：北京市北三环中路甲29号院华龙大厦　邮编：100029
网址：www.ssap.com.cn
发　　行／市场营销中心（010）59367081　59367090
读者服务中心（010）59367028
印　　装／三河市东方印刷有限公司

规　　格／开 本：787mm×1092mm　1/16
印 张：20.5　字 数：320千字
版　　次／2015年8月第1版　2015年8月第1次印刷
书　　号／ISBN 978-7-5097-7875-3
定　　价／85.00元

本书如有破损、缺页、装订错误，请与本社读者服务中心联系更换